高校思想政治理论课**教学案例**丛书

丛书主编　徐进功　石红梅

习近平新时代中国特色社会主义思想概论

教学案例

主　编◎原宗丽
副主编◎黄佳佳

厦门大学出版社
XIAMEN UNIVERSITY PRESS

国家一级出版社
全国百佳图书出版单位

图书在版编目（CIP）数据

习近平新时代中国特色社会三义思想概论教学案例 /
原宗丽主编 ；黄佳佳副主编. -- 厦门 ：厦门大学出版
社，2025. 3. --（高校思想政治理论课教学案例丛书 /
徐进功，石红梅主编). -- ISBN 978-7-5615-9467-4

Ⅰ. D610

中国国家版本馆 CIP 数据核字第 202417WV00 号

责任编辑　高　健
美术编辑　李夏凌
技术编辑　朱　楷

出版发行　厦门大学出版社
社　　址　厦门市软件园二期望海路 39 号
邮政编码　361008
总　　机　0592-2181111　0592-2181406(传真)
营销中心　0592-2184458　0592-2181365
网　　址　http://www.xmupress.com
邮　　箱　xmup@xmupress.com
印　　刷　厦门市竞成印刷有限公司

开本　720 mm×1 020 mm　1/16
印张　16
插页　1
字数　280 千字
版次　2025 年 3 月第 1 版
印次　2025 年 3 月第 1 次印刷
定价　68.00 元

本书如有印装质量问题请直接寄承印厂调换

厦门大学出版社
微信二维码

厦门大学出版社
微博二维码

本丛书出版获以下项目资助：
2025年厦门大学本科教材立项建设项目
中共福建省委教育工委2024年学校思想政治工作委托课题"思政课案例教学研究"
厦门大学马克思主义理论学科"双一流"建设项目

丛书主编

徐进功　石红梅

编委会

（按姓氏笔画排序）

王亚群　石红梅　吕微平　刘皓琰　张有奎　吴　茜
林　密　苗瑞丹　周雪香　徐进功　原宗丽　黄佳佳
傅丽芬　曾炜琴　蒋昭阳

序　言

　　思想政治理论课是落实立德树人根本任务的关键课程,办好思政课意义重大。党的十八大以来,以习近平同志为核心的党中央高度重视思政课建设,始终把学校思政课建设放在世界百年未有之大变局中来审视,置于以中国式现代化全面推进强国建设、民族复兴伟业的全局来考量,立足于培养德智体美劳全面发展的社会主义建设者和接班人的基础来谋划,作出了一系列重大决策部署。党对思政课建设的领导全面加强,思政课教师乐教善教、潜心育人的信心底气更足,广大青少年学生"四个自信"明显增强、精神面貌奋发昂扬,思政课发展环境和整体生态发生全局性、根本性转变。

　　厦门大学一贯重视思政课建设、重视思政课堂教学质量。特别是近年来,厦门大学党委坚持以习近平新时代中国特色社会主义思想为指导,深入贯彻落实习近平总书记在学校思想政治理论课教师座谈会上的重要讲话精神和对学校思政课建设的重要指示精神,成立由书记、校长任双组长的思想政治理论课领导小组,加大力度高位推进思政课高质量发展。我也深入课堂听思政课、带头上讲台讲思政课、参加集体备课会交流研讨,及时了解和解决思政课建设的重点难点问题。马克思主义学院在思政课程群建设、教研改革、队伍建设、大思政课建设、大中小学思政课一体化等方面持续下功夫,深化"专题教学+网络教学+实践教学""三位一体"教学模式改革,进一步巩固课堂教学主阵地、提升专题教学吸引力,丰富网络教学资源、以数字赋能思政课堂,拓展研学实践大课堂、增强实践教学影响力,多措并举探索思政课改革创新。

　　古今中外,每个国家都是按照自己的政治要求来培养人的。思政课是学校进行思想政治教育的主渠道、主阵地。如何建好建强这一主渠道、主阵地，同步推进思政课建设和党的创新理论武装，用习近平新时代中国特色社会主义思想武装青年、教育青年、引导青年，用身边鲜活的新时代小故事、蕴含红色基因的好故事讲好思政课大道理，提高思政课思想性、理论性的同时提升针对性和吸引力，是当前高校思政课建设面临的核心问题。

针对上述问题，厦门大学马克思主义学院组织学院教师，结合科研优势和教学实践，以案例教学为突破口，编写了《高校思想政治理论课教学案例丛书》，为高校思政课教师在课堂上讲好中国故事、传播好中国声音、教育好广大青年学生提供教学参考。丛书具有较强的系统性，涵盖"习近平新时代中国特色社会主义思想概论""马克思主义基本原理""毛泽东思想和中国特色社会主义理论体系概论""中国近现代史纲要""思想道德与法治"等五门本科思政必修课，采用统一体例，构建"案例呈现、案例指向、案例解析"的完整框架。丛书具有较强的针对性，在精细研读教材的基础上，瞄准教材各章节中的重点难点问题设计问题链，引入"《流浪地球》与群众史观"等社会热点案例激发学生理论学习的求知欲；引入"孟晚舟和法国阿尔斯通公司前高管皮耶鲁齐的遭遇对比"等对比案例引导学生正确认识中国特色和国际比较。丛书具有较强的时代性，引入"新时代的中国北斗"等富有中国化时代化特点的教学素材，充分体现党的十八大以来中国特色社会主义取得的举世瞩目成就；引入"大山的女儿——黄文秀"等耳熟能详又贴近青年的教学素材，引导学生正确处理"小我"和"大我"的关系。丛书具有较强的地域性，引入具有福建特色的教学素材，讲好福建的革命故事、红色故事和改革实践，特别是，丛书深度挖掘"鹭岛潮涌帆正满——美丽中国厦门实践"等习近平同志在福建工作期间的实例，引领师生感悟习近平新时代中国特色社会主义思想的萌发、孕育和发展历程，探寻习近平新时代中国特色社会主义思想的历史原点和生动注脚。

"新时代新征程上，思政课建设面临新形势新任务，必须有新气象新作为。"组织编写思想政治理论课案例教学辅导用书,是厦门大学全体思政课教师就思政课案例教学进行的一次有益探索,是学校在守正创新推动思政课建设内涵式发展上的经验积淀。丛书遵循高校思政课教学因事而化、因时而进、因势而新的规律,运用清晰的逻辑、学术的理论、时代的语言、优美的文字对案例进行解读阐述,实现政治性、思想性、时代性、可读性相结合。衷心希望这套丛书能帮助广大思政课教师不断提升教学素养和教学水平,把思政课讲深、讲透、讲活,让学生爱听爱学、入脑入心,引导青年学生切实感悟"中国之理"、解读"中国之治"、走好"中国之路",为培养更多让党放心、爱国奉献、担当民族复兴重任的时代新人作出积极贡献。

厦门大学党委书记
中国科学院院士　　张　荣
2025 年 1 月

目　录

导 论

一、教学主要目标

导论是教材关于习近平新时代中国特色社会主义思想的总体性阐述，也是教材体系的概述，明确了学习本课程的意义和要求。讲好导论对于讲好全课程起着开篇和奠基的作用。导论教学将实现如下目标：(1)在知识层面，让学生全面认识习近平新时代中国特色社会主义思想创立的时代背景，系统掌握这一思想的科学体系。(2)在能力层面，让学生深入理解习近平新时代中国特色社会主义思想是"两个结合"的重大成果。(3)在价值层面，充分认识这一思想的历史地位，引导学生深刻领悟"两个确立"的决定性意义，深入认识学习这一思想对于大学生的重要意义。

二、教学重难点

本章教学重点：让学生了解习近平新时代中国特色社会主义思想是在中华民族迎来从站起来、富起来到强起来的伟大飞跃，实现中华民族伟大复兴进入不可逆转的历史进程中创立并不断丰富发展的，是"两个结合"的重大成果。青年大学生系统学习领会习近平新时代中国特色社会主义思想要做到学思用贯通、知信行统一。

本章教学难点：讲清楚坚持"两个结合"是创立习近平新时代中国特色社会主义思想的根本途径，习近平新时代中国特色社会主义思想坚持"两个结合"，是最现实、最鲜活的中国化时代化的马克思主义，开辟了马克思主义中国化时代化新境界。

三、教学案例

(一)"大飞机创造了一个大时代"

1.案例呈现

材料一：2017年5月5日，中国自主研制的C919大型客机首飞成功。据中国商飞公司官网介绍，C919大型客机是我国首款按照国际通行适航标准自行研制、具有自主知识产权的喷气式干线客机，重点满足国内外大运量和中运量市场需求。C919与同类型飞机相比，在安全性、经济性、环保性、舒适性方面特色突出：采用先进的气动设计，气动阻力比同类型飞机小；完全按照国际适航标准设计，确保了安全性；与同类型150座级飞机相比，经济性能更好，因采用了先进的动力系统，它排放的尾气和噪声，比现有飞机要低至少50%……

2007年2月，国家正式决定自主研制大飞机；2008年，中国商飞公司成立；2015年11月，C919完成总装并正式下线。从初步设计到详细设计再到机体制造，C919走过了7个年头。2000多份机翼图纸，机头、机身、机翼、翼吊发动机等一体化设计，近200项专利申请，拥有完全自主知识产权的干线飞机C919，全部设计均由中国人自己的团队自主完成。而从1970年我国自主研制的"运10"飞机立项，到2017年C919首飞成功，历经47个春秋，中国人的"大飞机梦"终于成真。

在C919研制过程中，我国大型客机技术创新体系逐步形成，吸引和带动了多所高等院校和多家企业参与大型客机项目研制——5个大类、20个专业、6000多项民用飞机技术，C919的设计研制带动了我国技术、材料、工艺的群体性突破。

中国民用飞机设计专家、中国商飞公司专家咨询组成员吴兴世说："大飞机创造了一个大时代。"

（资料来源：《"破茧化蝶"：国产大型客机C919》，《光明日报》2022年5月3日第1版。）

材料二：2024年新加坡航空展于2月20日至25日举行，吸引了来自50多个国家、地区的1000多家公司参展。2月20日，航展在新加坡樟宜会展中心正式拉开帷幕，2架C919飞机和3架ARJ21飞机首次亮相，并通过馆内模型展览、室外静态展示和飞行表演等多种方式，向公众呈现中国商用飞机发展的阶段性成果。

对于此次中国国产商用飞机 C919 和 ARJ21 首次在海外"组团"亮相,外媒也给予了相当大的关注。

美国有线电视新闻网(CNN)19 日报道称,C919 代表了"中国制造"的力量,由于进入该行业的门槛极高,目前只有少数国家能够生产飞机。追踪航空业的恩道分析公司(Endau Analytics)创始人舒克·尤索夫(Shukor Yusof)说:"C919 将成为'新加坡航展上最受关注的飞机',人们对飞机真机很感兴趣,想亲眼看看它的性能如何,飞行情况如何。"尤索夫还表示,C919 是中段距离区域旅行的完美选择。

新加坡《海峡时报》(The Straits Times)认为,以中国商飞为代表的参展商的积极参与,大大提高了该展会在贸易界和公众参观者中的关注度,中国制造的 C919 被认为是打破西方对传统航空制造业垄断的"利器"。

英国路透社(Reuters)报道,由于空客和波音都在努力提高产量以满足对新飞机的需求,而且波音公司面临一连串危机事件,全球航空业正在关注中国商飞的未来定位。

美国消费者新闻与商业频道(CNBC)18 日写道,作为亚洲最大的航空航天活动之一,今年的航展意义重大,被视为"亚洲(航空业)复苏的象征"。

(资料来源:《全球媒体热议国产大飞机 C919 海外亮相:"中国制造"成焦点 拉动国际航展关注度》,http://cn.chinadaily.com.cn/a/202402/21/WS65d55840a3109f7860dd26d8.html,访问日期:2024 年 2 月 22 日。)

2.案例指向

本案例指向导论"习近平新时代中国特色社会主义思想创立的时代背景",以说明这一思想是在当代中国广泛而深刻的社会变革、宏大而独特的实践创新中创立并不断丰富发展的。

3.案例解析

本案例首先呈现我国自主研制的 C919 大型客机首飞成功这一激动人心的历史性时刻,展现 C919 与同类型飞机相比在安全性、经济性、环保性、舒适性方面的突出特色,并回顾了 C919 从设计到制造的过程以及中国人的"大飞机梦"的实现过程。C919 代表了"中国制造"的力量。由于进入飞机制造行业的门槛极高,目前只有少数国家能够生产飞机,中国制造的 C919 被外媒认为是打破西方对传统航空制造业垄断的"利器"。当代中国正经历着历史上最为广泛而深刻的社会变革,也正在进行着人类历史上最为宏大而独特的实践创新。C919 的起飞正是这些伟大变革中的一个闪亮瞬间,中国飞机制造业的崛起令世界瞩目。

时代是思想之母,实践是理论之源。习近平指出:"生活之树常青。一种理论的产生,源泉只能是丰富生动的现实生活,动力只能是解决社会矛盾和问题的现实要求。"①中国特色社会主义进入新时代,这是一个需要理论而且一定能够产生理论的时代,是一个需要思想而且一定能够产生思想的时代。习近平新时代中国特色社会主义思想正是在这样伟大的时代中应运而生、顺势而成的。

(1)世界百年未有之大变局加速演进

世界百年未有之大变局,概括起来说就是当前国际格局和国际体系正在发生深刻调整,全球治理体系正在发生深刻变革,国际力量对比正在发生近代以来最具革命性的变化,世界范围呈现出影响人类历史进程和趋向的重大态势。"世界怎么了,我们怎么办?"世界需要中国理念、中国智慧、中国方案。正如材料中所强调,作为"中国智造"的新名片,C919在新一轮科技革命和产业变革中脱颖而出,从立项研制起,其成长历程的每一步都凝聚着中华儿女不懈的追求,承载着中华民族的骄傲和荣光,更吸引了全世界的目光,C919的亮相被描述为新加坡航展上最引人关注的事情,一位相关领域分析师指出,新加坡航展为中国商飞提供了未来海外商业契机,中国将成为全球民用飞机行业的深度参与者。

(2)中华民族伟大复兴进入关键时期

实现中华民族伟大复兴是近代以来中国人民的共同梦想,是中国共产党矢志不渝的奋斗目标。站在新的历史起点上,中国共产党和中国人民正勠力同心、信心百倍推进中华民族从站起来、富起来到强起来的伟大飞跃,实现中华民族伟大复兴进入了不可逆转的历史进程。正如上面材料一所述,从"运10"到C919,验证了中国大飞机人"永不放弃"的庄严承诺,也实现了亿万人民对国产大飞机早日商用的翘首企盼,是中华民族在新时代"强起来"的突出表现。

(3)中国式现代化全面推进拓展

习近平总书记在中国共产党第二十次全国代表大会上的报告中指出:"从现在起,中国共产党的中心任务就是团结带领全国各族人民全面建成社会主义现代化强国、实现第二个百年奋斗目标,以中国式现代化全

① 习近平:《习近平谈治国理政》第 3 卷,外文出版社 2020 年版,第 63 页。

面推进中华民族伟大复兴。"①基于我国独特的文化传统、历史命运以及基本国情,在长期实践过程中,党领导人民探索出了适合自己的中国式现代化道路。上述材料指出,在 C919 研制过程中,我国大型客机技术创新体系逐步形成,带动了我国技术、材料、工艺的群体性突破。中国大飞机的成功,开启了中国航空产业的新纪元,是国家科技水平、制造能力、经济基础和综合国力的集中体现,是中国式现代化建设取得的耀眼成果。

（4）科学社会主义在中国焕发新的蓬勃生机

科学社会主义自创立以来已经走过 170 多年的发展历程。中国特色社会主义正成为 21 世纪科学社会主义发展的旗帜,成为振兴世界社会主义的中流砥柱。方向决定道路,道路决定命运。中国飞机制造业的成功充分证明了中国道路的成功,证明了中国特色社会主义是党和人民历经千辛万苦、付出巨大代价取得的根本成就,是实现中华民族伟大复兴的必由之路。习近平新时代中国特色社会主义思想正是在对科学社会主义理论与实践的深邃思考、深刻总结,对坚持和发展中国特色社会主义的不懈探索、砥砺前行中创立并不断丰富发展的。

（5）中国共产党自我革命开辟新的境界

中国特色社会主义制度的最大优势是中国共产党领导。伟大的马克思主义政党不是天生的,而是在长期社会实践中锻造而成的,是在不断自我革命中淬炼而成的。在百余年历史进程中,中国共产党人以改造主观世界推动改造客观世界的历史主动,以崇高使命意识和强烈政治担当,紧紧团结和依靠人民,战胜无数艰难险阻,夺取了革命、建设和改革一个又一个伟大胜利,这是以伟大自我革命引领伟大社会革命的胜利。新时代坚持和发展中国特色社会主义是一场艰巨而伟大的社会革命,要求中国共产党以更清醒的自觉、更坚定的决心、更高的标准进行伟大自我革命。在中国特色社会主义新时代,通过不断自我革命而更加团结统一、更加坚强有力的中国共产党带领中国人民创造中华民族发展史、世界社会主义发展史、人类社会发展史上更为辉煌的成就。

C919 大飞机从研制到腾飞的时代正是我国全面推进党和国家事业发展的"大时代"。习近平新时代中国特色社会主义思想在这一时代背景

---

① 习近平:《高举中国特色社会主义伟大旗帜 为全面建设社会主义现代化国家而团结奋斗——在中国共产党第二十次全国代表大会上的报告》,人民出版社 2022 年版,第 21 页。

中创立并不断丰富发展,在把握世界发展大势、应对全球共同挑战、维护人类共同利益的过程中创立并不断丰富发展,在不断回答中国之问、世界之问、人民之问、时代之问的过程中创立并不断丰富发展。这一思想是党和人民实践经验和集体智慧的结晶,主要创立者是习近平同志。

(二)当马克思与孔子"相遇"

1.案例呈现

材料一:郭沫若先生 1925 年发表了《马克斯进文庙》一文。文中写道:

十月十五日丁祭过后的第二天,孔子和他的得意门生颜回子路子贡三位在上海的文庙里吃着冷猪头肉的时候,有四位年青的大班抬了一乘朱红漆的四轿,一直闯进庑来。……朱红漆的四轿在圣殿前放下了,里面才走出一位脸如螃蟹,胡须满腮的西洋人来。……孔子先道了自己的姓名,回头问到来客的姓名时,原来这胡子螃蟹才就是马克斯卡儿①。……

马克斯说:我是特为领教而来。我们的主义已经传到你们中国,我希望在你们中国能够实现。但是近来有些人说,我的主义和你的思想不同,所以在你的思想普遍着的中国,我的主义是没有实现的可能性。因此我便来直接领教你:究竟你的思想是怎么样? 和我的主义怎样不同? 而且不同到怎样的地步? 这些问题,我要深望你能详细地指示。孔子听了马克斯的话,连连点头表示赞意……

——啊,是的! 马克斯到此才感叹起来:我不想在两千年前,在远远的东方,已经有了你这样的一个老同志! 你我的见解完全是一致的,怎么有人曾说我的思想和你的不合,和你们中国的国情不合,不能施行于中国呢?

(资料来源:《郭沫若全集·文学编》第 10 卷,人民文学出版社 1985 年版,第 161~170 页。)

材料二:最重要的是要独立思考,把马列主义的基本原理同中国革命和建设的具体实际相结合。民主革命时期,我们吃了大亏之后才成功地实现了这种结合,取得了新民主主义革命的胜利。现在是社会主义革命和建设时期,我们要进行第二次结合,找出在中国怎样建设社会主义的道路。

(资料来源:中共中央文献研究室编:《毛泽东年谱(1949—1976)》第 2 卷,中央文献

---

①　当时译称,即卡尔·马克思。

出版社 2002 年版,第 557 页。)

　　材料三:新的征程上,我们必须坚持马克思列宁主义、毛泽东思想、邓小平理论、"三个代表"重要思想、科学发展观,全面贯彻新时代中国特色社会主义思想,坚持把马克思主义基本原理同中国具体实际相结合、同中华优秀传统文化相结合,用马克思主义观察时代、把握时代、引领时代,继续发展当代中国马克思主义、21 世纪马克思主义!

　　(资料来源:习近平:《在庆祝中国共产党成立 100 周年大会上的讲话》,《求是》2021 年第 14 期。)

　　材料四:坚持和发展马克思主义,必须同中华优秀传统文化相结合。只有植根本国、本民族历史文化沃土,马克思主义真理之树才能根深叶茂。中华优秀传统文化源远流长、博大精深,是中华文明的智慧结晶,其中蕴含的天下为公、民为邦本、为政以德、革故鼎新、任人唯贤、天人合一、自强不息、厚德载物、讲信修睦、亲仁善邻等,是中国人民在长期生产生活中积累的宇宙观、天下观、社会观、道德观的重要体现,同科学社会主义价值观主张具有高度契合性。

　　(资料来源:习近平:《高举中国特色社会主义伟大旗帜 为全面建设社会主义现代化国家而团结奋斗——在中国共产党第二十次全国代表大会上的报告》,https://www.gov.cn/gongbao/content/2022/content_5722378.htm,访问日期:2024 年 1 月 16 日。)

　　2.案例指向

　　本案例指向导论中创立习近平新时代中国特色社会主义思想的根本途径,即习近平新时代中国特色社会主义思想是"两个结合"的重大成果。

　　3.案例解析

　　本案例以马克思与孔夫子的历史性"相遇"为切入点,进而结合毛泽东同志和习近平同志的相关论述,阐明"两个结合"是习近平新时代中国特色社会主义思想的根本途径,只有坚持"两个结合",才能不断开辟马克思主义中国化时代化新境界。习近平新时代中国特色社会主义思想坚持"两个结合",是最现实、最鲜活的中国化时代化的马克思主义。

　　(1)坚持和发展马克思主义必须坚持"两个结合"

　　坚持以马克思主义为指导,是要运用其科学的世界观和方法论解决中国的问题,形成与时俱进的理论成果,在这一过程中丰富和发展马克思主义。材料二中毛泽东同志的讲话体现出我们党始终高度重视把马克思主义基本原理同中国具体实际相结合。正如上述材料所述,如果说 20 世纪 20 年代,郭沫若文中是以戏剧化的语言探讨马克思与孔夫子"相遇"的问题,那么中国共产党对于"两个结合"的认识就揭示出马克思与孔夫子在中国"相遇"的历史必然性。毛泽东第一次系统阐述马克思主义基本原理同中国具体实际相结合的一系列重大问题,并提出要使马克思主义具有民族形式。习近平总书记总结中国共产党百年来的理论创新经验,在强调坚持"第一个结合"的基础上,明确提出把马克思主义基本原理同中华优秀传统文化相结合的重大命题,是又一次的思想解放。"两个结合"是对坚持和发展马克思主义作出的重大理论贡献,是我们党在探索中国特色社会主义道路中得出的规律性认识,是我们取得成功的最大法宝。

（2）习近平新时代中国特色社会主义思想强调坚持"第一个结合",用马克思主义之"矢"去射新时代中国之"的"

这一思想着眼解决新时代改革开放和社会主义现代化建设的实际问题,作出符合中国实际和时代要求的正确回答,得出符合客观规律的科学认识,续写马克思主义中国化时代化新篇章。"第一个结合"突出了实践的主体性,体现主观与客观、理论与实践具体的历史的统一,从教条主义、主观主义的束缚中解放了出来。

（3）习近平新时代中国特色社会主义思想对"第二个结合"的深刻阐释,表明了党对推进马克思主义中国化时代化根本途径的认识自觉和境界开拓

"第二个结合"突出了文化的主体性,马克思主义与中华优秀传统文化的彼此契合和互相成就,从传统与现代的二元对立当中解放出来。坚持马克思主义这个立党立国、兴党兴国之本不动摇,坚持植根本国、本民族历史文化沃土发展马克思主义不停步,决不能抛弃马克思主义这个魂脉,决不能抛弃中华优秀传统文化这个根脉。要用马克思主义激活中华优秀传统文化中富有生命力的优秀因子并赋予新的时代内涵,将中华民族的伟大精神和丰富智慧更深层次地注入马克思主义,有效把马克思主义思想精髓同中华优秀传统文化精华贯通起来,聚变为新的理论优势。正如材料四所指出,只有植根本国、本民族历史文化沃土,马克思主义真理之树才能根深叶茂。"第二个结合"是我们党对马克思主义中国化时代化历史经验的深刻总结。

（4）坚持"两个结合"贯穿于创立习近平新时代中国特色社会主义思想的过程中,也体现在这一思想作为一个完整的科学体系的各个部分

如作为世界观方法论的"六个必须坚持"就是典范。必须坚持人民至上,既是对马克思主义人民立场和人民群众观点的高度凝练概括,更是对中华优秀传统文化中的民本思想的传承与创新;必须坚持自信自立,是对

中华民族自强不息精神和历代中国共产党人独立自主精神的继承和发扬[1]；必须坚持守正创新，是马克思主义的真理性、革命性、批判性特征同中华优秀传统文化"中庸之道""革故鼎新"理念相结合的理论与实践结晶；必须坚持问题导向，是中华民族自古以来通过"仰观俯察"发现问题、解决问题，进而认识世界、改造世界的重要方法，也是马克思主义的鲜明特点；必须坚持系统观念，既是中华优秀传统文化和马克思主义的重要内容和观点，更是中华民族取得全方面成就的基础性的思想和工作方法；必须坚持胸怀天下，这是一个连续不断的古老文明内在具有的雄浑气魄，更是站在人类立场而诞生的科学理论的广阔格局。[2]

正如材料一所述，郭沫若文中呈现的马克思与孔子由于既存在时代性距离，又有民族性差异，在一些方面展开了激烈讨论，但马克思与孔子分别作为西方哲学思想和中华优秀传统文化的集大成者，代表着东西方文明殊途同归的发展趋势，最后，马克思认下了孔子这位"老同志"。我们比以往任何一个时代都更有条件破解"古今中西之争"。如何破解？马克思主义和中华优秀传统文化来源不同，但彼此存在高度的契合性，这就明确了"结合"的前提；"第二个结合"让马克思主义成为中国的，中华优秀传统文化成为现代的，造就了一个有机统一的新的文化生命体，这就明确了"结合"的结果；"第二个结合"让中国特色社会主义道路有了更加宏阔深远的历史纵深，拓展了中国特色社会主义道路的文化根基，强调"结合"筑牢了道路根基；"第二个结合"是又一次的思想解放，让我们能够在更广阔的文化空间中，充分运用中华优秀传统文化的宝贵资源，探索面向未来的理论和制度创新，强调"结合"打开了创新空间；文化主体性是通过"两个结合"建立起来的，创立新时代中国特色社会主义思想就是这一文化主体性的最有力体现，强调"结合"巩固了文化主体性。[3]

（三）"清澈的爱，只为中国"

1.案例呈现

材料一：要着力加强对广大青年的政治引领。青年人有理想、敢担

---

[1]　杨玉成：《"六个坚持"的理论品格》，《人民论坛》2022年第20期。

[2]　刘余莉、秦芳、聂菲璘：《开辟马克思主义中国化时代化新境界》，https://www.xuexi.cn/lgpage/detail/index.html? id = 1866228658419962707& item_id = 1866228658419962707，访问日期：2024年1月2日。

[3]　习近平：《在文化传承发展座谈会上的讲话》，《求是》2023年第17期。

当、能吃苦、肯奋斗,中国青年才会有力量,党和国家事业发展才能充满希望。要加强对广大青年的理想信念教育,引导广大青年树立共产主义远大理想,坚定中国特色社会主义共同理想,坚定听党话、跟党走的政治信念,在强国建设、民族复兴的历史潮流中确立正确的人生目标,为一生的奋斗奠定基石。共青团要把加强对广大团员和青年的政治引领摆在首位,努力培养社会主义建设者和接班人,源源不断为党输送健康有活力的新鲜血液。要抓好面向广大团员和青年的主题教育,引导团员和青年认真学习领会新时代中国特色社会主义思想,努力掌握这一科学思想的世界观和方法论,善于运用贯穿其中的立场观点方法分析问题,提高对党的基本理论、基本路线、基本方略的领悟力。

(资料来源:《切实肩负起新时代新征程党赋予的使命任务 充分激发广大青年在中国式现代化建设中挺膺担当》,《人民日报》2023 年 6 月 27 日第 1 版。)

材料二:"清澈的爱,只为中国",这是 18 岁的陈祥榕烈士写下的战斗口号。陈祥榕,男,汉族,福建屏南人,2001 年 12 月生,中共党员,生前系陆军某边防团列兵。2020 年 6 月,外军公然违背与我方达成的共识,非法越线、率先挑衅、暴力攻击中方前出交涉人员,蓄意制造了加勒万河谷冲突。宁洒热血,不失寸土!在忍无可忍的情况下,边防官兵对暴力行径予以坚决回击,陈祥榕作为盾牌手战斗在最前面,毫不畏惧、英勇战斗,直至壮烈牺牲。年轻的军人们用生命保卫了家国的尊严。班长孙涛记得,他和陈祥榕有过一段对话:"你一个'00 后'的新兵,口号怎么这么'大'?""班长,这跟年龄没关系,我就是这么想的,也会这么做的。"陈祥榕坚定地说,而他也的确做到了。

2022 年 5 月 10 日,在庆祝中国共产主义青年团成立 100 周年大会上,习近平总书记深情地说:"'清澈的爱,只为中国',成为当代中国青年发自内心的最强音。"

(资料来源:张文奎、吴明顺:《陈祥榕:"清澈的爱,只为中国"》,https://www.xuexi.cn/lgpage/detail/index.html? id＝5238964641463879870&item_id＝5238964641463879870,访问日期:2024 年 2 月 23 日。)

2.案例指向

本案例指向导论"深刻领悟'两个确立'的决定性意义"和"如何学好用好习近平新时代中国特色社会主义思想",强化理解学习贯彻习近平新时代中国特色社会主义思想是青年学生成为担当民族复兴大任时代新人的必然要求,也是对整本教材学习方法和学习意义的强调。

3.案例解析

本案例是一个围绕新时代青年使命担当展开的组合型案例。当代大学生是复兴栋梁、强国先锋,应当始终坚定对马克思主义的信仰,始终坚持用习近平新时代中国特色社会主义思想凝心铸魂,始终沿着科学理论指引的方向奋勇前进。围绕中心才能找准方向,服务大局才能体现价值。正如材料一所述,2023 年 6 月 26 日习近平同团中央新一届领导班子成员集体谈话强调要着力加强对广大青年的政治引领,共青团要把加强对广大团员和青年的政治引领摆在首位。材料二强调,陈祥榕烈士就是新时代青年在行动中践行使命担当的光辉榜样。

中国青年作为实践主体与民族复兴进程同时出场,作为实现中国梦的先锋力量贯穿各个历史时期。习近平总书记指出:"为实现中华民族伟大复兴的中国梦而奋斗,是中国青年运动的时代主题。"①新民主主义革命时期,中国青年率先觉醒与奋起,在中国共产党领导下争取民族独立、人民解放,为实现中华民族伟大复兴创造根本社会条件。社会主义革命和建设时期,中国青年艰苦拼搏,为巩固民族复兴根本政治前提和制度基础贡献力量。改革开放和社会主义现代化建设新时期,中国青年敢闯敢干、锐意进取,为中国梦注入活力、创造条件。中国特色社会主义进入新时代,中国青年堪当重任、奋勇争先,在具有新的历史特点的伟大斗争中成为有生力量。

党的二十大提出新时代新征程全党的中心任务是团结带领全国各族人民全面建成社会主义现代化强国、实现第二个百年奋斗目标,以中国式现代化全面推进中华民族伟大复兴。新征程上,青年运动主题具体化为为中国式现代化助力奋进。当代青年成长成熟的时间跨度与党和国家发展的新时代新征程高度契合。习近平指出:"从二〇二二年到二〇三五年,现在的青年正处于学习和成长的黄金时期,从二〇三五年再到本世纪中叶,你们年富力强,将在各行各业、各个领域、各条战线担当重任。"②站在中华民族发展的最好时期,当代青年面临着实现个人理想与回应时代使命的双重机遇和挑战。

新时代青年可以担当起伟大历史使命。大量现实案例表明,新时代青年在党和人民最需要的时刻冲得出来、顶得上去,展现出自信自强、刚

---

① 习近平:《论党的青年工作》,中央文献出版社 2022 年版,第 22 页。
② 习近平:《论党的青年工作》,中央文献出版社 2022 年版,第 240、241 页。

健有为的精神风貌。新时代青年的精神风貌在三个方面表现突出:一是强烈的家国情怀。从脱贫攻坚到科技攻关,从抢险救灾到疫情防控,从奥运赛场到祖国前哨,心系"国之大者","清澈的爱,只为中国",源于中华优秀传统文化的爱国情怀与责任感深植于中国青年血脉,成为其树立坚定理想信念的肥沃土壤。二是卓越的创造才能。随着国家综合实力的跃升,新时代青年呈现出综合素质不断上升的整体态势。青年群体学历水平持续提高,各行各业青年专业人才层出不穷。他们积极投身中华民族伟大复兴事业,在各自的岗位上努力奋斗,将个人"小我"融入国家社会发展的"大我",在时代的大潮中建功立业,实现自我的最大价值。三是平视世界的国际视野。新时代青年出生于新世纪的中国,在推动构建人类命运共同体与国家全面深化改革的大背景下茁壮成长,他们自信自立,既具备人文情怀,也富于理性精神,无论在思维方式还是素质能力方面都令世界瞩目。

坚强的领导核心和科学的理论指导是关乎党和国家前途命运、党和人民事业成败的根本性问题。新征程上,新时代的中国青年要牢牢掌握习近平新时代中国特色社会主义思想这个强大理论武器,自觉做习近平新时代中国特色社会主义思想的坚定信仰者、积极传播者、忠实实践者,以实现中华民族伟大复兴的中国梦为己任,不负时代,不负韶华,不负党和人民的殷切期望,用青春和热血创造美好未来,在祖国和人民最需要的地方书写人生华章。

四、延伸阅读

1.习近平:《在哲学社会科学工作座谈会上的讲话》,人民出版社 2016年版。

2.《中共中央关于党的百年奋斗重大成就和历史经验的决议》,人民出版社 2021 年版。

3.习近平:《在文化传承发展座谈会上的讲话》,《求是》2023 年第17 期。

4.习近平:《坚持历史唯物主义不断开辟当代中国马克思主义发展新境界》,《求是》2020 年第 2 期。

五、拓展研学

1.如何理解习近平新时代中国特色社会主义思想是"两个结合"的重大成果？

2.观看纪录片《大国重器》，思考和讨论为什么说当代中国正经历着我国历史上最为广泛而深刻的社会变革，也正在进行着人类历史上最为宏大而独特的实践创新。

3.结合所学专业和个人理想追求，思考和讨论在日常学习和生活中新时代青年怎样学好用好党的创新理论，担当民族复兴大任，为全面建设社会主义现代化国家奉献力量。

第一章　新时代坚持和发展中国特色社会主义

一、教学主要目标

　　本章教学围绕"新时代坚持和发展什么样的中国特色社会主义、怎样坚持和发展中国特色社会主义"这一重大时代课题,从中国特色社会主义这条道路的选择、新时代对这条道路的开拓以及如何一以贯之推进进行展开。本章将实现如下目标:(1)在知识层面,让学生理解和掌握中国特色社会主义是改革开放以来党的全部理论和实践的主题,是中国共产党带领人民历尽千辛万苦、付出巨大代价取得的根本成就。(2)在能力层面,厘清坚持和发展中国特色社会主义是贯穿新时代的一条主线,是当代中国发展进步的根本方向,是习近平新时代中国特色社会主义思想的逻辑起点。(3)在价值层面,更加自觉地坚定中国特色社会主义道路自信、理论自信、制度自信、文化自信,以奋发有为的精神谱写新时代中国特色社会主义绚丽华章。

二、教学重难点

　　本章教学重点:首先是要让学生更好地理解中国特色社会主义是历史和人民的选择。在此基础上,把握中国特色社会主义新时代是我国发展新的历史方位以及新时代的科学内涵。新时代中国特色社会主义是中国共产党领导人民进行伟大社会革命的成果,也是中国共产党领导人民进行伟大社会革命的继续,要全面贯彻党的基本理论、基本路线、基本方略,统筹推进"五位一体"总体布局和协调推进"四个全面"战略布局,必须一以贯之进行下去。

　　本章教学难点:讲清楚社会主要矛盾的变化带来的深刻影响,讲清楚社会主义初级阶段、中国特色社会主义新时代、新发展阶段三者的关系,让学生深刻理解党的创新理论在对社会主义建设规律的探索中始终秉持的与时俱进、守正创新的理论品质。

三、教学案例

(一)"坚持和发展中国特色社会主义是一篇大文章"

1.案例呈现

材料一:2012 年 11 月 29 日上午,习近平等国家领导人来到国家博物馆,参观《复兴之路》基本陈列,回顾近代以来中国人民为实现民族复兴走过的历史进程,号召全党同志承前启后、继往开来,把我们的党建设好,团结全体中华儿女把我们国家建设好,把我们民族发展好,继续朝着中华民族伟大复兴的目标奋勇前进。

在参观过程中,习近平发表了重要讲话。他表示,《复兴之路》这个展览,回顾了中华民族的昨天,展示了中华民族的今天,宣示了中华民族的明天,给人以深刻教育和启示。中华民族的昨天,可以说是"雄关漫道真如铁"。近代以后,中华民族遭受的苦难之重、付出的牺牲之大,在世界历史上都是罕见的。但是,中国人民从不屈服,不断奋起抗争,终于掌握了自己的命运,开始了建设自己国家的伟大进程,充分展示了以爱国主义为核心的伟大民族精神。中华民族的今天,正可谓"人间正道是沧桑"。改革开放以来,我们总结历史经验,不断艰辛探索,终于找到了实现中华民族伟大复兴的正确道路,取得了举世瞩目的成果。这条道路就是中国特色社会主义。中华民族的明天,可以说是"长风破浪会有时"。经过鸦片战争以来 170 多年的持续奋斗,中华民族伟大复兴展现出光明的前景。现在,我们比历史上任何时期都更接近中华民族伟大复兴的目标,比历史上任何时期都更有信心、有能力实现这个目标。

习近平强调,回首过去,全党同志必须牢记,落后就要挨打,发展才能自强。审视现在,全党同志必须牢记,道路决定命运,找到一条正确的道路多么不容易,我们必须坚定不移走下去。展望未来,全党同志必须牢记,要把蓝图变为现实,还有很长的路要走,需要我们付出长期艰苦的努力。

(资料来源:《习近平在参观〈复兴之路〉展览时强调:承前启后 继往开来 继续朝着中华民族伟大复兴目标奋勇前进》,https://cpc.people.com.cn/shipin/big5/n/2012/1130/c243284-19755158.html? ivk_sa=1024320u,访问日期:2024 年 1 月 29 日。)

材料二：坚持和发展中国特色社会主义是一篇大文章，邓小平同志为它确定了基本思路和基本原则，以江泽民同志为核心的党的第三代中央领导集体、以胡锦涛同志为总书记的党中央在这篇大文章上都写下了精彩的篇章。现在，我们这一代共产党人的任务，就是继续把这篇大文章写下去。

（资料来源：《毫不动摇坚持和发展中国特色社会主义 在实践中不断有所发现有所创造有所前进》，《人民日报》2013 年 1 月 6 日第 1 版。）

材料三：近些年，伴随美国挑起中美经贸摩擦，有人跳出来竭力把中国描绘为重商主义者、政府干预和市场扭曲者等，给中国扣上"国家资本主义"的帽子。这是别有用心的歪曲不实之词。

所谓"国家资本主义"，一般是指与国家政权相结合，由国家控制、支配的一种资本主义经济形态。列宁曾给出这样的定义：国家资本主义就是资本主义制度下由国家政权直接控制这些或那些资本主义企业的一种资本主义。历史上，西方主要国家都曾在不同程度上借助国家政权来推动经济增长或对某些产业提供支持与保护，但无论是政府直接参与和控制国有企业，还是政府对自由放任的经济活动进行干预和影响，国家资本主义在本质上仍然属于资本主义，即其依旧是建立在私有制基础之上的，从根本上服务于资本追逐利润的本性和少数富有阶层的长远利益。

坚定不移地走中国特色社会主义道路，是改革开放以来中国经济社会发展取得举世瞩目成就的根本原因。习近平总书记明确指出，"中国特色社会主义是社会主义而不是其他什么主义"。无论是在理论上还是在实践上，中国特色社会主义与形形色色的资本主义存在本质差别。从经济体制方面考察，中国特色社会主义实现了社会主义与市场经济的有机结合，服务于社会主义实现公平正义、共同富裕的目标。

有人谬称中国是"国家资本主义"，认为中国的社会主义市场经济不是市场经济。其指责虽然言之凿凿，但丝毫改变不了与事实相去甚远的错误与荒谬。

作为世界第二大经济体，中国的经济总量已经超过美国的 60%，并且还是世界第一大货物贸易国、世界最大外汇储备国。在美国看来，今天中国的发展已经"危及了美国第一"，使美国感到巨大压力与威胁。

（资料来源：李文：《指责中国是"国家资本主义"罔顾事实》，《经济日报》2018 年 9 月 13 日第 13 版。）

2.案例指向

本案例主要指向教材第一章第一节内容,即阐释道路问题是关系党的事业兴衰成败第一位的问题,"方向决定道路,道路决定命运",中国特色社会主义是历史和人民的选择,是社会主义而不是其他什么主义。

3.案例解析

本案例围绕中国特色社会主义道路问题展开,强调中国特色社会主义是历史的结论、人民的选择,是科学社会主义理论逻辑和中国社会发展历史逻辑的辩证统一。案例首先呈现的是在全党全国上下认真学习贯彻党的十八大精神的热潮中,习近平同志参观《复兴之路》展览发表重要讲话,强调中国特色社会主义道路具有深厚的历史渊源和广泛的现实基础,是实现中华民族伟大复兴的正确道路。材料二中再次强调要把中国特色社会主义这篇"大文章"写下去。材料三则进一步廓清对中国特色社会主义的迷雾,对国内外某些舆论的质疑和误导进行辨析。

(1)从历史逻辑来看,中国特色社会主义不是天上掉下来的,而是从历史纵深中走来,具有深厚的历史渊源

一部中国近代史实际就是一部中国选择社会主义和探索适合本国国情的社会主义建设道路的曲折历史。习近平等中央领导同志在党的十八大召开不久就来到国家博物馆参观《复兴之路》基本陈列,这个陈列的主题正是通过回顾1840年鸦片战争以来,陷入半殖民地半封建社会深渊的中国各阶层人民在屈辱苦难中奋起抗争,为实现民族复兴进行的种种探索,特别是中国共产党领导全国各族人民争取民族独立人民解放、国家富强人民幸福的光辉历程,充分展示历史和人民怎样选择了马克思主义、选择了中国共产党、选择了社会主义道路、选择了改革开放,充分展示了历史和人民为什么必须始终坚持高举中国特色社会主义伟大旗帜不动摇,坚持中国特色社会主义道路不动摇,坚持中国特色社会主义理论体系不动摇。

(2)从实践逻辑来看,中国特色社会主义是中国共产党领导中国人民长期探索、始终坚持、接续发展的结果,具有广泛的现实基础

经过长期浴血奋斗,中国共产党团结带领全国各族人民取得新民主主义革命伟大胜利,建立了中华人民共和国,确立了社会主义基本制度,对适合中国国情的社会主义道路进行了初步探索,实现了中华民族有史以来最为广泛而深刻的社会变革,中国走上社会主义这条康庄大道。改革开放的伟大决策成功开创了中国特色社会主义。随后,正如材料二指

出的,一代代中国共产党人接续书写了这篇"大文章"。在改革开放和社会主义现代化建设新时期,中国特色社会主义取得了举世瞩目的伟大成就,实践证明,中国特色社会主义道路是中国走向发展繁荣的正确道路。党的十八大以来,党和国家事业发展站在新起点上,取得历史性成就、发生历史性变革,开创了中国特色社会主义新时代。

需要强调的是,我们要正确认识改革开放前后两个历史时期的关系。正如习近平所指出:"我们党领导人民进行社会主义建设,有改革开放前和改革开放后两个历史时期,这是两个相互联系又有重大区别的时期,但本质上都是我们党领导人民进行社会主义建设的实践探索。中国特色社会主义是在改革开放历史新时期开创的,但也是在新中国已经建立起社会主义基本制度、并进行了20多年建设的基础上开创的。"①改革开放前的社会主义实践探索为改革开放后的社会主义实践探索积累了条件,改革开放后的社会主义实践探索是对前一个时期的坚持、改革和发展。

(3)从理论逻辑来看,中国特色社会主义坚持了科学社会主义基本原则,是社会主义而不是其他什么主义

科学社会主义是人类历史上的伟大创造,也是人类自我解放的伟大觉醒。马克思、恩格斯在批判旧世界的基础上,对未来社会的发展过程、发展方向作出了科学预测和设想,形成科学社会主义基本原则。科学社会主义基本原则为中国特色社会主义奠定了思想前提和理论基础,中国特色社会主义写出了科学社会主义的"中国特色"。社会主义本质论、社会主义初级阶段论、社会三义市场经济论、全过程人民民主、人类命运共同体等就是这些特色的鲜明体现。材料三呈现的关于指责中国是"国家资本主义"的舆论罔顾事实,实际上隐藏着他们对中国发动经贸战的深层次原因,是道路之争、制度之争。其目的就是为遏制中国制造舆论,企图通过抹黑中国社会制度,动摇人们对中国特色社会主义的信心,迫使我们放弃被实践所证明的成功道路和制度。我们必须作出清醒判断,进行坚决反击。

(二)从"四大件"到"四十大件"

1.案例呈现

1958年3月11日,上海宏音无线电器材厂试制成功国内第一台晶

---

① 习近平:《习近平谈治国理政》第1卷,外文出版社2018年版,第22页。

体管收音机;4个月后,试制成功第一台晶体管汽车收音机;4年后,第一台全部采用国产元器件的美多牌28A型便携式中短波晶体管收音机研制成功,第一条晶体管收音机生产流水线也建立起来。美多牌28A收音机上市后立即引起轰动,甚至成为周恩来总理出国访问的国礼。而自行车、缝纫机、手表、收音机,这"三转一响"则成为20世纪50—70年代城市家庭渴望拥有的"四大件"。当时北京王府井大街一个特色景观就是很多人到百货大楼排长队购买"四大件"。

1978年,在"解放思想、实事求是"的思想路线指导下,党和国家工作重心转移到经济建设上。改革开放后,彩电、冰箱、洗衣机、录音机取代"三转一响",成为新"四大件"。

经过改革开放30多年发展,中国特色社会主义进入新时代,新老"四大件"早已成为历史。生产技术不断发展,商品供应极大丰富,人民生活水平持续提升,消费结构不断升级,更多智能化家电进入百姓家庭。智能高清电视、智能空调、烘干一体洗衣机、扫地机器人、净水器、自动炒菜机等,"四十大件"也说不完中国人的个性化需求。

据统计,新中国成立初到2018年,我国人均国内生产总值从119元增加到64644元,城镇和农村居民年人均可支配收入分别从不足100元、50元增加到39251元、14617元。社会生产力持续发展,长期以来的短缺和供给不足状况发生根本改变,中国经济实力、科技实力、国防实力、综合国力进入世界前列。

在生活水平不断提高的同时,人民对美好生活有了多样化多层次多方面的需要,期盼有更好的教育、更稳定的工作、更满意的收入、更可靠的社会保障、更高水平的医疗卫生服务、更舒适的居住条件、更优美的环境、更丰富的精神文化生活。

杨燕是名校成都七中的一名年轻语文老师,上课的同时她需要佩戴麦克风,使用投影仪进行"直播"。成都七中的网络直播覆盖四川、云南、贵州等地200多所学校的1000多个班级,每天有近8万名学生与该校学生异地同堂上课。与拥有优质教育资源的成都七中相比,这些学校大多地处贫困地区,教育资源和教学水平极其有限,有的甚至"一个县考不上一个本科生"。

云南禄劝彝族苗族自治县曾是国家级贫困县,禄劝一中是收看成都七中网络直播的学校之一。这里的大多数学生的父母在外地务工,有的学生回家"要走上一个多小时蜿蜒山路",家里到处是"积满灰尘的化肥袋子"。虽然两个地域、两所学校之间存在着不小的差异,但通过网络,更多人可以共享优质教育资源。

(资料来源:瞿芃:《从落后农业国到发展不平衡不充分》,《中国纪检监察报》2019年8月20日第1版。)

2.案例指向

本案例指向教材第一章第二节内容,即社会主要矛盾变化是判断中国特色社会主义进入新时代这一历史方位的主要依据。

3.案例解析

本案例首先呈现从新中国成立到改革开放再到中国特色社会主义新时代,随着我国经济社会发展变化,人民生活中的"四大件"也在悄悄发生变化。尤其是党的十八大以来,中国特色社会主义进入新时代,实现了具有里程碑意义的伟大变革,老百姓生活的个性化需求更是发展成为"四十大件"都说不完的话题。随着改革开放的深入推进和中国特色社会主义的深入发展,社会生产力水平总体上显著提高,人民物质生活大幅度改善,党对我国社会主要矛盾也作出新的判断。党的十九大将社会主义初级阶段主要矛盾原有的表述中"人民日益增长的物质文化需要"调整为"人民日益增长的美好生活需要","落后的社会生产"调整为"不平衡不充分的发展"。这一新的判断,符合新时代我国社会的发展变化,为党的路线方针政策的科学制定提供了基本依据。

社会主要矛盾变化是关系全局的历史性变化。关于新时代社会主要矛盾的重大政治论断,反映了我国社会发展的客观实际,指明了解决当代中国发展主要问题的根本着力点,丰富和发展了马克思主义关于社会矛盾的学说。

(1)中国特色社会主义进入新时代,是我国社会主要矛盾发生新变化的反映

作出社会主要矛盾发生变化这一重大判断的依据,可从生产力、人民生活和矛盾特点三个方面来把握。一是看生产力。经过改革开放以来的发展,我国社会生产力水平总体上显著提高,很多方面进入世界前列。我国建立了全世界最完整的现代工业体系,"基础设施建设成就显著,信息畅通,公路成网,铁路密布,高坝巍立,西气东输,南水北调,高铁飞驰,巨

轮远航,飞机翱翔,天堑变通途"。① 这些发展成就表明,笼统地用"落后的社会生产"描述我国的现状已经不准确了,我国社会生产发生了重要的阶段性变化。二是看人民生活。改革开放以来,中国人民迎来了从温饱不足到小康富裕的伟大飞跃。人民对美好生活的向往,不仅体现在对物质文化生活提出了更高要求,而且表达为在民主、法治、公平、正义、安全、环境等方面的要求日益增长。人民群众的"物质文化需要"拓展为层次更高、质量更好、范围更广的"美好生活的需要"。案例中,中国老百姓日常生活追求的"四大件"到"四十大件"的演变就深刻体现出这些变化。这些变化也折射出党的主要任务发生新变化,中国和世界关系发生新变化。三是看矛盾特点。当前影响满足人们美好生活需要的因素很多,但主要是发展的"不平衡""不充分"。"不平衡"主要指各区域各领域各方面发展不够平衡,存在"一条腿长、一条腿短"的失衡现象,制约了整体发展水平提升;"不充分"主要指一些地区、一些领域、一些方面还存在发展不足的问题,发展的任务仍然很重。案例中成都七中的网络直播覆盖四川、云南、贵州等地多所学校,就是为了解决"不平衡""不充分"的问题。发展是动态过程,不平衡不充分是永远存在的,平衡是相对的,但当发展到了一定阶段后不平衡不充分成为社会主要矛盾的主要方面时,就必须下功夫去认识它、解决它,否则就会制约发展全局。

(2)社会主要矛盾的变化是关系全局的历史性变化,但没有改变对我国社会主义所处历史阶段的判断,我国仍处于并将长期处于社会主义初级阶段的基本国情没有变,我国是世界最大发展中国家的国际地位没有变

首先,社会主义初级阶段是一个长期的发展过程,必然要经历若干具体的发展阶段,社会主要矛盾也会随之发生变化。但这些变化只是社会主义初级阶段中的变化,并没有改变我国仍处于并将长期处于社会主义初级阶段的判断。其次,中国目前人均国内生产总值大体处在世界中列,在创新能力、产业层次、公共服务等方面与发达国家相比仍有相当大的差距,总体上还是名副其实的发展中国家。最后,社会主义初级阶段的目标是实现社会主义现代化,尽管解决人民温饱问题、人民生活总体上达到小康水平的目标已经提前实现,但是距离实现建成富强民主文明和谐美丽的社会主义现代化强国目标还有很大差距。因此,要牢牢把握社会主

① 习近平:《在庆祝改革开放40周年大会上的讲话》,《人民日报》2018年12月19日第2版。

初级阶段这个基本国情,牢牢立足社会主义初级阶段这个最大实际,牢牢坚持党在社会主义初级阶段的基本路线,既不落后于时代,也不能脱离实际、超越阶段。

(3)中国特色社会主义新时代是党和人民不懈奋斗的必然结果,是中国共产党在科学把握形势和实践发展变化基础上做出的重大判断,具有里程碑式的重大意义

新时代是我国发展新的历史方位,标志着中国特色社会主义事业进入了新的发展阶段。从时间节点看,它承前启后、继往开来,标志着中国特色社会主义事业进入新的发展阶段;从发展目标看,在这一阶段我们全面建成了小康社会,进而全面建设社会主义现代化强国;从奋斗主体看,在这个时代,全国各族人民团结奋斗、不断创造美好生活、逐步实现全体人民共同富裕;从历史使命看,全体中华儿女在这一时代勠力同心、奋力实现中华民族伟大复兴中国梦;从世界担当看,这个时代,我国不断为人类做出更大贡献,为解决人类问题提供中国智慧和中国方案。

(三)"大文章"中的"小叙事"

1.案例呈现

山东德州市陵城区于集乡大于集村是国家级农村社会经济调查观察点,全村有 40 个记账户。

10 年来的"收支账",写下全面建成小康社会的耕耘收获。新型农业生产经营主体大发展,村民于光平的账上记着"2022 年 6 月,收到合作社分红 1000 元";农民衣食住行水平步步高,张德香记着"2017 年,花 3.5 万元买了辆二手轿车",自此油钱成了固定开支。

10 年来的"兜底账",记录社会建设加速补齐民生短板。于振瑞账上记着"2022 年 2 月到乡卫生院看病,新农合报销 534 元","俺老两口每人每月还能领 150 元'新农保'"。

10 年来的"环保账",诉说生态文明建设描画美丽乡村。于汝祥 2020年花 1000 元参加电大园林培训,为的是让房前屋后"园林化"。于振瑞2021 年支出燃气费 530 元,"过去家家烧秸秆、处处冒黑烟,厕所'一个土坑两块砖',现在全村都用天然气,'厕所革命'普及了水冲厕"。

大于集村的"小账本",是 10 年来坚持和发展中国特色社会主义"这篇大文章"中的动人叙事。

....

牧民乌汉图所在的内蒙古巴彦淖尔市磴口县,位于乌梁素海流域上游,曾长期遭受沙漠袭扰。乌汉图有 4000 亩牧场,以前种粮,"一场沙尘暴,白忙大半年"。这几年乌梁素海流域综合治理见效,沙少了,粮也稳了。"为了治沙,我有 3000 多亩牧场被划进保护区,不再开垦种粮了",乌汉图感慨,"我们养好草原,草原就能养好我们。"

黄河改道形成的乌梁素海流域,承担着调节黄河水量、保护生物多样性、改善区域气候等重要功能。由于农田退水和工业废水流入湖中,加之生态补水不足,乌梁素海的面积一度大幅缩减,湖水色如酱油、臭味刺鼻。

2018 年 3 月 5 日,习近平总书记指出要"加快呼伦湖、乌梁素海、岱海等水生态综合治理";2019 年 3 月 5 日,习近平总书记强调"生态保护和修复必须进行综合治理",指明了乌梁素海的治理方向;2021 年 3 月 5 日,习近平总书记表示:"乌梁素海我作过多次批示。现在看治理取得了明显成效,还要久久为功。"

内蒙古相关盟市下大力气一体治理"山水林田湖草沙"。如今,乌梁素海流域重现"塞外明珠"风采,是我国生态文明建设取得成效的缩影。

⋯⋯⋯⋯⋯

2018 年 11 月 5 日,首届进博会第一天,意大利莱昂纳多集团的 AW139 紧急医疗救援构型直升机成为"大热门":2 亿美元的交易额一举摘下"首日最大单"。随后,该集团与中国企业联手,将总投资 128 亿元的直升机生产项目"落子"张江长三角科技城平湖园。

两年后,首架平湖组装的 AW139 直升机试飞成功,又"飞回"第三届进博会参展。而这一利用外资项目,将带动浙江平湖打造"世界直升机制造之都"。

"让开放的春风温暖世界。"进博会,这一由习近平总书记亲自谋划、亲自部署、亲自推动的全球贸易盛会,已成为全球共享的国际公共产品,让世界更加明晰地看到中国坚定不移扩大开放的决心。

利用外资,有助于加快构建新发展格局、推动全面建成小康社会。外资来华,看中的往往是全面深化改革蕴含的扩大开放机遇和全面依法治国巩固的营商环境。进博会上许多"展商变投资商"的故事,折射出全面建成小康社会、全面深化改革、全面依法治国的相互促进。

(资料来源:田俊荣、曲哲涵、徐杭燕:《"五位一体"和"四个全面"相互促进、统筹联动》,《人民日报》2022 年 9 月 12 日第 1 版。)

2.案例指向

本案例指向教材第一章第三节内容,即"统筹推进'五位一体'总体布局和协调推进'四个全面'战略布局"。

3.案例解析

本案例呈现党的十八大以来,以习近平同志为核心的党中央统筹推进经济建设、政治建设、文化建设、社会建设、生态文明建设"五位一体"总体布局,协调推进全面建成小康社会、全面深化改革、全面依法治国、全面从严治党"四个全面"战略布局,谋小康之业、扬改革之帆、行法治之道、筑执政之基,"四个全面"战略布局是一个科学体系,相互间有紧密的内在逻辑。若干小片段在中国特色社会主义"这篇大文章"中组成了"此卷长留天地间"的壮美篇章。决胜全面建成小康社会后,党的十九届五中全会作出我国进入新发展阶段的科学判断,将"四个全面"中的第一个"全面"明确为全面建设社会主义现代化国家,赋予"四个全面"新的时代内涵。

(1)中国特色社会主义事业是全面发展、全面进步的事业

唯物辩证法认为,事物是普遍联系的,事物及事物各要素相互影响、相互制约。而由相互联系、相互作用的若干要素组成,具有稳定结构和特定功能的有机整体,就是系统。统筹推进"五位一体"总体布局、协调推进"四个全面"战略布局作为新时代坚持和发展中国特色社会主义的战略规划部署是复杂的系统工程,要把各方面联系起来分析、统筹起来谋划。本案例体现了"五位一体"总体布局和"四个全面"战略布局相互促进、统筹联动,阐释新时代坚持和发展中国特色社会主义要一以贯之。

(2)中国特色社会主义事业总体布局,是中国共产党对社会主义建设规律在实践和认识上不断深化的重要成果

中国共产党领导的伟大社会革命接续推进、一以贯之。马克思主义认为,社会革命以生产力与生产关系的矛盾运动为基础和动力,随着生产力的解放和发展而深入推进,不仅是一种破除旧的政治上层建筑的社会运动,而且是一种新的社会建设运动。历史和现实告诉我们,任何社会革命要最终取得胜利,都不可能一蹴而就。在中国共产党的百年奋斗历程中,新民主主义革命、社会主义革命和建设、改革开放新的伟大革命,实质上都是以解决生产力和生产关系矛盾为根本目的的革命性实践,都是建立和建设社会主义、最终实现共产主义的伟大社会革命的不同阶段。从"三位一体"到"四位一体"再到"五位一体",中国共产党牢牢抓好执政兴国第一要务,坚持以经济建设为中心,协调推进政治建设、文化建设、社会

建设、生态文明建设以及其他各方面建设。案例中大于集村村民们的"小账本",既有经济的"收支账",又有民生方面的"兜底账",还有美丽乡村的"环保账",生动体现出"五位一体"各方面相互联系、相互促进、不可分割,共同勾画出中国特色社会主义事业的全局全貌。经济建设是根本,政治建设是保障,文化建设是灵魂,社会建设是条件,生态文明建设是基础。各方面布局统筹推进,促进现代化建设各方面相协调,促进生产关系与生产力、上层建筑与经济基础相协调,推动人的全面发展和社会的全面进步。案例中乌梁素海流域治理作为生态文明建设取得成效的缩影,则进一步体现出党的十八大把生态文明建设纳入总体布局后,生态文明建设的战略地位更加凸显,并融入经济建设、政治建设、文化建设、社会建设各方面和全过程。布局的变化源自思想的伟力,进而推动事业的发展。在深刻阐明人与自然关系的基础上提出"坚持人与自然和谐共生"基本方略;在深刻阐明发展与保护关系的基础上提出"绿水青山就是金山银山"科学理念;在深刻阐明环境与民生关系的基础上提出"良好生态环境是最普惠的民生福祉"重大论断;在深刻阐明自然生态各要素之间关系的基础上提出"山水林田湖草沙是生命共同体"系统思想……一系列原创性的新理念新思想新战略陆续提出、落地生根,系统形成习近平生态文明思想,有力指导生态文明建设和生态环境保护取得历史性成就、发生历史性变革。

(3)"四个全面"战略布局,是新的时代条件下坚持和发展中国特色社会主义、推进改革开放和社会主义现代化建设的战略抉择

新时代坚持和发展中国特色社会主义,本质上也是继续推进伟大社会革命。随着社会生产力的快速发展,生产关系、上层建筑中的不适应问题也不断产生。只有持续推进社会革命,不断调整生产关系、完善上层建筑,才能更好地解放和发展生产力。习近平指出:"在新时代,我们党领导人民进行伟大社会革命,涵盖领域的广泛性、触及利益格局调整的深刻性、涉及矛盾和问题的尖锐性、突破体制机制障碍的艰巨性、进行伟大斗争形势的复杂性,都是前所未有的。"[①]在实现中华民族伟大复兴的关键时期,必须大力弘扬将革命进行到底的精神,坚定不移、持续深入推进新时代伟大社会革命,引领中国特色社会主义事业不断从胜利走向新的胜

---

① 《切实贯彻落实新时代党的组织路线 全党努力把党建设得更加坚强有力》,《人民日报》2018 年 7 月 5 日第 1 版。

利。案例以首届进博会上 AW139 直升机"飞出"又"飞回"的故事让我们看到了"四个全面"相辅相成、相互促进、相得益彰的内在联系。要实现战略目标,战略举措一个都不能缺。只有全面深化改革,破除利益藩篱,实现战略目标才有动力;只有全面依法治国,建立规则秩序、推进公平正义,实现战略目标才有保障;只有全面从严治党,锻造领导核心、提供政治支撑,实现战略目标才有保证。这一布局立足中国发展实际,坚持问题导向,是中国在新的历史条件下的治国理政方略,也是实现中华民族伟大复兴中国梦的重要保障。

四、延伸阅读

1.《中共中央关于党的百年奋斗重大成就和历史经验的决议》,人民出版社 2021 年版。

2.习近平:《关于坚持和发展中国特色社会主义的几个问题》,《求是》2019 年第 7 期。

3.习近平:《在庆祝中国共产党成立 100 周年大会上的讲话》,人民出版社 2021 年版。

4.习近平:《坚持和发展中国特色社会主义要一以贯之》,《求是》2022 年第 18 期。

五、拓展研学

1.如何理解中国特色社会主义是科学社会主义的"新版本"?

2.如何理解我国发展新的历史方位?

3.结合家乡或所在城市发展变化,讨论新时代中国人民日益增长的美好生活需要有哪些具体表现。

第二章　以中国式现代化全面推进中华民族伟大复兴

一、教学主要目标

实现中华民族伟大复兴是中国共产党的历史使命。100 多年来,中国共产党团结带领中国人民奋斗的历史,是追求民族复兴的历史,也是不断探索现代化道路的历史。为此,本章主要围绕两条线索展开:一是实现中华民族伟大复兴的中国梦,二是中国式现代化。

具体而言,本章教学将实现如下目标:(1)在知识层面,使学生了解中华民族伟大复兴中国梦的内涵、全面建成小康社会的里程碑意义、社会主义现代化强国的战略安排以及中国式现代化的中国特色、本质要求和世界意义。(2)在能力层面,使学生明晰推进中国式现代化需要牢牢把握的重大原则和需要正确处理的重大关系。(3)在价值层面,使学生认同中国梦是国家的梦、民族的梦,也是每一个中国人的梦,认同中国式现代化是党领导人民长期探索和实践的重大成果,也是强国建设、民族复兴的唯一正确道路,认同必须坚持团结奋斗,推进中国式现代化行稳致远。

二、教学重难点

本章教学重点:讲清楚中华民族伟大复兴中国梦的内涵,使学生理解民族复兴中国梦、全面建成小康社会和全面建成社会主义现代化强国的关系。讲清楚中国式现代化是在追求中华民族伟大复兴过程中探索出来的,又是强国建设、民族复兴的正确道路。帮助学生掌握中国式现代化的五个中国特色、九个本质要求和创造的人类文明新形态,并理解推进中国式现代化行稳致远,就要牢牢把握中国式现代化的五个重大原则,就要正确处理六个重大关系,就要坚持团结奋斗。

本章教学难点:一是帮助学生理解实现中华民族伟大复兴的中国梦的过程中,全面建成小康社会是关键的一步,而这一步当中,脱贫攻坚又是关键一环。二是全体人民共同富裕既是中国式现代化的五个中国特色之一，也是九个本质要求之一。共同富裕同样也是一个历史过程，一部分人一部分地区先富起来了，那在共同富裕的过程中，"先富"会不会带"后富"？能不能带？怎么带？三是为什么说中国式现代化创造了人类文明新形态，打破了"现代化＝西方化"的迷思，展现了不同于西方现代化的新图景。

三、教学案例

（一）"搬上来，住下来，富起来"——连家船民摆脱贫困，梦圆小康

1.案例呈现

"一条破船挂破网，祖宗三代共一船，捕来鱼虾换糠菜，上漏下漏度时光"，说的就是居住在宁德福安下岐村的"连家船民"过去的生活。他们生活生产在船上，船头甲板打鱼捞虾，船舱则是家庭卧室和仓库，生活贫困。他们终生漂泊在水上，世代以小木船为家，居无定所，身材变形，被人歧视。上岸落脚安家，让孩子接受教育，让老人医疗有保障，是每位连家船民的梦想。

1997年，连家船民上岸问题被列为福建省脱贫的重要任务。1998年12月，时任福建省委副书记的习近平说："没有'连家船民'的小康，就没有全省的小康。"1998至2000年，宁德地区共建成连家船民安置点65个，落成新居4531幢，1.5万余人上岸定居。2014年，宁德所有连家船民全部上岸、搬入新居，结束了长期海上漂泊的历史，初步实现了上岸落脚安家的梦想。

虽然上岸定居是连家船民历代的夙愿，但毕竟船民们长年生活在水上，岸上的环境与水上大不相同，部分船民会产生"不习惯"的心理，难以融入陆上生活，最终退回到渔船上，重蹈原始的生活方式。过去失败的改造经验指明，若是仅仅让船民们"安居"，却缺乏相应的配套设施与积极的引导而无法"乐业"，那么这样的改造将是脆弱的，不能够算是真正的成功。如何让连家船民们踏实落地，实现在岸上安居乐业，是船民上岸后亟待解决的难题。

搬上来、住下来，还要富起来。各级党委、政府不但无偿解决连家船民上岸后的建房用地，配套建设道路，完善供水、供电、通信等基础设施项

目以及教育、卫生、文化等公共服务设施项目,而且从后续的生产发展、日常生活上实行全方位帮扶。2015年实施脱贫攻坚战略以来,为了打赢精准脱贫攻坚战,宁德市委、市政府实行从市到村三级联挂机制,逐户分析贫困原因,对症下药,共同帮扶贫困户脱贫。

以宁德福安的下岐村为例,干部们因地制宜,帮助渔民从单一的捕捞业扩展到水产养殖、海上捕捞、商贸服务等多产业发展。同时,通过建立水上党校、建设美丽乡村等举措,村民生活水平得到不断提高。村民们立足渔业经济,因地制宜发展一二三产业。1996年连家船民上岸前,下岐村的农民人均纯收入不足千元,村财收入、大学生人数均挂零。如今,这三项数据分别增加至2万多元、63万元、270人。下岐村从搬上来、住下来到富起来、靓起来,村民们实现了"住有所居、病有所医、老有所养、幼有所学"的美丽家园梦。

(资料来源:高建进:《"搬上来,住下来,富起来"——闽东"连家船民"的幸福故事》,《光明日报》2022年6月28日第4版。)

2.案例指向

本案例指向教材第二章第一节第一目"在中华大地上全面建成小康社会"。

3.案例解析

正如材料所述,"小康"一头连着每个家庭、每个中国人的"小日子",另一头连着中华民族伟大复兴的中国梦。"小康不小康,关键看老乡",没有贫困人口的脱贫,没有贫困地区的小康,就没有小康社会的全面建成。本案例连家船民"搬上来、住下来、富起来"摆脱贫困,梦圆小康的故事,是我们党带领人民实现脱贫攻坚,全面建成小康社会的生动缩影。

(1)全面建成小康社会是迈向中华民族伟大复兴的关键一步

小康是中华民族的千年梦想和夙愿,实现中华民族伟大复兴是一个接续推进的历史过程。改革开放之初,邓小平同志首先用"小康"来诠释"中国式的现代化",明确提出到20世纪末"在中国建立一个小康社会"的奋斗目标,20世纪90年代末连家船民大规模搬迁上岸,正是这一奋斗目标得以实现的体现。在"总体小康"目标如期实现的基础上,党的十六大提出"全面建设小康社会",党的十八大进一步提出"全面建成小康社会",从"总体小康"到"全面小康",从"全面建设"到"全面建成",小康的标准不断提升、内涵不断拓展、要求不断提高。全面建成小康社会,标志着"两个一百年"奋斗目标的第一个百年奋斗目标圆满完成,为实现第二个百年奋斗目标——"全面建成社会主义现代化强国"奠定了坚实的基础。

（2）全面建成小康社会的过程中，脱贫攻坚战又是其中关键一环

宁德所有连家船民 2014 年全部上岸定居、2015 年打赢精准扶贫脱贫攻坚战也正是"全面建成小康社会"目标实现的结果。党的十八大以来，党把农村贫困人口全部脱贫、贫困地区全部摘帽、解决区域性整体贫困，作为全面建成小康社会、实现第一个百年奋斗目标的底线任务和标志性指标，实施精准扶贫方略，做到扶持对象、项目安排、资金使用、措施到户、因村派人、脱贫成效"六个精准"，实施发展生产、易地搬迁、生态补偿、发展教育、社会保障兜底"五个一批"。到 2020 年年底，中国如期完成新时代脱贫攻坚目标任务。

（3）脱贫攻坚战取得全面胜利，全面建成小康社会是党领导和团结人民奋斗出来的

习近平在《摆脱贫困》一书中写道："贫困地区的发展靠什么？千条万条，最根本的只有两条：一是党的领导；二是人民群众的力量。"① 下岐村摆脱贫困、圆梦小康的过程也是如此。一方面，坚持党的领导。党中央强化中央统筹、省负总责、市县抓落实的工作机制，构建五级书记抓扶贫、全党动员促攻坚的局面，抓好以村党组织为核心的村级组织配套建设，把基层党组织建设成为带领群众脱贫致富的坚强战斗堡垒。时任下岐村党支部书记郑月娥深入了解村民需求，想尽办法"让渔民上岸后有稳定的产业"。她立足渔村资源优势，通过改造、承包出租养殖塘提高村集体收入；她引导村民发展池塘养殖，帮助村民发展商贸、零售等产业；她带领村"两委"干部和全体党员，建立党员驿站，搭建网格化服务平台，形成了"网点收集、党员代办、限时办结"的联系服务群众模式，还集合了阿里巴巴农村淘宝、京东和人社系统村级便民服务项目方便村民。在她的带领下，下岐村村民不仅上了岸，而且拓展了产业路子，圆梦小康。在脱贫攻坚全国战场上，像郑月娥这样奋战在扶贫一线的村干部有数百万名、乡镇干部近200 万名、第一书记和驻村干部 300 多万名，累计选派的驻村工作队有25.5 万个。另一方面，坚持调动广大贫困群众的积极性、主动性、创造性，激发脱贫内生动力。把连家船民对美好生活的向往转化成摆脱贫困奔小康的强大动能，引导他们依靠勤劳双手和顽强意志摆脱贫困、改变命运。下岐村的村民们上岸安家后，深信只有增强自身造血能力，才能真正

---

① 习近平：《摆脱贫困》，福建人民出版社 1992 年版，第 13 页。

实现"搬上来、住下来、富起来"的目标愿景。村民们结合自身优势,立足渔业经济,发展一二三产业,从单一的捕捞业扩展到水产养殖、建筑工程、商贸服务等多种产业,年人均纯收入从上岸前的不足千元,增长到当前的3万多元。

全面建成小康社会,中国人民过上了好日子,但还不富足,人民日益增长的美好生活需要和不平衡不充分的发展之间的矛盾仍然存在。中国共产党将团结带领人民,向着实现人的全面发展、全体人民共同富裕的目标继续迈进。

(二)"干沙滩"变"金沙滩"——闽宁协作打造共同富裕的金钥匙

1.案例呈现

西海固位于宁夏中南部,素有"苦瘠甲天下"之称,基础设施薄弱、生产方式传统、思想观念落后、人口严重超载、植被大面积破坏、教育和医疗资源匮乏。1996年,福建省与宁夏回族自治区被确定为东西对口扶贫协作帮扶关系。2016年,习近平总书记在宁夏考察时,来到永宁县闽宁镇原隆村。他深情回忆了这段往事:"那时,重点实施了'移民吊庄'工程,让生活在'一方水土养活不了一方人'那些地方的群众搬迁到适宜生产生活的地方,建起了闽宁村。20年来,闽宁村发展成了闽宁镇,你们的收入也从当年的人均500元增加到现在的1万多元,将近20倍。看到你们开始过上好日子,脸上洋溢着幸福,我感到很欣慰。"习近平总书记特意嘱托:"闽宁合作探索出了一条康庄大道,这个宝贵经验可以向全国推广,做一个示范,实现共同富裕。"

习近平总书记所赞赏的这个宝贵经验是什么呢?确定闽宁对口扶贫协作关系以来,两省区探索建立了五大机制:一是联席推进机制,确保东西部扶贫协作落地落实。20余年来,联席会议轮替召开,每次会上都根据宁夏所需、福建所能进行紧密对接,签订各类合作协议,协作内容得到不折不扣的落实。二是结对帮扶机制,福建省30多个县(市、区)、85个乡镇、134个村(社区),先后与宁夏9个贫困县(区)、105个乡镇、129个行政村点对点、一对一帮扶。三是产业带动机制,从葡萄园、马铃薯和菌草等产业起步,闽宁两省区发挥福建资金、技术、产业和管理等优势,依托宁夏能源、土地、特色农产品和劳动力资源,共建产业园、搭建合作交流平台,走出了一条市场导向、企业投资、产业协作、项目带动之路,变"输血式"帮扶为"造血式"帮扶。四是互学互助机制,两省区立足省情、区情,把互派干部挂职作为互学互动的主要途径。福建先后选派 11 批 183 名干部,支教教师和医疗技术人员等专业技术人员 80 批次 2000 多人次赴宁夏开展帮扶工作,帮扶培训宁夏教师 7600 多人次,宁夏也先后选派 18 批 306 名干部到福建挂职。福建援宁干部在深入实际寻求精准脱贫切入点、主动联系动员福建社会力量参与扶贫开发项目等方面发挥了主体作用,宁夏到福建挂职锻炼的干部则拓宽了眼界、转变了观念、增长了才干。五是社会参与机制,凝聚脱贫攻坚的强大合力。福建省积极动员教育、医疗、卫生、妇联、共青团、企业商会等几十个部门和社会团体参与,建立了社会帮扶激励机制,不断调动各方面参与社会扶贫的积极性,累计投入援宁资金 13.88 亿元,直接参加帮扶的各界人士超过 10 万人(次)。最终,闽宁镇实现了从"天上没飞鸟,地上不长草,十里无人烟,风吹沙粒跑"的"干沙滩"到"绿树成荫、良田万顷、经济繁荣、百姓富裕"的"金沙滩"的转变。

(资料来源:中共中央组织部:《贯彻落实习近平新时代中国特色社会主义思想在改革发展稳定中攻坚克难案例——社会建设》,党建读物出版社 2019 年版,第 243～256 页。)

2.案例指向

本案例指向教材第二章第二节第二目"中国式现代化的中国特色"。

3.案例解析

正如上述材料所述,新中国成立以来,中华大地上演着反贫困、求共富的历史大剧。改革开放后,中国共产党深刻总结正反两方面历史经验,认识到贫穷不是社会主义,打破传统体制束缚,允许一部分人、一部分地区先富起来,推动解放和发展社会生产力。案例中福建先富起来,但相比于先富起来的东南地区,宁夏的自然条件恶劣,西海固地区发展则相对迟滞、落后。这就出现了区域发展不平衡的问题。这也是世界难题,很多国家的"铁锈地带"转型突围同样不缺人才和资金,但大都以失败告终。本案例材料呈现的正是中国式现代化进程中中国共产党解决这一难题的中国智慧和中国方案。

(1)全体人民共同富裕是中国共产党矢志不渝的奋斗目标

新中国成立初期,毛泽东便指出:"这个富,是共同的富。"①改革开放初期,邓小平指出:"社会主义的本质,是解放生产力,发展生产力,消灭剥

---

① 《毛泽东文集》第 6 卷,人民出版社 1999 年版,第 495 页。

削、消除两极分化,最终达到共同富裕。"①进入中国特色社会主义新时代,习近平总书记强调:"共同富裕是社会主义的本质要求,是人民群众的共同期盼。"②案例中宁夏西海固地区"干沙滩"变"金沙滩"脱贫致富的过程,就是中国共产党为实现全体人民共同富裕全面擘画、系统设计、久久为功取得成效的典型案例之一。

(2)中国式现代化把实现人民对美好生活的向往作为现代化建设的出发点和落脚点

在推动高质量发展的同时,解决好地区差距、城乡差距、收入分配差距等问题,着力维护和促进社会公平正义,坚决防止两极分化。东西部协作模式,为解决区域发展不平衡问题展示了"中国智慧"。以闽宁合作为代表的东西部扶贫协作和对口支援,是推动区域协调发展、协同发展、共同发展的大战略,是加强区域合作、优化产业布局、拓展对内对外开放新空间的大布局,是实现先富帮后富、最终实现共同富裕目标大举措的成功典范。党的十八大以来,习近平总书记高度重视东西部扶贫协作,曾多次对东西部扶贫协作作出重要指示,强化东西部扶贫协作。作为加快西部贫困地区脱贫进程、缩小东西部发展差距的重大举措,东部地区不仅帮钱帮物,而且鼓励支持更多企业参与西部地区脱贫攻坚工程,推动产业层面合作,推动东部地区人才、资金、技术向贫困地区流动,实现双方共赢。为推进东西部协作,省、市、县各层面都结对帮扶,成立专门机构,建立联席制度,推行县市结对,确立协作项目,选派大批干部,中央和国家机关各部门、民主党派、人民团体、国有企业和人民军队等都有定点帮扶任务,社会力量也不可小觑,在全国蓬勃开展"万企帮万村"行动。

(3)中国式现代化坚持以人民为中心,突出现代化方向的人民性,在高质量发展中不断增进人民福祉,扎实推动全体人民共同富裕

开展东西部协作和定点帮扶,是党中央着眼推动区域协调发展、促进共同富裕作出的重大决策。新形势下,东西部扶贫协作和对口支援立足国家区域发展总体战略,完善东西部结对帮扶关系,拓展帮扶领域,健全帮扶机制,优化帮扶方式,深化区域合作,由"输血式"向"造血式"转变,推进东部产业向西部梯度转移,实现产业互补、人员互动、技术互学、观念互通、作风互鉴,最终形成区域协调发展、协同发展、共同发展的良好局面。

---

①　《邓小平文选》第3卷,人民出版社1993年版,第373页。
②　《习近平谈治国理政》第4卷,外文出版社2022年版,第116页。

闽宁两省区正是按照习近平同志指引的方向、擘画的蓝图,"先富"带"后富",聚焦脱贫攻坚、加强长期协作、实现互利共赢,推动宁夏坚决打赢了脱贫攻坚战,探索出了促进共同富裕的有效途径,使"干沙滩"变"金沙滩",结出丰硕成果:截至 2021 年,"西海固地区经济总量增长了 20 多倍、财政收入增长了近 70 倍、农村居民收入增长了 12.4 倍,机场、铁路、公路四通八达,一座座现代化的城镇拔地而起,一处处美丽村庄错落有致,贫困地区面貌发生了翻天覆地的变化"。[①]

(三)"这是人类发展史上真正的奇迹"——国际社会热议中国式现代化的世界意义

1.案例呈现

为在中西比较的视野下探寻中国式现代化对人类文明新形态作出的突出贡献及其世界意义,中国社会科学报记者采访了委内瑞拉洛斯安第斯大学亚非研究中心教授、研究员诺伯特·莫利纳·梅迪那,马来西亚战略与国际问题研究所高级研究员班恩·纳嘎拉和墨西哥国立自治大学中墨研究中心主任、教授恩里克·杜塞尔·彼得斯三位学者。

彼得斯向记者介绍,根据墨西哥国立自治大学中墨研究中心所做的研究,中国在政治和经济领域都呈现出与西方截然不同的特质。与拉美及加勒比地区的发展中国家相比,自现代化政策实施以来,中国不仅大大提高了民众的生活质量,而且产生了强大且灵活的国内和国际制度,这些制度及其相应的环境根据不断变化的国内和国际挑战进行适时调整。在过去十年里,中国提出的建设环境友好型社会、消除贫困目标、高质量发展、构建新发展格局、"双循环"概念等,都是政策适时调整的结果。

梅迪那表示,中国 40 余年的现代化进程已成为世界各国大学研究的主要课题之一,各国希望了解中国如何在如此短的时间内取得如此卓越的成绩。固然"中国模式"无法全盘输出,但其中的一些"中国元素"可以为仍陷于苦难和落后的全球南方国家提供丰富的启示。尤其是在努力创造保证发展的最低必要条件方面,包括巨大的国内市场、有利于外国投资的环境、法律和物质安全、基础设施的进步、对创新技术的鼓励、现代通信质量的提升等方面,中国经验可以为委内瑞拉和其他拉美国家带来借

[①] 陈润儿:《迈向共同富裕的光辉实践——习近平总书记倡导推动的闽宁扶贫协作模式的经验启示》,《求是》2021 年第 7 期。

鉴意义。在这些中国发展成绩斐然的领域,拉美国家却很难取得进步,仍在为长期的政治不稳定与大量发展机会流失所困扰。在拉美国家停滞不前的状况下,中国式现代化的成功有助于拉美各国去积极思考与借鉴。

纳嘎拉阐释道,多年来,美国经济一直由汽车工业、石油工业等少数几个行业的巨头主导。这些产业的主导地位以牺牲美国其他产业为代价,从而导致现代化成果未能充分深入惠及社会的方方面面。与之对照的是,中国将更宏大的国家利益置于任何特定行业的狭隘利益之上。中国充分认识到,一个完善的高铁网络对经济增长至关重要,因此在今日中国,覆盖新疆和西藏等边远地区的高铁网络及相关交通基础设施已经实现现代化。中国也意识到,依赖石油等化石燃料的工业生产会带来气候危机的严重后果,因此倡导低碳环保的电动汽车行业得到了迅速发展。

彼得斯以拉美地区的现代化进程为例谈道,自20世纪40年代以来,拉美地区经历了长期的城市化和工业化进程,并在教育和卫生等方面取得了重要进展。然而,拉美社会经济的两极分化意味着只有一小部分个人、家庭、公司和区域受益于现代化进程。其结果是,公共部门收入基础薄弱且依赖于相当小比例的家庭纳税群体。一个高度两极化的社会经济恶性循环由此形成。

中国式现代化基于集体主义而非个人主义,它建立在诸多国家长期发展项目的基础之上,由此产生具有连续性与持久性的社会变革。而在西方,社会变革往往由执政当权的种族肤色决定。在中国,几千年的文化价值观早已深入人心,至今仍有深远的影响力,中国应为自己的社会文化传统感到自豪。而在西方,个人主义、享乐主义、金钱至上的文化价值观构造了社会秩序现状,这对那些没有能力进行个人财富竞争的人而言,可以说是一场无法逆转的悲剧。在西方社会,资本的运作和发展方式与中国截然不同。在中国,中国共产党一直是改革开放的核心,它设计、开发、实现和监督资本模式的运行。诚然,私人资本在中国社会也发挥着十分重要的作用,但它始终处于国家监督之下,梅迪那评价道。

(资料来源:白乐:《中国式现代化为世界各国提供镜鉴——多国学者高度评价中国现代化之路》,《中国社会科学报》2023年3月13日第3版。)

2.案例指向

本案例指向教材第二章第二节第四目"中国式现代化创造了人类文

明新形态"。

3.案例解析

中国式现代化创造了人类发展史上真正的奇迹,是人类社会发展的一项创举,为人类实现现代化提供了新的选择。从人类发展的时间纵深到全球发展的空间广度,国际社会高度赞许。在这些赞许声中,我们看到了中国式现代化的世界意义。

(1)中国式现代化打破了"现代化＝西方化"的迷思,提供了一种全新的现代化模式

世界现代化进程是从西方资本主义国家开始的,西方文明的确为人类进步作出了贡献。马克思、恩格斯在《共产党宣言》里这么描述:"资产阶级在它的不到一百年的阶级统治中所创造的生产力,比过去一切世代创造的全部生产力还要多,还要大。"[①]当今世界的发达国家也主要是欧美国家和深受西方文明影响的资本主义国家,继两次工业革命之后,西方国家在许多领域都取得了进步,民众生活质量在多个层面得到了明显改善,社会福祉水平也大幅提升。这就给人们一种错觉,似乎现代化就是西方化、西方文明就是现代文明。

从案例中三位学者对中国式现代化的研究中我们不难看出,中国在政治和经济领域都呈现出与西方截然不同的特质,中国式现代化的成果也与美国、拉美及加勒比海地区等西方式的现代化成果不同。中国式现代化的成功实践证明了人类走向现代化并不是只有一条路,展示了不同于西方现代化的新途径。

(2)中国式现代化是对西方式现代化理论和实践的重大超越

实际上,资本主义文明是建立在资本主义剥削制度基础上的,生产资料私有制和社会化大生产之间的固有矛盾无法克服。比如案例中所提到的美国经济中少数几个行业巨头的主导地位以牺牲美国其他产业为代价从而导致现代化成果未能充分深入惠及社会的方方面面,比如拉美地区长期城市化和工业化进程中的社会经济两极分化问题及由此带来的公共部门收入基础薄弱且依赖于相当小比例的家庭纳税群体。

中国式现代化作为科学社会主义的最新成果,坚持社会主义目标和方向,有效避免了西方现代化的矛盾弊端。就如案例中提到的,相比较于美国允许政府政策服务于特定行业的狭隘利益的保护,中国将更宏大的

---

① 《共产党宣言》,人民出版社 2014 年版,第 32 页。

国家利益置于任何特定行业的狭隘利益之上，因此在现代化进程中大力发展高铁网络及相关交通基础设施和有助于低碳环保的电动汽车行业。

正如案例中所提及的，中国的现代化政策自实施以来，根据不断变化的国内和国际挑战适时调整相应的政策。今天的中国不再单一注重发展速度，而是设定更长远更稳健的目标，以深刻的变革推动各领域富有活力的增长。

（3）中国式现代化为广大发展中国家提供了全新选择

从三位学者的访谈中得知，固然"中国模式"无法全盘输出，但其中的一些"中国元素"可以为仍陷于苦难和落后的全球南方国家提供丰富的启示。中国在巨大的国内市场、有利于外国投资的环境、法律和物质安全、基础设施的进步、对创新技术的鼓励、现代通信质量的提升等方面的经验是其他发展中国家所向往的。

而形成这些经验的基础是什么呢？在研究中，学者们也发现了中国式现代化的独特之处，如本案例中梅迪那提出的"中国式现代化基于集体主义而非个人主义，它建立在诸多国家长期发展项目的基础之上，由此产生具有连续性与持久性的社会变革"，"在中国，几千年的文化价值观早已深入人心，至今仍有深远的影响力"，"中国共产党一直是改革开放的核心"。这些独特之处，均说明了中国式现代化坚持从本国实际出发，独立自主制定实现现代化的路线方针政策和战略，坚持依靠本国力量、依靠广大人民群众的辛勤劳动来实现现代化，同时积极学习借鉴一切优秀文明成果，尽可能利用一切外部有利条件，始终把国家和民族发展进步的命运牢牢掌握在自己手中。这样一条独立自主探索现代化的道路为发展中国家迈向现代化提供了全新的选择。

四、延伸阅读

1. 习近平：《在全国脱贫攻坚总结表彰大会上的讲话》，《人民日报》2021年2月26日第2版。

2. 中华人民共和国国务院新闻办公室：《中国的全面小康》，人民出版社2021年版。

3. 习近平：《扎实推动共同富裕》，《求是》2021年第20期。

4. 习近平：《中国式现代化是强国建设、民族复兴的康庄大道》，《求是》2023年第16期。

5.习近平:《推进中国式现代化需要处理好若干重大关系》,《求是》2023年第19期。

五、拓展研学

1.结合自己所学专业和国家发展需求,讨论中国梦和个人成才梦的联系。

2.结合自己家乡或学校所在地实际,讲述在全面建成小康社会的过程中自己的所见所闻,并结合所学理论进行分析。

3.结合国内外媒体报道,在国际对比中理解中国式现代化的中国特色和本质要求,并讨论:为什么说中国式现代化创造了人类文明新形态?

4.结合《中华人民共和国国民经济和社会发展第十四个五年规划和2035年远景目标纲要》讨论,要推进中国式现代化行稳致远,大学生如何有所作为?

第三章　坚持党的全面领导

一、教学主要目标

本章教学从历史经验、理论阐释和实践证明三个维度,围绕三个层层递进的问题组织教学:一是坚持党的全面领导的必要性与重要性;二是党的全面领导的内涵及其最高政治原则;三是如何确保党的领导的贯彻落实。本章将实现如下目标:(1)在知识层面,让学生从历史和实践角度理解实现中华民族伟大复兴关键在党,中国共产党的领导地位是历史和人民的选择。(2)在能力层面,让学生结合正反两方面的例子,学习运用辩证唯物主义历史唯物主义立场观点方法,理解把握中国共产党领导是中国特色社会主义最本质特征,是中国特色社会主义制度的最大优势。(3)在价值层面,引导学生增强对中国共产党领导的政治认同、理论认同、情感认同,更加坚定拥护"两个确立"、坚决做到"两个维护"。

二、教学重难点

本章教学重点:通过阐明中国特色社会主义最本质的特征是中国共产党的领导、中国特色社会主义制度的最大优势是中国共产党领导、中国共产党是最高政治领导力量、坚持党中央集中统一领导是最高政治原则等重大理论问题,引导学生理解把握坚持党的全面领导是坚持和发展中国特色社会主义的必由之路,深刻认识到在坚持党的领导这个决定党和国家前途命运的重大原则问题上,全党全国必须保持高度的思想自觉、政治自觉、行动自觉,丝毫不能动摇。

本章教学难点:一是帮助学生理解为什么中国共产党领导是中国特色社会主义制度的最大优势;二是讲清坚持党对一切工作的领导的深刻内涵,尤其是讲清党是最高政治领导力量,让学生明确这是马克思主义政党学说的基本原则,是对历史经验的深刻总结,是推进伟大事业的根本保证。

三、教学案例

（一）我国国家制度和国家治理体系的显著优势

1.案例呈现

材料一：新中国成立 70 年来，我们党领导人民创造了世所罕见的经济快速发展奇迹和社会长期稳定奇迹，中华民族迎来了从站起来、富起来到强起来的伟大飞跃。实践证明，中国特色社会主义制度和国家治理体系是以马克思主义为指导、植根中国大地、具有深厚中华文化根基、深得人民拥护的制度和治理体系，是具有强大生命力和巨大优越性的制度和治理体系，是能够持续推动拥有近 14 亿人口大国进步和发展、确保拥有五千多年文明史的中华民族实现"两个一百年"奋斗目标进而实现伟大复兴的制度和治理体系。

我国国家制度和国家治理体系具有多方面的显著优势，主要是：坚持党的集中统一领导，坚持党的科学理论，保持政治稳定，确保国家始终沿着社会主义方向前进的显著优势；坚持人民当家作主，发展人民民主，密切联系群众，紧紧依靠人民推动国家发展的显著优势；坚持全面依法治国，建设社会主义法治国家，切实保障社会公平正义和人民权利的显著优势；坚持全国一盘棋，调动各方面积极性，集中力量办大事的显著优势；坚持各民族一律平等，铸牢中华民族共同体意识，实现共同团结奋斗、共同繁荣发展的显著优势……这些显著优势，是我们坚定中国特色社会主义道路自信、理论自信、制度自信、文化自信的基本依据。

（资料来源：《中共中央关于坚持和完善中国特色社会主义制度 推进国家治理体系和治理能力现代化若干重大问题的决定》，https://www.gov.cn/zhengce/2019-11/05/content_5449023.htm，访问日期：2024 年 4 月 22 日。）

材料二："得罪千百人，不负十三亿。"2017 年 1 月 6 日，习近平总书记在十八届中央纪委七次全会上的这句话，掷地有声，彰显着他对反腐败斗争的鲜明立场与坚定决心。

这是习近平总书记一贯立场与态度的集中体现。2015 年 1 月 13 日，在十八届中央纪委五次全会上，习近平总书记强调："人民把权力交给我们，我们就必须以身许党许国、报党报国，该做的事就要做，该得罪的人就得得罪。不得罪腐败分子，就必然会辜负党、得罪人民。是怕得罪成百上千的腐败分子,还是怕得罪十三亿人民?不得罪成百上千的腐败分子,就要得罪十三亿人民。这是一笔再明白不过的政治账、人心向背的账!"时间回溯至20世纪80年代末,习近平主政宁德期间,在清查干部违规营建私房问题时就曾坚定地指出,这里有一个谁得罪谁的问题,我们是得罪几千名干部,还是得罪几百万群众?

（资料来源:邓联繁:《得罪千百人,不负十三亿——共产党人在反腐败上的担当与无畏》,《中国纪检监察》2019年第24期。）

2.案例指向

本案例指向教材第三章第一节内容,即阐释"中国共产党领导是中国特色社会主义制度的最大优势"的科学内涵。

3.案例解析

中国特色社会主义制度是党和人民在长期实践探索中形成的科学制度体系,我国国家治理一切工作和活动都依照中国特色社会主义制度展开,我国国家治理体系和治理能力是中国特色社会主义制度及其执行能力的集中体现。本案例材料一来源于党的十九届四中全会通过的《中共中央关于坚持和完善中国特色社会主义制度 推进国家治理体系和治理能力现代化若干重大问题的决定》,总结了我国国家制度和国家治理体系十三个方面的显著优势,第一个就是"坚持党的集中统一领导,坚持党的科学理论,保持政治稳定,确保国家始终沿着社会主义方向前进的显著优势"。这一概括十分全面,从组织、政治、理论三个层面阐明了党的领导优势。十三个方面的显著优势其实是一个有机的整体,其中,党的领导制度处于统筹、统领、统帅地位。材料二中"得罪千百人,不负十三亿"振聋发聩,掷地有声,是中国共产党自身优势的一个例证。其中,"得罪千百人"侧重体现了习近平总书记对腐败现象的深恶痛绝、对反腐肃贪的无畏无惧,"不负十三亿"则侧重体现了他以百姓心为心的公仆情怀、以人民为中心的发展思想的境界。民心是最大的政治。我们党为人民而开展的反腐败,得到了广大人民群众的拥护和支持,有着广泛和坚实的政治基础与群众基础,是我们党反腐败的重要优势。

（1）党的领导是最大优势的丰富内涵

中国共产党领导是中国特色社会主义制度的最大优势,科学地揭示了中国共产党和中国特色社会主义制度之间的内在统一性。正如习近平总书记深刻指出的:"没有中国共产党,哪有社会主义中国?哪有中国特色社会主义？哪有中华民族伟大复兴？"①中国共产党不但是中国特色社会主义制度的建立者和建设者，而且始终是维护和巩固这一制度的中坚力量、中流砥柱。在一些重要历史节点上，如果没有中国共产党的"定海神针"作用，无数先烈用牺牲换来的社会主义国家和中国特色社会主义制度就有被断送的危险。

本案例材料一谈到了中国特色社会主义制度具有的十三个显著优势，其中第一条就是中国共产党领导。从这十三个显著优势的整体结构看，一方面，中国共产党的领导优势是带有统领性的根本优势，并贯穿于其他十二个显著优势中。中国特色社会主义制度是在党的领导下探索形成和不断完善的。在国家治理体系中，党总揽全局、协调各方的领导制度体系居于统领地位；在国家治理能力中，党的执政能力和领导水平发挥着决定性作用。党的全面领导制度健全了，坚持和完善中国特色社会主义制度、推进国家治理体系和治理能力现代化就抓住了关键。另一方面，其他十二个显著优势都来自党的领导制度，都离不开党的领导这一根本优势的有力保证。只有坚持党的领导，才能有效协调政治、经济等方面的重大关系，保证社会各方面力量和资源的有效整合。

（2）党的领导是最大优势的理论逻辑

中国共产党领导是中国特色社会主义制度的最大优势这一重大论断，有着强大的理论逻辑。第一，党的理论优势为坚持和完善中国特色社会主义制度提供科学指引。中国共产党以马克思主义作为行动指南，在实践中不断推进马克思主义中国化时代化。马克思主义建立在对人类社会发展规律的科学把握之上，实现了符合规律性和价值性的高度统一。第二，党的联系群众优势保证了中国特色社会主义制度的执行效率。党的根本宗旨决定了其具备密切联系群众的天然优势，这种天然优势对于中国特色社会主义制度的发挥和制度执行的效率至关重要。公正是效率的前提，公正才能保证效率。党密切联系群众的天然优势最大限度保障了社会的公平和正义。本案例材料二中，20 世纪 80 年代末习近平同志在主政宁德期间反腐倡廉实践中指出："我们是得罪几千名干部，还是得罪几百万群众？"2017 年 1 月 6 日，习近平总书记在十八届中央纪委七次全会上讲"得罪千百人，不负十三亿"。2022 年习近平总书记在党的二十

---

① 习近平：《推进党的建设新的伟大工程要一以贯之》，《求是》2019 年第 19 期。

大报告中提出"以'得罪千百人、不负十四亿'的使命担当祛疴治乱"①。这些在实践上是一脉相通的,生动呈现了党一贯秉持全心全意为人民服务的宗旨,党的意志和人民意志实现了高度统一。第三,党的组织优势提升了中国特色社会主义制度的执行力。民主集中制是党的根本组织原则,是我们党最大的制度优势。党凭借自身领导地位将民主集中制的组织优势扩大延伸至整个国家,民主集中制因此成为以中国特色社会主义制度为"四梁八柱"的整个国家制度体系的核心运行机制,提升了中国特色社会主义制度的执行力,极大提高了各国家机器的运转效率。第四,党的思想政治优势是党的传统优势,夯实了中国特色社会主义制度的认同基础。中国共产党把马克思主义中国化时代化成果作为指导革命、建设和改革实践的强大精神武器,动员、组织和鼓舞人民为实现共同目标努力奋斗。

(二)党的领导是取得疫情防控重大决定性胜利的根本保证

1.案例呈现

材料一:2020年1月25日农历正月初一,中共中央政治局常务委员会召开会议,专门听取新型冠状病毒感染的肺炎疫情防控工作汇报,对疫情防控特别是患者治疗工作进行再研究、再部署、再动员。习近平总书记主持会议并发表重要讲话。会议决定:党中央成立应对疫情工作领导小组,在中央政治局常务委员会领导下开展工作;党中央向湖北等疫情严重地区派出指导组,推动有关地方全面加强防控一线工作。

面对新型冠状病毒感染的肺炎疫情加快蔓延的严重形势,习近平总书记围绕"加强党中央集中统一领导""领导干部要坚守岗位、靠前指挥""加强联防联控工作"等方面的工作指出具体要求:必须加强党中央集中统一领导,各级党委和政府要增强"四个意识"、坚定"四个自信"、做到"两个维护",深刻认识做好新型冠状病毒感染的肺炎疫情防控的重要性和紧迫性,加强统一领导、统一指挥,坚定不移把党中央各项决策部署落到实处,贯彻落实情况要及时向党中央报告。各级党政领导干部特别是主要领导干部要坚守岗位、靠前指挥,在防控疫情斗争中经受考验,深入防控疫情第一线,及时发声指导,及时掌握疫情,及时采取行动,做到守土有责、守土尽责。

---

① 习近平:《高举中国特色社会主义伟大旗帜 为全面建设社会主义现代化国家而团结奋斗——在中国共产党第二十次全国代表大会上的报告》,《求是》2022年第21期。

（资料来源：《研究新型冠状病毒感染的肺炎疫情防疫工作》，《人民日报》2020年1月26日第1版。）

材料二：疫情就是命令，防控就是责任。面对疫情加快蔓延的严重形势，各级党委（党组）要增强"四个意识"、坚定"四个自信"、做到"两个维护"，切实把思想和行动统一到习近平总书记重要指示精神上来，认清肩负的责任使命，按照坚定信心、同舟共济、科学防治、精准施策的要求切实做好工作，牢记人民利益高于一切，组织动员各级党组织和广大党员、干部把打赢疫情防控阻击战作为当前的重大政治任务，把投身防控疫情第一线作为践行初心使命、体现责任担当的试金石和磨刀石，把党的政治优势、组织优势、密切联系群众优势转化为疫情防控的强大政治优势，确保党中央重大决策部署贯彻落实，让党旗在防控疫情斗争第一线高高飘扬。

（资料来源：《关于加强党的领导、为打赢疫情防控阻击战提供坚强政治保证的通知》，《人民日报》2020年1月29日第1版。）

2.案例指向

本案例指向教材第三章第二节内容，即阐释"坚持党对一切工作的领导"的具体内涵。

3.案例解析

本案例呈现了在2020年年初，一场新中国成立以来传播速度最快、感染范围最广、防控难度最大的重大突发公共卫生事件突如其来。面对新冠肺炎疫情，2020年1月25日农历正月初一，中共中央政治局常务委员会召开会议，专门听取疫情防控工作汇报，对疫情防控特别是患者治疗工作进行再研究、再部署、再动员。同时，中共中央印发《关于加强党的领导、为打赢疫情防控阻击战提供坚强政治保证的通知》，这是坚持党对一切工作的领导的一个缩影。三年多的抗疫，以习近平同志为核心的党中央坚持"疫情要防住、经济要稳住、发展要安全"，同时间赛跑，与疫情搏斗，最大限度减少疫情对经济社会发展的影响，牢牢掌握我国经济社会发展的战略主动，带领全党全国各族人民走出了一条精准高效统筹疫情防控和经济社会发展的正确道路，充分展现了中国共产党领导和我国社会主义制度的显著优势，对于深入理解坚持党对一切工作的领导的内涵具有重要意义。

（1）中国共产党是最高政治领导力量

中国共产党是中国特色社会主义事业的领导核心，处在总揽全局、协调各方的地位。"在当今中国，没有大于中国共产党的政治力量或其他什么力量。党政军民学，东西南北中，党是领导一切的。"①"中国共产党是最高政治领导力量"是由马克思主义执政党的政治属性以及我国国家的性质和基本政治制度共同决定的。坚持党总揽全局、协调各方的领导核心作用，是党作为最高政治力量在治国理政中的重要体现。越是在历史发展的紧要关头和纷繁复杂形势下，越是要充分发挥党的领导核心作用。在中国这样一个有 14 亿多人口的大国，必须有一个坚强的领导核心，否则团结统一不起来，什么事都干不成。在本案例中，武汉新冠疫情发生后，正月初一习近平总书记再次主持召开中央政治局常委会会议，把疫情防控工作作为当时最重要的工作来抓，组织动员各级党组织和广大党员、干部把打赢疫情防控阻击战作为当时的重大政治任务。这为我们坚决打赢疫情防控阻击战提供了坚强的领导力量和根本政治保证。在党中央集中统一领导下，全国迅速形成统一指挥、全面部署、立体防控的战略布局，有效遏制了疫情大面积蔓延，有力改变了病毒传播的危险进程。

（2）党的领导是全面的、系统的、整体的

中国共产党作为最高政治领导力量，"党的领导必须是全面的、系统的、整体的"。全面、系统、整体三者融为一体，不可偏废。新冠肺炎疫情，规模大、范围广、传播快，疫情防控不只是医药卫生问题，而是全方位的工作，是总体战，要求各项工作都要为打赢疫情防控阻击战提供支持，单凭一地之力、一个部门之力，是无法完成的。本案例呈现了党的全面领导是战胜疫情的根本保证。党发挥着总揽全局、协调各方的不可替代作用，要求各级党委和政府必须坚决服从党中央统一指挥、统一协调、统一调度，要求各级党组织和每一个党员，都要服从党中央集中统一领导，把人民群众生命安全和身体健康放在第一位，把投身防控疫情第一线作为践行初心使命、体现责任担当的试金石和磨刀石。各级党委、政府积极作为、主动担责，各行各业冲锋在前、勇挑重担，基层党组织广泛动员群众、凝聚群众、服务群众，迅速形成"统一指挥、全面部署、立体防控"的战略布局。在2020 年的新冠肺炎疫情防控中，仅用 1 个多月时间就初步遏制疫情蔓延势头，用 2 个月左右时间将本土每日新增病例控制在个位数以内，用 3 个月左右时间取得武汉保卫战、湖北保卫战的决定性成果。② 可以说，新冠

---

① 《习近平著作选读》第 1 卷，人民出版社 2023 年版，第 192 页。
② 习近平：《在全国抗击新冠肺炎疫情表彰大会上的讲话》，《人民日报》2020 年 9 月 9 日第 2 版。

肺炎疫情防控中取得的重大战略成果,是对中国共产党"全面的、系统的、整体的"领导优势的生动诠释。

(3)维护党中央权威和集中统一领导

坚持和加强党的全面领导,必须坚决维护党中央权威和集中统一领导。这是党的领导的最高原则,任何时候任何情况下都不能含糊、不能动摇。事在四方,要在中央。党中央是大脑和中枢,必须有定于一尊、一锤定音的权威,只有这样才能真正做到"如身使臂,如臂使指,叱咤变化,无有留难,则天下之势一矣"。正如习近平总书记指出的:"维护党中央权威……关系党、民族、国家前途命运。"①本案例呈现了在 2020 年新冠肺炎疫情防控中,以习近平同志为核心的党中央第一时间实施集中统一领导,领导组织党政军民学、东西南北中大会战,迅速打响疫情防控人民战争、总体战、阻击战。在习近平总书记亲自指挥、亲自推动下,"东西南北中"坚定"一条心"、形成"一盘棋"、拧成"一股绳",人员、物资、技术、财力等全国统一高效调度,展现出比西方发达国家高得多的快速反应力、统筹调度力、贯彻执行力、精准落实力,再次印证党中央和全党有一个坚强的核心,是我们党成熟的重要标志,也是我们党的重要经验。

(三)中华人民共和国国务院组织法的修订

1.案例呈现

2024 年 3 月 5 日,在第十四届全国人民代表大会第二次会议上,全国人民代表大会常务委员会副委员长李鸿忠受全国人大常委会委托,作了关于《中华人民共和国国务院组织法(修订草案)》的说明。

国务院组织法是关于国务院组织制度和工作制度的基本法律。1954 年 9 月 20 日,一届全国人大一次会议通过了第一部国务院组织法。1982 年 12 月 4 日,五届全国人大五次会议通过了现行的国务院组织法。国务院组织法根据宪法的规定、原则和精神,对国务院的组织制度和工作制度作出规定,对于保障国务院依宪依法履行职责发挥了重要作用。施行 40 多年来,国务院组织法一直没有修改过。

以习近平同志为核心的党中央高度重视国务院组织法修改工作。2023 年 9 月,习近平总书记主持召开中央政治局常委会会议,听取审议并原则同意全国人大常委会党组关于国务院组织法修订草案有关问题的

---

① 习近平:《论坚持党对一切工作的领导》,中央文献出版社 2019 年版,第 259、117 页。

请示和汇报，为国务院组织法修改工作提供了科学指导和重要遵循。党中央批准并转发《十四届全国人大常委会立法规划》，将修改国务院组织法列为一类项目，并明确由全国人大常委会委员长会议作为提请审议机关。国务院办公厅和司法部前期开展国务院组织法修改工作，取得重要进展和成果。十四届全国人大及其常委会履职以来，贯彻落实党中央决策部署，高度重视国务院组织法修改工作。常委会法制工作委员会会同相关部门，在前期工作基础上根据党的二十大精神作了调适性修改，研究提出国务院组织法修订草案。……经共同研究、反复协商、修改完善，形成了修订草案。

（资料来源：《关于〈中华人民共和国国务院组织法（修订草案）〉的说明》，《人民日报》2024 年 3 月 6 日第 7 版。）

2.案例指向

本案例指向教材第三章第三节"健全和完善党的领导制度体系"的具体内容。

3.案例解析

党的领导是具体的，不是抽象的，坚持党的领导这个最高政治原则，贯彻落实党的领导这个当代中国的最高政治原则，需要通过科学有效的制度安排。本案例呈现了为适应新形势新任务新要求，在认真总结实践经验基础上修改国务院组织法，将坚持以习近平新时代中国特色社会主义思想为指导、坚持党的全面领导等重要内容载入国务院组织法，将深化党和国家机构改革的精神和成果通过法律规定予以体现，进一步健全国务院组织制度和工作制度，为建设人民满意的法治政府、创新政府、廉洁政府和服务型政府提供坚实法治保障。

（1）党的领导制度是我国的根本领导制度

党的领导制度是中国特色社会主义制度体系中"起顶层决定性、全域覆盖性、全局指导性作用"①的"根本制度"，是"根本制度"中的"根本领导制度"，"贯穿中国特色社会主义制度和国家治理体系的各个方面"。② 中国特色社会主义制度体系是"党和人民在长期实践探索中形成的科学制度体系"，党不仅在中国特色社会主义制度的确立、发展和完善中起到决

---

① 《〈中共中央关于坚持和完善中国特色社会主义制度、推进国家治理体系和治理能力现代化若干重大问题的决定〉辅导读本》，人民出版社 2019 年版，第 175 页。

② 肖贵清、车宗凯：《中国特色社会主义根本制度、基本制度、重要制度理析》，《政治学研究》2021 年第 6 期。

定性作用,而且需要通过党的领导来推动中国特色社会主义制度体系的运行。具体而言,就是党对各种组织形态,对国家治理各领域、各环节、各方面进行集中统一领导和全面领导。例如,本案例中修改国务院组织法的工作原则之一,就是坚持正确政治方向,以习近平新时代中国特色社会主义思想特别是习近平法治思想为指导,把坚决维护党中央权威和集中统一领导作为最高政治原则贯穿修法全过程各方面。

(2)健全党中央对重大工作的领导体制

首先,坚持党的全面领导必须确保法制统一、政令统一、市场统一,坚决避免出现地方主义、本位主义、保护主义现象。其次,充分发挥请示报告制度作用,这一制度是确保党对重大工作实现有效领导的重要载体。再次,必须完善决策议事协调机制,统筹党的各种领导小组和委员会的设置,以治理效能为基本标准促进机构改革发生"化学作用"。习近平总书记指出,要把"同一件事情弄到一块去干,增强党的领导力,提高政府执行力,理顺党政机构关系,建立健全党中央对重大工作的决策协调机制"。①

本案例中修改国务院组织法的一个重要目标,就是适应新形势新任务新要求,系统总结党的十八大以来深化党和国家机构改革取得的制度创新成果和宝贵实践经验,与《中国共产党机构编制工作条例》等制度规范做好衔接,以基本法律的形式做好顶层设计、夯实制度基础。这对于推进政府机构、职能、权限、程序、责任法定化,保证国务院各部门更好分工合作、协同配合,在法治轨道上推进国家治理体系和治理能力现代化,具有重要保障作用。

(3)健全党的全面领导制度

党的十九届四中全会通过的《中共中央关于坚持和完善中国特色社会主义制度 推进国家治理体系和治理能力现代化若干重大问题的决定》明确提出了健全党的全面领导制度的任务,并从三个方面提出了具体路径:一是完善党领导人大、政府、政协、监察机关、审判机关、检察机关、武装力量等制度。二是完善党领导各项事业的具体制度,把党的领导落实到统筹推进"五位一体"总体布局、协调推进"四个全面"战略布局各方面。三是完善党和国家机构职能体系,把党的领导贯彻到党和国家所有机构履行职责全过程。这就明确了保障党的全面领导在各种组织、各项事业、各个方面加以贯彻落实的具体制度、体制机制、机构职能。

---

① 《十九大以来重要文献选编》(上),中央文献出版社2019年版,第278页。

本案例中修改国务院组织法，是新时代国务院坚持党的全面领导、全面加强政府自身建设的必然要求。2018年宪法修正案确立了习近平新时代中国特色社会主义思想在国家政治和社会生活中的指导地位。党的二十大对坚持和加强党中央集中统一领导提出明确要求。《中共中央关于加强党的政治建设的意见》明确提出，将坚持党的全面领导的要求载入国家机构组织法，健全党的领导的制度规定，确保其始终在党的领导下积极主动、独立负责、协调一致地开展工作。修改国务院组织法的首要政治要求，就是明确国务院坚持中国共产党的领导，明确党和国家的指导思想特别是习近平新时代中国特色社会主义思想作为国务院各项工作的指导思想。这是健全党的全面领导制度体系的必然要求，是维护以习近平同志为核心的党中央权威和集中统一领导的重要举措。

四、延伸阅读

1.《新中国发展面对面》，学习出版社、人民出版社2019年版。

2.《闽山闽水物华新——习近平福建足迹》（上），福建人民出版社、人民出版社2022年版。

3.习近平：《习近平谈治国理政》第4卷，外文出版社2022年版。

4.《推进中国式现代化关键在党》，《求是》2023年第11期。

5.《中国共产党组织建设一百年》，党建读物出版社2021年版。

五、拓展研学

1.如何理解维护党中央权威和集中统一领导同坚持民主集中制是完全一致的？

2.为什么要健全党中央对重大工作的领导体制？

3.观看电影《穿过寒冬拥抱你》，并结合自己及身边人的抗疫故事分享心得。

4.用思维导图的方式呈现教材第三章第三节内容，并在小组内分享。

第四章　坚持以人民为中心

一、教学主要目标

本章教学以"为什么要坚持以人民为中心—什么是以人民为中心—怎样坚持以人民为中心"为逻辑主线,分别从理论、历史、实践维度剖析人民立场的生成逻辑、基本观点及实践进路。本章将实现如下目标:(1)在知识层面,让学生更好理解"为什么要坚持以人民为中心""什么是以人民为中心""怎样坚持以人民为中心"三个基本理论问题所蕴含的基本内容。(2)在能力层面,让学生更深层次厘清和把握上述三者间的内在逻辑关系,更好地理解人民立场是马克思主义的根本立场。(3)在价值层面,进一步引导当代学生树立正确的人民观,增强大学生为人民服务的责任感和使命感。

二、教学重难点

本章教学重点:让学生更好地理解"江山就是人民,人民就是江山"的基本内涵,并在此基础上把握"人民至上"就是要解决好为了谁、依靠谁、由谁来评价的问题,为中国人民谋幸福、为中华民族谋复兴是中国共产党的初心使命,人民对美好生活的向往就是党的奋斗目标。当前坚持人民至上就是要全面落实以人民为中心的发展思想,推动全体人民共同富裕取得更为明显的实质性进展。

本章教学难点:一是让学生深入理解人民性是马克思主义的本质属性和鲜明品格,形成马克思主义的人民立场;二是如何让大学生把自身的成长成才与人民对于美好生活的向往以及为人民服务更好地有机融合,并在现实中践行。

三、教学案例

（一）牢记政府前面"人民"二字

1.案例呈现

材料一：2000年元旦刚过，习近平同志召开新年第一次省政府党组成员（扩大）会议，习近平同志在发言中谈到新的一年的工作思路和发展规划，他告诫与会干部：要牢记政府前面"人民"二字。习近平同志在主持讲话中严肃地说："我们是人民政府，但现在很多政府部门已经忘记了自己名称前面的'人民'二字，所以我们很有必要重提这两个字。"他罗列了当前某些政府机关和干部忘记"人民"二字的种种表现，毫不客气地指出："对那些忘记人民，甚至骑在人民头上作威作福的人，要把他们从我们队伍中清除出去。"在那次讲话中，他对怎样才能牢记政府前面"人民"二字提出了具体要求。

会后，《福建日报》头版以"牢记政府前面'人民'二字"这句话为题刊登习近平同志的讲话内容。不久，《人民日报》也用同样的标题，发表了习近平同志的有关文章。

大约是2000年，习近平同志收到一封匿名信，来信的大致内容是：他从山区来福州市打工，爱人和两个孩子随着来省城。孩子已到了读书年龄，但因为户籍限制，无法上学读书。他希望省里能够出台相关政策，帮助外来打工者就地解决孩子的读书问题。习近平同志认真看了信的内容，认为这是一个普遍性问题，亟待解决。他就把这封信批给福州市，请他们就这封信做调研，把这作为一个重要问题来解决。但这封信究竟是谁写的，他一家人目前的状况究竟如何，习近平同志一直放心不下。因为来信没有署名，也没有写单位，所以写信人的身份未能知晓。习近平同志注意到信封是福州一家外资首饰企业印制的，信纸也是这个单位的。他就猜测，写信的人可能与这个单位有关。习近平同志特地吩咐秘书给这家企业打电话问问，看他们能不能帮助找到这个人。最后找到了写信的人。这样，习近平同志就跟这个写信人联系上了，并且告诉他："你的信我已经收到了，现在已经敦促福州市提出解决的具体办法，请你放心！"福州市接到习近平同志指示后，组织了工会、教育等几个相关部门，就外来打工者子女上学难问题进行了深入调研，并打了报告给市委和市人大常委会。之后,市人大常委会专门为解决外来打工者子女读书问题制定了相应的法规。这件事在全省引起很大反响,全省不少地方,特别是外来打工者较多的县区,也纷纷出台政策措施,解决外来打工者子女就学问题,促使福建在解决这个问题上一直走在全国前列。

(资料来源:《习近平在福建》(三十四),《学习时报》2020年9月2日。)

材料二:2019年3月22日下午,意大利众议院,习近平主席同众议长菲科举行会见。临近结束时,"70后"的菲科突然抛出了这句话:"您当选中国国家主席的时候,是一种什么样的心情?"听到众人的笑声,菲科补充道,"因为我本人当选众议长已经很激动了,而中国这么大,您作为世界上如此重要国家的一位领袖,您是怎么想的?"

习近平主席的目光沉静而充满力量,他说,这么大一个国家,责任非常重、工作非常艰巨。我将无我,不负人民。我愿意做到一个"无我"的状态,为中国的发展奉献自己。我相信可以通过我的努力、通过全中国13亿多人民勠力同心来担起这副重担,把国家建设好。我有这份自信,中国人民有这份自信。"欢迎你到中国去!"

(资料来源:杜尚泽:《"欢迎你到中国去"(习近平主席访问欧洲微镜头)》,《人民日报》2019年3月24日第1版。)

2.案例指向

本案例指向教材第四章第一节内容,即阐释"江山就是人民,人民就是江山"的科学内涵。

3.案例解析

本案例首先呈现了习近平在福建工作时对中国共产党的人民立场的深刻认识:"我们是人民政府,但现在很多政府部门已经忘记了自己名称前面的'人民'二字,所以我们很有必要重提这两个字。"习近平主席与意大利众议长谈话中所讲到的"我将无我,不负人民"更是深切体现了中国共产党的"人民立场""人民情怀"。与此同时,案例中所强调的"我相信可以通过我的努力、通过全中国13亿多人民勠力同心来担起这副重担,把国家建设好。我有这份自信,中国人民有这份自信"也充分表明了马克思主义"人民是历史的创造者"的群众史观。

(1)人民是历史的创造者

如何认识人民群众在历史上的作用,是社会历史观的重大问题。历史唯物主义认为,人民是历史的创造者,在创造历史中起决定性作用,人民群众是社会变革的决定力量,历史上一切生产关系的深刻变革、社会制度的兴亡更替,都是人民群众推动的,最终决定于人民群众的力量,第一次彻底解决了这个重大问题。正如马克思、恩格斯所指出的,"历史活动是群众的活动"①。正是基于对人民群众在历史发展中的作用的认识,案例中习近平主席特别强调,"我相信可以通过我的努力、通过全中国 13 亿多人民勠力同心来担起这副重担,把国家建设好"。习近平多次所强调的"要牢记群众是真正的英雄"②,指明了社会历史规律就是人民活动的规律,社会历史过程就是追求着自己目的的人的活动。

（2）打江山、守江山,守的是人民的心

民心是最大的政治,决定事业兴衰成败。中国共产党是人民的党,为人民而生,因人民而兴,既为人民夺取政权打江山,又为人民巩固政权守江山。中国共产党人必须紧紧依靠最广大人民群众,为人民执好政、掌好权,正如案例中所强调的,必须始终牢记"政府前面'人民'二字",人民立场是中国共产党的根本政治立场,是马克思主义政党与其他政党的本质区别,也是无产阶级领导的社会主义国家与其他性质国家的根本区别。首先,江山就是人民,人民就是江山,这是由中国共产党的性质、宗旨决定的。马克思、恩格斯在《共产党宣言》中指出:"过去的一切运动都是少数人的,或者为少数人谋利益的运动。无产阶级的运动是绝大多数人的,为绝大多数人谋利益的独立的运动。"③中国共产党作为以马克思主义为指导的无产阶级政党,除了国家、民族、人民的利益,没有自己特殊的利益。党的二大通过的《关于共产党的组织章程决议案》早就明确指出,中国共产党"是无产阶级中最有革命精神的广大群众组织起来为无产阶级利益而奋斗的政党,为无产阶级做革命运动之急先锋。"这是在党的正式文件中第一次明确表述党的性质,充分体现出了党同人民群众的密切关系。之后党的七大第一次把全心全意为人民服务作为党的根本宗旨写进党章。从此,全心全意为人民服务作为我们党一切行动的根本出发点和落脚点,成为中国共产党人的行为准则。其次,江山就是人民,人民就是江山,是由我国的国家政权性质所决定的。人民在一个国家的地位是由这个国家的政权性质决定的。社会主义国家是由无产阶级建立和领导的,第一次真正实现了人民当家作主。恩格斯指出,"工人阶级一旦取得统治

① 《马克思恩格斯文集》第 1 卷,人民出版社 2009 年版,第 287 页。
② 《习近平谈治国理政》第 3 卷,外文出版社 2020 年版,第 520 页。
③ 《马克思恩格斯选集》第 1 卷,人民出版社 2009 年版,第 411 页。

权，就不能继续运用旧的国家机器来进行管理"，必须"以新的真正民主的国家政权来代替"①。我国是工人阶级领导的、以工农联盟为基础的人民民主专政的社会主义国家，国家一切权力属于人民。我国的各级国家机关和重要机构，都冠以"人民"的称号，反映了我国政权的基本定位。人民在我国的主人翁地位，决定了党和国家的一切工作都必须把人民放在最高位置。因此我们必须强调政府前面的"人民"二字，正如2021年2月20日，习近平总书记在党史学习教育动员大会上的讲话中强调提出的："历史充分证明，江山就是人民，人民就是江山，人心向背关系党的生死存亡。赢得人民信任，得到人民支持，党就能够克服任何困难，就能够无往而不胜。反之，我们将一事无成，甚至走向衰败。"②

（3）人民立场是中国共产党的根本政治立场

政治立场是一个政党观察、认识、处理政治问题的立足点，反映了这个政党的世界观、方法论和执政理念，体现了这个政党的根本属性。人民立场是中国共产党的根本政治立场。我们必须把这一根本立场贯穿于党和国家事业发展各方面。第一，坚持人民立场，就要始终牢记党的初心和使命。为中国人民谋幸福、为中华民族谋复兴，是中国共产党人的初心和使命，是激励一代代中国共产党人前仆后继、英勇奋斗的根本动力。我们党始终坚守初心和使命，并一以贯之体现到党的全部奋斗之中。第二，坚持人民立场，就要始终保持党同人民群众的血肉联系。保持党同人民群众的血肉联系关系到党的生死存亡、兴衰荣辱。我们党的最大政治优势是密切联系群众，党执政后的最大危险是脱离群众。习近平指出："坚持立党为公、执政为民，始终保持党同人民群众的血肉联系，是马克思主义政党与生俱来的政治品质和最高从政道德，是衡量党的先进性的根本标尺。"③正如案例中所指出的，"对那些忘记人民，甚至骑在人民头上作威作福的人，要把他们从我们队伍中清除出去"。第三，坚持人民立场，就要热爱人民、尊重人民、敬畏人民。坚持人民立场，凝结着中国共产党对中国人民的深厚情感，体现了深切真挚的人民情怀。案例中"人民"二字，以及"我将无我 不负人民"都表明了人民在共产党人的心中位置最高、分量最重。与此同时，案例中呈现的习近平在2000年通过各种实际工作帮助

---

① 《马克思恩格斯选集》第3卷，人民出版社2012年版，第54～55页。

② 习近平：《在党史学习教育动员大会上的讲话》，人民出版社2021年版，第15页。

③ 习近平：《弘扬"红船精神" 走在时代前列》，《光明日报》2005年6月21日。

外来打工者子女解决就学难问题,恰恰更好地诠释了中国共产党的人民立场,凝结着党对人民的深厚情感。

(二)"人民对美好生活的向往,就是我们的奋斗目标"

1.案例呈现

材料一:那是 2017 年全国两会,在参加四川代表团审议时,习近平总书记谈到有关凉山州"悬崖村"的新闻报道表示:"看着村民们的出行状态,感到很揪心。"脱贫攻坚的浩荡春风吹遍了山河万里,上山的路很快变了模样。就在今年两会,来自四川省民政厅的益西达瓦委员带来了村子的新消息。两张照片对比鲜明,一张是昔日挂在峭壁上颤巍巍的藤梯,一张是今日稳稳当当"飞"入云霄的钢梯。习近平总书记仔细端详,细问孩子上学、老人看病的近况,再问乡村旅游进展。这一次,他放下心来。从"揪心"到"放心",中南海和大山深处一个村庄的距离,那么远,又那么近。

回首这些年,习近平总书记花的精力最多的,是扶贫。山脚下直通省城的路、搬出土坯房的家、家门口就能读书的课堂,那些人、那些事,都装在他的心里……不畏严寒酷暑,不惧山高路远。深山小院里的欢歌笑语,农家账本前的细致追问,一串串足迹在中国地图上星罗棋布,丈量着从贫困到小康的路途有多远、有多难。

习近平总书记在一次"下团组"时语气坚定地说:"哪怕一天只走一个点,也要看到真贫。我如果光是看好地方,就难免乐观,感觉指日可待,就会作出错误决策。不要文过饰非,不要因为我们看了心情沉重就遮遮掩掩。我们都是从基层摸爬滚打过来的,而且和基层还有千丝万缕的联系。我们知道中国的国情和发展阶段,我们要做的就是让乡亲们实实在在有获得感。"

"悬崖村"后来发生了大变化。在各方努力下,阿土列尔村告别了由藤条和木棍编成的"天梯",用上了 2500 余根钢管构成的"钢梯路"。2020年 5 月,阿土列尔村全村 84 户建档立卡贫困户,陆续搬迁至位于昭觉县易地扶贫搬迁县城集中安置点的新家。

(资料来源:《这十年,总书记的两会故事》,《人民日报》2022 年 3 月 15 日第 1 版。)

材料二:我们的人民热爱生活,期盼有更好的教育、更稳定的工作、更满意的收入、更可靠的社会保障、更高水平的医疗卫生服务、更舒适的居住条件、更优美的环境,期盼孩子们能成长得更好、工作得更好、生活得更好。人民对美好生活的向往,就是我们的奋斗目标。人世间的一切幸福都需要靠辛勤的劳动来创造。我们的责任,就是要团结带领全党全国各族人民,继续解放思想,坚持改革开放,不断解放和发展社会生产力,努力解决群众的生产生活困难,坚定不移走共同富裕的道路。

(资料来源:习近平:《习近平著作选读》第1卷,人民出版社2023年版,第60页。)

2.案例指向

本案例指向教材第四章第二节内容,即阐释"人民对美好生活的向往就是党的奋斗目标"。

3.案例解析

材料一以两会故事为视角讲述了悬崖村的发展变迁。"悬崖村"又名天梯村,位于四川省凉山彝族自治州昭觉县古里镇,距昭觉县城72千米,总面积26平方千米,由阿土列尔村、说注村、来洛村更名、组合而来。全村最高海拔2300米,最低628米,相对海拔落差达1672米,地形以山地悬崖为主,其中阿土列尔村一直因为独特的地理条件无法修路,村民出行全部依赖"天梯"——17段架设在悬崖峭壁上,由藤条、木棍编成的藤梯,成年人上山要耗费两三个小时,孩子们上学更是难上加难,也就是案例中习近平总书记所谈到的"看着村民们的出行状态,感到很揪心"。2016年5月24日,一篇《悬崖上的村庄》报道了当地的贫困现状,特别是孩子们在悬崖上攀爬藤梯的画面引起社会的广泛关注。政府以及社会各界采取各种举措积极帮助当地脱贫。2017年两会期间,习近平总书记在参加四川代表团审议时,特别关心"悬崖村"以及四川大凉山贫困地区的发展和群众的生活。除了大凉山,近年来习近平总书记还深入其他贫困地区调研,看实情、问冷暖、听心声,了解基层群众从贫困到小康面临的困难和存在的问题、精准施策等。这充分体现出了中国共产党"坚持人民至上"的价值取向,正如材料二中习近平总书记所强调的人民对美好生活的向往就是党的奋斗目标,而材料一中"悬崖村"的发展变迁恰恰就是这一理念的生动践行。

人民对美好生活的向往就是党的奋斗目标。坚持人民至上,必须始终把人民放在心中最高的位置,想人民之所想,行人民之所嘱。习近平总书记指出:"民之所忧,我必念之;民之所盼,我必行之。"①正如案例中习近平总书记所强调的:"我们知道中国的国情和发展阶段,我们要做的就是让乡亲们实实在在有获得感。"

---

① 《习近平谈治国理政》第4卷,外文出版社2022年版,第65页。

　　一是从历史的维度来看，为人民谋幸福是党始终坚守的初心，让人民过上好日子是党一贯的追求。习近平指出："我们党团结带领人民进行革命、建设、改革，根本目的就是为了让人民过上好日子，无论面临多大挑战和压力，无论付出多大牺牲和代价，这一点都始终不渝、毫不动摇。"①中国共产党的百年历史就是一部为党带领人民不断过上好日子的奋斗史。为了让人民过上好日子，我们党团结带领人民实现民族独立、人民解放，建立了新中国；为了让人民过上好日子，我们党团结带领人民建立社会主义制度、改变一穷二白的国家面貌；为了让人民过上好日子，我们党团结带领人民实行改革开放，解放和发展社会生产力，解决温饱、实现总体小康、全面建设小康社会；为了让人民过上好日子，我们党团结带领人民决胜全面建成小康社会，打赢脱贫攻坚战，迈上全面建设社会主义现代化国家新征程，人民对美好生活的向往不断变为现实。材料一中原来的"悬崖村"被称为天梯村，正如材料中所指出的，"悬崖村"以往的贫困落后状况被媒体报道后真的是令人很"揪心"，于是在社会各方的努力下，今天的"悬崖村"已告别了由藤条和木棍编成的"天梯"，用上了 2500 余根钢管构成的"钢梯路"，村里的贫困户也陆续搬迁至县城集中安置点的新家等。而对于类似于"悬崖村"这样贫困地区的现实发展始终是习近平总书记所记挂的事，正如习近平总书记所指出的，"民生无小事，枝叶总关情。对困难群众，我们要格外关注、格外关爱、格外关心，帮助他们排忧解难"。②可以说，为人民谋幸福，让老百姓过上好日子，正是中国共产党百年来始终坚守的初心。

　　二是从现实层面来看，人民对美好生活的向往就是党的奋斗目标，这体现了我国社会主要矛盾转化对党和国家工作的新要求。社会主要矛盾是制定社会发展战略和策略的主要依据，是制定党的基本路线的理论基石。进入新时代，我国社会主要矛盾发生了转化，人民的美好生活需要呈现出多样化、多层次、多方面的特点。正如材料二中总书记所指出的，"我们的人民热爱生活，期盼有更好的教育、更稳定的工作、更满意的收入、更可靠的社会保障、更高水平的医疗卫生服务、更舒适的居住条件、更优美

---

① 《习近平谈治国理政》第 4 卷，外文出版社 2022 年版，第 53 页。
② 《把提高农业综合生产能力放在更加突出的位置 在推动社会保障事业高质量发展上持续用力》，《人民日报》2022 年 3 月 7 日第 1 版。

的环境,期盼孩子们能成长得更好、工作得更好、生活得更好"①。可见,人民的美好生活需要有了更加丰富更加深刻的时代内涵,因此新时代我们党必须牢牢把握我国社会主要矛盾的新变化,顺应人民对高品质生活的新期待,努力为人民创造更美好、更幸福的生活。

(三)浙江推进共同富裕先行示范

1.案例呈现

2024 年两会政府工作报告指出,扎实推进共同富裕,促进社会和谐稳定,不断增强人民群众的获得感、幸福感、安全感。2023 年 9 月,习近平总书记在浙江考察时强调,浙江要在推进共同富裕中先行示范。

在高质量发展中做大"蛋糕"

刚过去的春节,不少代表委员有一个共同的感受:假期出游热、消费旺、年味浓。

普陀山,带给大家的感受如出一辙。品牌连锁酒店一房难求,沈家门夜排档来不及翻台……据浙江省舟山市文广旅体局数据,春节期间,舟山累计接待游客约 209.2 万人次,同比增加 47.3%,累计接待旅游团队 2866 个,团队游客 35124 人,同比分别增加 87.7%和 134.9%。

用好得天独厚的文旅资源,不断做大海岛文旅"蛋糕",这是全国人大代表、舟山市普陀山旅行社有限责任公司总经理助理谢丽的感受。偏远海岛靠海吃海,大力发展海岛文旅,推动海洋特色富民产业,照样能打造地方经济的增长极。

"政府工作报告提到,积极培育智能家居、文娱旅游、体育赛事、国货'潮品'等新的消费增长点。这让我印象深刻。"谢丽代表表示,这些提法为她打开思路,让她对今年"文旅融合""体旅融合"信心倍增,进一步坚定了走高质量发展之路。

不光是海岛,推动山区 26 县高质量发展,也是共同富裕示范区建设的必然要求。

高质量发展建设共同富裕示范区,重点、难点、关键点在山区县。放眼浙江省,2023 年,山区县的生产总值县县破百亿元,26 个县规上工业增加值全部超 6 亿元。山区县在产业的持续赋能下,正快步跟上全省发展节奏,行进在高质量发展的大道上。

---

① 《十八大以来重要文献选编》(上),中央文献出版社 2014 年版,第 70 页。

在区域平衡中缩小差距

实现共同富裕，一个关键词是"均衡"。共同富裕示范区建设的主攻方向，聚焦的是群众感受最强烈的"三大差距"——地区差距、城乡差距、收入差距。

从宏观视野看，"三大差距"是发展的"硬"问题，不过放大颗粒度会发现，其中还有人们对美好生活向往的"软"配套。

记者听到来自教育界的委员们的心声。在他们看来，不管是地区差距还是城乡差距，造成差距的其中一个重要原因是教育资源差距。

在共同富裕视野下，优质教育资源是不稀缺的，复杂的是如何让优质资源覆盖到更大的群体。数字化手段，或许是破解之道。讨论中，委员们提到，正如借助数字化手段，小地方的百姓能问诊大城市的专家，利用人工智能等技术，乡村的孩子也能享受到更优质的教育。

在乡村振兴中加快增收

收入水平，是实现共同富裕的一个重要指标。其中，农民增收是实现这一目标的关键环节。

2023年，浙江农民收入再创新高，农村居民人均可支配收入达40311元，连续39年位居全国各省区第一。从数据指标看，浙江农民"钱袋子"增长，最关键的拉动力是人均经营性收入。

提及此，全国人大代表、浙江省义乌市后宅街道李祖村党支部书记、村委会主任方豪龙兴奋地告诉记者，春节前夕，李祖村村民众筹开办的豌豆花餐厅刚分红，31名村民股东共同分享60万元分红收益。

去年9月20日，是李祖村的"高光时刻"。那天，习近平总书记来到李祖村考察调研，指出李祖村扎实推进共同富裕，是浙江"千万工程"显著成效的一个缩影，要再接再厉，在推动乡村振兴上取得更大成绩。

"产业是乡村振兴的基础和关键。"方豪龙代表说，如今村里聚集了露营基地、咖啡馆等62个文旅创业项目。村民人均可支配收入从20年前的不足5000元，提高到去年的6万元。

乡村振兴，产业不能停。方豪龙代表告诉记者，接下来他们将围绕梨园产业、农创客培训基地等招商引资，不断完善更新产业业态。为突破村庄发展空间小的局限，他们通过党建联建，推动周边5个村庄"农文旅"产业融合、抱团发展。

"示范区"，意味着浙江不仅要努力"奔富"，还要努力"带富"，探索形成可借鉴可推广可复制的实践经验。去年国家发展改革委印发《浙江高质量发展建设共同富裕示范区第一批典型经验》，总结提炼了共富工坊、数字经济"一号工程"、山海协作、农村科技特派员制度、培育壮大产业工人队伍、帮扶残疾人就业增收等 10 条促进共同富裕的典型经验做法，供各地学习借鉴推广。

从浙江的地方探索到作为经验全国推广，这些鲜活实践，正是浙江在推进共同富裕中先行示范的努力身影。

（资料来源：郑亚丽：《浙江：在推进共同富裕中先行示范》，https://www.xuexi.cn/lgpage/detail/index.html？id=14080943280824891115&item_id=14080943280824891115，访问日期：2024 年 4 月 15 日。）

2.案例指向

本案例指向教材第四章第三节内容，即"推动全体人民共同富裕取得更为明显的实质性进展"。

3.案例解析

本案例呈现的是浙江在共同富裕先行示范探索中的经验做法和推进实效。共同富裕是中国特色社会主义的本质要求，是中国式现代化的重要特征。坚持以人民为中心的发展思想，就是要真正做到发展成果由人民共享，就必须落实到扎实推进全体人民共同富裕上，在推动共同富裕过程中促进人的全面发展。为了更好推进共同富裕，2021 年 6 月 10 日，《中共中央 国务院关于支持浙江高质量发展建设共同富裕示范区的意见》发布，支持鼓励浙江先行探索高质量发展建设共同富裕示范区。近年来，浙江在共同富裕先行示范中进行了一系列积极探索，本案例分别从"高质量发展中做大'蛋糕'""在区域平衡中缩小差距""在乡村振兴中加快增收"等维度呈现了浙江实践成果，彰显了共同富裕的价值内涵和现实意义。

（1）实现共同富裕不仅是经济问题，而且是关系党的执政基础的重大政治问题

马克思、恩格斯认为，共产主义社会是人们"共同的社会生产能力成为他们的社会财富"[①]的社会，是"以每个人的全面而自由的发展为基本原则的社会形式"[②]。可见，在共建共享基础上形成的共同富裕状态，是共产主义社会的鲜明特征。社会主义社会作为迈向共产主义社会的重要

---

① 《马克思恩格斯全集》第 46 卷（上），人民出版社 1979 年版，第 104 页。

② 《马克思恩格斯全集》第 23 卷，人民出版社 1972 年版，第 649 页。

阶段,追求实现共同富裕是题中应有之义。中国共产党是马克思主义的坚定信仰者,党带领人民追求的发展是造福人民的发展,是全体人民的共同富裕。首先要通过全国人民共同奋斗把"蛋糕"做大做好,其次通过合理的制度安排正确处理增长和分配关系,把蛋糕切好分好,共同富裕要让人民能够看得见、摸得着、真实可感。案例中,浙江普陀山在推动共同富裕过程中,注重紧扣当下"假期出游热、消费旺"的特点,充分用好当地的优势文旅资源,发展海岛文旅、推动海洋特色富民产业,在高质量发展中做大"蛋糕",打造地方经济的增长极,促进当地经济的快速发展,增加了当地百姓的收入,坚定了人们推进共同富裕的信心,增强了人民对社会主义发展的认同感、获得感,有助于进一步巩固和夯实党的执政基础。

（2）要从全局的角度把握共同富裕

共同富裕是中国式现代化的出发点和落脚点,是全体人民的共同富裕,是人民群众物质生活和精神生活相协调的富裕。正如案例中所指出的,共同富裕的视野下,必须考虑如何让优质资源覆盖到更大的群体。教育界的委员们提出要借助数字化手段,让小地方的百姓可以问诊到大城市的专家,以及利用人工智能等技术,让乡村的孩子也能享受到更优质的教育,这都是推动共同富裕的有效思考和做法。与此同时,共同富裕不是少数人的富裕,不是同等时间、同等程度的同步富裕。因此要处理好先富和共富的关系,允许一部分人先富起来,同时要积极推动先富带后富。案例材料中浙江在作为共同富裕"示范区",所着力探索的就是在发挥当地优势特色资源、产业的过程中,一方面有效推动当地人民经济收入增加,如材料中所呈现的,义乌市后宅街道通过推动当地特色产业发展,以及不断更新产业业态实现村民增收,"村民人均可支配收入从 20 年前的不足 5000 元,提高到去年的 6 万元",另一方面通过党建联建,推动周边 5 个村庄"农文旅"产业融合、抱团发展等,可以说是"努力先富"到"奔向共富"非常好的典型范例。

（3）必须坚持正确的原则和科学思路扎实推进共同富裕

实现共同富裕不是一蹴而就的,而是一个长期的历史过程,这就要求我们必须保持历史耐心、凝心聚力,进行不懈努力奋斗。与此同时,必须坚持正确的原则和科学思路来推进共同富裕。要把握好鼓励勤劳创新致富,坚持基本经济制度、尽力而为量力而行、坚持循序渐进的原则。本案例中,国家把浙江作为共同富裕"示范区",就是要把浙江省在推动共同富裕中的典型经验和科学做法逐步推广到全国,正如案例中所指出的,国家发展改革委印发了《浙江高质量发展建设共同富裕示范区第一批典型经验》,总结提炼了共富工坊、数字经济"一号工程"、山海协作、农村科技特派员制度、培育壮大产业工人队伍、帮扶残疾人就业增收等 10 条促进共同富裕的典型经验做法,供各地学习借鉴推广,通过典型经验示范和践行更好推进全体人民朝着共同富裕目标扎实迈进。

四、延伸阅读

1.《高举中国特色社会主义伟大旗帜 为全面建设社会主义现代化国家而团结奋斗——在中国共产党第二十次全国代表大会上的报告》,人民出版社 2022 年版。

2.中央党校采访实录编辑室:《习近平在福建》,中共中央党校出版社2021 年版。

3.张占斌、薛伟江主编:《以人民为中心:中国治理的核心密码》,人民出版社 2022 年版。

4.王炳林、徐春生等:《人民至上:中国共产党的根本政治立场》,中央文献出版社、中共中央党校出版社 2021 年版。

五、拓展研学

1.为什么说"党的根基在人民、血脉在人民、力量在人民"?

2.如何理解人民对美好生活的向往是党的奋斗目标?

3.如何推动全体人民共司富裕取得更为明显的实质性进展?

4.围绕"以人民为中心"这一主题,带领学生深入基层了解社会发展现状,调研人民生活的新变化,深入领会新时代以来党和国家事业取得的历史性成就、发生的历史性变革,并形成有理论深度的调研报告或具有感染力的视频作品等实践成果。

第五章　全面深化改革开放

一、教学主要目标

本章围绕着"新时代全面深化改革开放是一场深刻革命"这一命题，遵循"为什么要全面深化改革—全面深化改革的内涵是什么—怎样全面深化改革"的内在逻辑进行教学，剖析全面深化改革的必要性、内涵及其方法论。本章将实现如下目标：(1)在知识层面，让学生了解新时代全面深化改革的背景，明白全面深化改革的内涵及总目标，进而理解新时代全面深化改革所带来的历史性变革、系统性重塑和整体性重构。(2)在能力层面，让学生进一步理解全面深化改革的必要性和深刻性，学会运用全面深化改革开放的方法论，结合理论分析当前全面深化改革开放实践所呈现出的时代特点。(3)在价值层面，引导学生确立对新时代全面深化改革的正确方向的理论认同、情感认同和政治认同，投身于新时代全面深化改革开放的实践中。

二、教学重难点

本章教学重点：首先要从理论层面讲明白全面深化改革开放的必要性与重要性，让学生明白"全面深化改革开放是一场深刻的革命"，在此基础上阐述清楚全面深化改革开放的方向与目标，为全面深化改革开放的具体实践提供理论挈要和发展路向，进而对全面深化改革开放的具体方法论展开分析，在实践层面不断推动改革开放向广度和深度发展。

本章教学难点：第一，让学生理解新时代全面深化改革开放的艰巨性、复杂性和系统性；第二，让学生理解作为新时代中国特色社会主义制度的自我完善和发展，全面深化改革如何做到坚持正确方向与改革相统一；第三，如何理解新时代全面深化改革开放在实践层面所要遵循的特殊原则，进而给学生以方法论的启发。

三、教学案例

（一）海南改革开放启新程

1.案例呈现

材料一：重大决策激荡建设热潮，海南全面开放新格局，正一步步从"总蓝图""规划图""施工图"变成"实景图"。

一是搭建制度框架优化发展环境。海南自贸试验区自建设伊始即系统搭建制度框架，逐步形成"1＋N"政策体系。该体系以《中国（海南）自由贸易试验区总体方案》为核心，《海南省机构改革实施方案》《海南省建设国际旅游消费中心的实施方案》等其他配套实施方案陆续出台。

二是营商环境日益优化。2018年4月以来，海南为建设全面深化改革开放试验区搭建更加开放、高效的平台，推出《优化营商环境行动计划》《海南省经济特区商事登记管理条例》等政策优化营商环境。实行"极简审批"投资制度，强化海南版国际贸易"单一窗口"，压缩审批时限七至八成。分阶段、分步骤实施"零关税、低税率、简税制"的制度安排，已出台原辅料、交通工具及游艇以及自用生产设备三项"零关税"政策。

三是构建现代产业体系。一方面，海南引入先导项目实现"早期收获"。海南确定了基础保障类、产业类、生态文明建设类三方面12个项目，并推动这些项目尽早启动、尽早见效，给市场以预期，给企业以信号。另一方面，海南加快建立旅游业、现代服务业、高新技术产业和热带特色高效农业为支撑的"3＋1"现代产业体系。着力打造南繁、深海、航天"陆海空"三大未来产业："南繁硅谷"建设取得实质性进展；以"奋斗号"为代表的深海科技项目在崖州湾科技城落地；"天问一号""嫦娥五号"在文昌国际航天城发射。

四是创新人才机制。《海南自由贸易港建设总体方案》发布不到1年时间里，引进的人才超过50％，人才集聚速度加快。优化人才发展环境——设立人才服务"单一窗口"，落实企业和个人所得税优惠政策，对在海南自贸港工作的高端、紧缺人才，其个人所得税实际税负超过15％的部分，予以免征。

（资料来源：《风从海上来 海南自贸港扬帆远航》，https://www.xuexi.cn/lgpage/detail/index.html？id=16514347082102737572&item_id=16514347082102737572，访

问日期：2024 年 1 月 13 日。）

材料二：到 2035 年，自由贸易港制度体系和运作模式更加成熟，以自由、公平、法治、高水平过程监管为特征的贸易投资规则基本构建，实现贸易自由便利、投资自由便利、跨境资金流动自由便利、人员进出自由便利、运输来往自由便利和数据安全有序流动。营商环境更加优化，法律法规体系更加健全，风险防控体系更加严密，现代社会治理格局基本形成，成为我国开放型经济新高地。

（资料来源：《中共中央　国务院印发〈海南自由贸易港建设总体方案〉》，https://www.gov.cn/zhengce/2020-06/01/content_5516608.htm，访问日期：2020 年 6 月 1 日。）

2.案例指向

本案例指向教材第五章第一节中"新时代全面深化改革开放是一场深刻革命"这一知识点，旨在说明新时代全面深化改革开放的艰巨性、复杂性和系统性。

3.案例解析

海南自由贸易港的设立就是新时代全面深化改革开放的典型案例。在海南建设中国特色自由贸易港，是习近平总书记亲自谋划、亲自部署、亲自推动的改革开放重大举措。2018 年 4 月 13 日，习近平总书记在庆祝海南建省办经济特区 30 周年大会上郑重宣布，"党中央决定支持海南全岛建设自由贸易试验区，支持海南逐步探索、稳步推进中国特色自由贸易港建设，分步骤、分阶段建立自由贸易港政策和制度体系"①。2020 年，习近平总书记对海南自由贸易港建设作出重要指示，强调海南省要认真贯彻党中央决策部署，把准方向、敢于担当、主动作为，抓紧落实政策早期安排，以钉钉子精神夯实自由贸易港建设基础。强调在海南建设自由贸易港，要坚持党的领导，坚持中国特色社会主义制度，对接国际高水平经贸规则，促进生产要素自由便利流动，高质量高标准建设自由贸易港。要把制度集成创新摆在突出位置，解放思想、大胆创新，成熟一项推出一项，行稳致远，久久为功。2020 年 6 月 1 日，《海南自由贸易港建设总体方案》公布，中国特色自由贸易港建设迈出关键一步。

本案例简要回顾了党中央支持海南全岛建设自由贸易试验区到海南自由贸易港的历史进程，以海南自由贸易港在新时代全面深化改革采取

---

① 习近平：《在庆祝海南建省办经济特区 30 周年大会上的讲话》，人民出版社 2018 年版，第 11 页。

的举措和成绩说明新时代全面深化改革开放的全面性、系统性与复杂性。新时代全面深化改革开放是一场深刻革命,具体表现为三个方面:第一,经过多年的改革开放,新时代的全面深化改革开放着眼的是深层次的矛盾和体制机制的弊端。在这一进程中,必然要破解利益固化的藩篱,也要克服路径依赖的思维定式和固有观念。因此新时代的改革开放既深刻又复杂。第二,新时代的全面深化改革开放,各领域改革紧密联系,相互交融,必须各领域改革相配套,勇于打破部门利益、行业利益、本位思想,坚持服从国家整体利益、服务改革发展稳定大局,形成有利于维护国家整体利益和最广大人民根本利益的新格局。第三,新时代的全面深化改革开放还必须坚持改革与开放相协调,勇于破解我国开放型经济体制建设中的突出问题,积极适应经济全球化新趋势、世界格局新变化和我国发展新要求。

（1）全面深化改革开放是在多年改革开放基础上的深化,是一场全面、系统、整体的制度创新

习近平总书记指出:"党的十一届三中全会是划时代的,开启了改革开放和社会主义现代化建设新时期。党的十八届三中全会也是划时代的,实现改革由局部探索、破冰突围到系统集成、全面深化的转变,开创了我国改革开放新局面。"①新时代全面深化改革开放与1978年改革开放的不同之处就在于新时代全面深化改革的艰巨性、复杂性和系统性。新时代全面深化改革开放实现了从局部探索、破冰突围到系统集成、全面深化的转变,是一项系统的工程。这一系统性既表现在改革目标是包括经济、政治、文化、社会、军队等在内的国家治理体系与国家治理能力的整体现代化,又体现在改革领域涉及国有企业、党的建设制度、司法、国家监察、科技、生态文明等各种体制,还体现在改革机制需要各领域的联动和集成,进而形成改革的系统性合力。这样一项极为宏大的工程,靠零敲碎打调整不行,靠碎片化修补也不行,必须是全面的系统的改革和改进,系统观念作为正确的方法论始终运用其中。与此同时,中国正在经历广泛而深刻的社会变革,推进改革发展、调整利益关系往往"牵一发而动全身",因此,新时代全面深化改革开放还注重改革的系统性、整体性与协调性,从"五位一体"总体布局和党的制度建设上整体推进改革,形成改革总

---

① 《中共中央关于党的百年奋斗重大成就和历史经验的决议》,人民出版社2021年版,第37页。

体效应,取得总体效果。它不仅是经济领域的局部探索,而且涉及体制机制的整体性改革推进。因此,习近平总书记指出:"如果完全停留在旧的体制机制框架内,用老办法应对新情况新问题,或者用零敲碎打的方式来修修补补,是解决不了大问题的。"①正如材料一所呈现的,海南首先搭建了制度体系的"四梁八柱",凸显出海南的全面深化改革开放以制度创新为核心的特点。同时,海南自贸试验区还改革了营商审批环节,构建现代化产业体系,创新人才引进与发展的机制,为新时代经济的发展全面注入了创新的动力。海南还重视生态环境的改善,将绿色发展理念融入了新时代的发展中,契合了新时代全面深化改革必须着眼改革的关联性、系统性、可行性,全面系统整体推进各方面改革,使社会主义制度的优越性得到更好发挥。

(2)新时代的改革开放既深刻又复杂,各领域改革紧密联系、相互交融

新时代的全面深化改革中,任何一个领域的改革都会牵动其他领域,如果各领域改革不配套,改革和开放不协调,各地各部门改革开放措施相互掣肘,全面深化改革开放就很难推进下去。因此,新时代的全面深化改革开放要统筹推进各领域各方面的改革开放,必须以全面深化改革总目标为引领,以制度建设为主线,以经济体制改革为重点,以重要领域和关键环节为突破口。在材料一中,推动海南自贸试验区发展的关键是经济体制改革,但在经济体制改革中,营商环境优化又是关键环节。因为营商环境直接影响着经济治理体系与治理能力,是经济体制改革的重要领域。案例中,海南正是通过推出《优化营商环境行动计划》《海南省经济特区商事登记管理条例》等政策,实行"极简审批"投资制度等举措优化营商环境,加快形成法治化、国际化、便利化的营商环境和公平开放统一高效的市场环境。在营商环境优化的基础上,海南自贸试验区才能进而推动产业体系的建设以及人才引进。同时,案例所呈现的海南现代化产业体系建设既有产业链的前端先导项目,又有核心产业的打造(如旅游业、现代服务业、高新技术产业和热带特色高效农业),这也充分体现了新时代全面深化改革对于新发展理念的贯彻,凸显出经济高质量发展的内涵。而要实现经济的高质量发展,离不开创新型人才,为此,海南在深化人才发展体制机制上也进行了全面的突破,实行更加积极、更加开放、更加有效

①　习近平:《习近平著作选读》第1卷,人民出版社2023年版,第307～308页。

的人才政策。上述几个领域的改革也反映出了新时代全面深化改革的系统性特征,经济的高质量发展不仅需要外在制度环境的改变,更需要产业体系的完善,还需要创新动力的激发与创新型人才的利用,而产业体系转型,又推动人才需求变化,引发人才政策的变革,各方面改革协同推进、环环相扣,构成了新时代全面深化改革的综合动力。

(3)新时代的全面深化改革开放必须坚持改革与开放相协调,勇于破解我国开放型经济体制建设中的突出问题,积极适应经济全球化新趋势、世界格局新变化和我国发展新要求

开放也是改革,中国发展不断取得新成就的宝贵经验就是以开放促改革、促发展。新时代全面深化改革开放是要坚定不移地全面扩大开放,发展更高水平开放型经济。这意味着在开放的进程中,也要改革旧的不适应的体制,从而构建更高水平开放型经济的新体制。这一点在案例的材料二中得到了充分的体现。我国对于海南自贸试验区建设提出了阶段性的发展目标,其中到 2035 年的目标就是成为我国开放型经济的新高地。为此,海南自贸试验区实施了以自由、公平、法治、高水平过程监管为特征的贸易投资规则基本构建,对标国际高水平经贸规则,解放思想、大胆创新,提升自贸试验区贸易投资领域的体制机制改革。与此同时,海南自贸试验区还聚焦贸易投资自由化便利化,推动贸易自由便利、投资自由便利、跨境资金流动自由便利、人员进出自由便利、运输来往自由便利和数据安全有序流动的实现,建立与高水平自由贸易港相适应的政策制度体系,建设具有国际竞争力和影响力的海关监管特殊区域。这些举措是在构建高水平开放型经济过程中对体制机制所进行的改革,而这些改革,不仅会推动中国经济新一轮的更大范围、更宽领域、更深层次的高水平对外开放,而且会推动中国经济治理体系与治理能力的现代化。

综上,海南自贸港的案例能够有助于理解"提出一系列创新理论、采取的一系列重大举措和取得的一系列重大突破,都是革命性的"这一知识点,也能够更好地理解新时代全面深化改革是"一场全面系统、整体的制度创新"的理论观点。

(二)党和国家机构改革与"放管服"的政府改革

1.案例呈现

材料一: 2018 年启动、2019 年完成的党和国家机构改革,是一场硬仗,是一场系统性、整体性、重构性的变革。从 2018 年党的十九届三中全

会审议通过《中共中央关于深化党和国家机构改革的决定》和《深化党和国家机构改革方案》,到 2019 年 3 月底机构改革各项任务总体完成。一年多的时间里,这次机构改革仅中央和国家机关层面就涉及 180 多万人,涉及管理体制、机构设置、职责和人员调整的部门达 80 多个,组建和重新组建部级机构 25 个,调整优化领导管理体制和职责部级机构 31 个。核减部级机构 21 个,核减班子正副职数 58 个,减少设置部长助理部门 9 个,减少职数 25 名。

（资料来源:《一图"数"说:深化党和国家机构改革成果》,https://baijiahao.baidu.com/s? id＝1638314482152387424&wfr＝spider&for＝pc,访问日期:2024 年 1 月 7 日。）

材料二:从党的十九大报告提出"加快完善社会主义市场经济体制",到党的二十大报告提出"构建高水平社会主义市场经济体制",表述的变化不仅体现了我国坚持全面深化改革,充分发挥经济体制改革的牵引作用,也为下一步深化"放管服"改革,推进宏观经济治理体系和治理能力现代化明确了方向。

"放管服"改革是完善社会主义市场经济体制的重要内容。面对经济下行压力,我国不搞"大水漫灌"式强刺激,而是深化"放开搞活"的成功经验,以行政体制改革为"先手棋",大力实施简政放权,推进放管结合、优化服务,全面优化营商环境,培育和壮大更多充满活力的市场主体。围绕市场主体去繁简苛、"放水养鱼",社会创造力得到极大释放。各类市场主体快速壮大,并促进了就业增加、税基扩大、产业结构优化和经济循环畅通,为我国抗击新冠肺炎疫情冲击、顶住经济下行压力、扎实做好"六稳""六保"作出至关重要的贡献。

（资料来源:韩秉志,《"放管服"改革促高质量发展》,《经济日报》2022 年 12 月 28 日第 9 版。）

材料三:厦门市市场监管局联合厦门市数据管理局在"e 政务"便民服务终端部署上线"企业开办"服务专区,率先全省实现营业执照"自助办、就近办、多点办"。在思明区市场监管局工作人员的指导下,厦门市浮念电子商务有限公司人员日前通过注册大厅窗口的"e 政务"便民服务终端,办理了企业开办手续,成为全市首家通过自助机渠道申请营业执照的企业。"企业开办"服务专区上线后,申请人可在自助机上进行企业名称自主申报、设立登记、发票申领、公章刻制、银行开户预约等业务一站式办理。

（资料来源:陈泥、陈雪松,《福建厦门:"e 政务"便民服务终端上线"企业开办"服务专区》,https://www.xuexi.cn/local/normalTemplate.html? itemId=171118027547674394,访问日期:2024年4月10日。)

2.案例指向

本案例指向教材第五章第二节"全面深化改革总目标是完善和发展中国特色社会主义制度、推进国家治理体系和治理能力现代化"这一知识点,旨在说明新时代全面深化改革开放的总目标是什么及核心问题。

3.案例解析

新时代全面深化改革的总目标是完善和发展中国特色社会主义制度、推进国家治理体系和治理能力现代化。"完善和发展中国特色社会主义制度",规定了改革的根本方向,就是无论改什么、怎么改,都要坚持中国共产党领导、坚持中国特色社会主义,就是要通过改革推动中国特色社会主义制度更加成熟更加定型、更好发挥中国特色社会主义制度的优越性。"推进国家治理体系和治理能力现代化",明确了改革的鲜明指向和时代要求,就是要通过改革进一步增强我国制度活力,把制度优势转化为国家治理效能。这一总体目标的表述,涉及了制度优势与治理效能之间的转化问题,而要实现这一转化,党和国家机构改革势在必行。本案例的三则材料遵循从中央到地方的逻辑,分别以国家机构改革、"放管服"改革及其厦门实践,对"全面深化改革改什么"作出了解释。

(1)新时代全面深化改革的总目标蕴涵着中国特色社会主义制度与国家治理之间的辩证关系

完善和发展中国特色社会主义制度是改革的根本方向,也是改革的目的,而推进国家治理体系和治理能力现代化是决定制度能够充分发挥作用的重要环节。因此,中国特色社会主义制度是在实践中不断完善的,治理国家,制度是起根本性、全局性、长远性作用,然而没有有效的治理能力,再好的制度也难以发挥作用。这标志着中国共产党对社会主义建设规律和改革开放规律认识的深化。要实现有效的治理能力,必须首先深化党和国家机构改革。这既是全面深化改革的一个重大动作,也是完善党和国家机构职能体系、推进国家治理体系和治理能力现代化的一次集中行动。党的十八届三中全会以来的全面深化机构改革,不是局部修修补补的改革,而是对党和国家组织结构和管理体制的一次系统性、整体性重构。为此,案例材料一选取深化党和国家机构改革作为国家治理体系现代化的缩影进行分析。在材料一中,"仅中央和国家机关层面就涉及180多万人,涉及管理体制、机构设置、职责和人员调整的部门达80多个",这些数据凸显了此次改革的涉及范围之广;"组建和重新组建部级机构 25 个,调整优化领导管理体制和职责部级机构 31 个"则反映出此次机构改革的程度之深;"核减部级机构 21 个,核减班子正副职数 58 个,减少设置部长助理部门 9 个,减少职数 25 名",这些数据则反映出此次机构改革的特点是机构精简,减少不必要的机构设置,解决行政机构臃肿的问题。从党和国家机构改革中,可以看出,新时代全面深化改革开放,以政府结构简政放权为导向,厘清政府与市场的关系边界,做好政府的服务工作,让市场在资源配置中起决定性作用。

(2)全面深化改革必须牢牢把握总目标,要实施好"六个紧紧围绕"的路线图

这一路线图表现为从经济体制改革、政治体制改革、文化体制改革、社会体制改革、生态文明体制改革及党的建设制度改革六个方面,既规定了各领域各方面改革的主要任务,也构建起新时代全面深化改革的系统工程。一方面,在统筹推进各领域各方面改革开放的过程中,经济体制改革是重点,因此,路线图的第一个就是要紧紧围绕使市场在资源配置中起决定性作用和更好发挥政府作用,深化经济体制改革。材料以市场经济中的政府"放管服"改革为例,分析经济治理体系与治理能力的改革。从党的十九大到党的二十大,围绕着"社会主义市场经济体制"进行布局,尽管从"加快完善"到"构建高水平"的表述发生变化,但是始终体现了全面深化改革中经济体制改革的牵引作用。另一方面,经济体制需要推进宏观经济治理体系和治理能力的现代化,这一进程中,政府职能必须转变。新时代全面深化改革的重点是经济体制改革,核心问题是处理好政府和市场的关系。坚持和完善社会主义基本经济制度,充分发挥市场在资源配置中的决定性作用,更好发挥政府作用,坚持以供给侧结构性改革为主线,加快建设现代化经济体系。为此"放管服"改革是完善社会主义市场经济体制的重要内容。材料二进一步指出我国的"放管服"改革以行政体制改革为先手棋,以简政放权、优化服务来促进营商环境的优化,进而培育和壮大更多充满活力的市场主体。这意味着政府要简政放权,让社会主义市场经济中的主体在资源配置中起决定性作用。但这并不意味着各类市场主体仅仅停留于企业活力的实现。作为社会主义市场经济中的市场主体更需要承担相应的责任,例如案例中所指出的"就业增加、税基扩大、产业结构优化和经济循环畅通"的职能。需要政府进一步引导,从而使市场主体深化认识、主动承担这些职能。政府"放管服"的简政放权是

放管结合,政府并不是完全退出、无所作为,相反在"六稳""六保"等领域,政府更应该有所作为。因此,这一材料重点映射了全面深化改革中政府与市场的关系处理。在市场领域,政府简政放权,充分激发市场主体活力,释放社会创造力,而在民生保障、市场主体引导规范等领域,政府要增强职能,加强对经济的宏观调控与导向。

(3)推进国家治理体系和治理能力现代化,就是要通过改革进一步增强我国制度活力,把制度优势转化为国家治理效能

制度优势转化为治理效能的关键环节就是要适应时代变化,改革不仅要适应实践发展要求的体制机制、法律法规,同时也要建构新的体制机制、法律法规,使各方面制度更加科学、更加完善。社会主义市场经济体制的有效运行需要政府进一步发挥其服务功能,服务好相关的市场主体。随着科学技术的运用,电子政务成为政府职能实现的新形式。这种形式不仅可以精简人员,更能克服时空限制,成为政府服务企业的利器。材料三正是以厦门"e政务"便民服务终端上线"企业开办"服务专区这一现实举措反映出基层机构在服务经济发展过程中职能的转变。在"e政务"便民服务终端部署上线"企业开办"服务专区,既保留了市场监管部门对于市场主体设置的监管职能,又优化了行政审批服务,提升企业开办的便利度。这不仅反映了机构服务职能与智能化的结合,而且反映出新时代全面深化改革是以"坚持以人民为中心"和"进一步解放和发展社会生产力、进一步激发和增强社会活力"为基本原则。

(三)"全国一盘棋"的新时代全面深化改革开放

1.案例呈现

材料一:中央成立全面深化改革领导小组,负责改革总体设计、统筹协调、整体推进、督促落实。

各级党委要切实履行对改革的领导责任,完善科学民主决策机制,以重大问题为导向,把各项改革举措落到实处。加强各级领导班子建设,完善干部教育培训和实践锻炼制度,不断提高领导班子和领导干部推动改革能力。

(资料来源:《中共中央关于全面深化改革若干重大问题的决定》,《人民日报》2013年11月16日第3版。)

材料二:系统推进体制机制改革和治理体系、治理能力现代化,推动雄安新区在承接中促提升,在改革发展中谋创新,把雄安新区建设成为北

京非首都功能集中承载地、京津冀城市群重要一极、高质量高水平社会主义现代化城市,发挥对全面深化改革的引领示范带动作用,走出一条新时代推动高质量发展的新路径,打造新时代高质量发展样板。

（资料来源:《中共中央 国务院关于支持河北雄安新区全面深化改革和扩大开放的指导意见》,《人民日报》2019 年 1 月 25 日第 1 版。）

材料三:到 2025 年,深圳经济实力、发展质量跻身全球城市前列,研发投入强度、产业创新能力世界一流,文化软实力大幅提升,公共服务水平和生态环境质量达到国际先进水平,建成现代化国际化创新型城市。到 2035 年,深圳高质量发展成为全国典范,城市综合经济竞争力世界领先,建成具有全球影响力的创新创业创意之都,成为我国建设社会主义现代化强国的城市范例。到本世纪中叶,深圳以更加昂扬的姿态屹立于世界先进城市之林,成为竞争力、创新力、影响力卓著的全球标杆城市。

（资料来源:《中共中央 国务院关于支持深圳建设中国特色社会主义先行示范区的意见》,《人民日报》2019 年 8 月 19 日第 1 版。）

2.案例指向

本案例指向教材第五章第二节"全面深化改革开放要坚持正确方法论"这一知识点,旨在分析如何推进新时代全面深化改革开放。

3.案例解析

全面深化改革开放是一个复杂系统工程,正确的方法对于改革顺利推进、取得成功至关重要。与 1978 年的改革开放"摸着石头过河"不同,新时代全面深化改革,更加需要突出改革中党的领导与顶层设计,也更加要凸显"全国一盘棋"的战略思维。本案例三则材料的选取,分别从党中央成立全面深化改革领导小组到雄安新区的设置再到深圳中国特色社会主义先行示范区的建设,反映的是从组织机构搭建到"全国一盘棋"统筹推进全面深化改革的逻辑。

（1）增强全面深化改革的系统性、整体性、协同性

新时代全面深化改革是一场深刻而全面的改革,涉及经济社会发展各个方面、各个领域,每一项改革都可能牵一发而动全身。与此同时,这场改革涉及方方面面的体制机制的障碍和利益藩篱。这种复杂性与艰巨性,更需要加强对改革的整体谋划、协同高效、系统布局,注重改革措施整体效果,避免各行其是、相互掣肘。为此,推进深化改革必须凸显党的全面领导,充分发挥党总揽全局、协调各方的领导核心作用,在改革中做到整体推进和重点突破相促进,提高改革决策科学性,广泛凝聚共识,形成

改革合力。为此,材料一从党的十八届三中全会专门设立全面深化改革领导小组为切入点,强调深化改革必须加强和改善党的领导,提高党的领导水平和执政能力,负责改革总体设计、统筹协调、整体推进、督促落实,确保改革方案、改革落实以及改革效果的协同,促进各项改革举措在政策取向上相互配合。这是新时代全面深化改革开放能够顺利推进的重要保障和前提。

（2）加强顶层设计和摸着石头过河相结合

新时代全面深化改革广度和深度都大大拓展了,要把改革推向前进,必须加强顶层设计,加强改革的科学性和协调性。顶层设计就要贯彻落实"全国一盘棋"的思想。党的十八大以来,以习近平同志为核心的党中央立足我国区域发展新形势,着眼全国"一盘棋",以深化区域协调发展建立发展大格局,具体包括京津冀协同发展、长江经济带发展、粤港澳大湾区建设、长三角一体化发展、黄河流域生态保护和高质量发展等区域重大战略,也包括进一步完善支持西部大开发、东北振兴、中部崛起、东部率先发展的政策体系,确立了基本公共服务均等化、基础设施通达程度比较均衡、人民基本生活保障水平大体相当的区域协调发展目标。设立河北雄安新区,就是以习近平同志为核心的党中央深入推进京津冀协同发展作出的一项重大决策部署,是继深圳经济特区和上海浦东新区之后又一具有全国意义的新区。正如材料二所指出的,河北雄安新区作为北京非首都功能的集中承载地和京津冀城市群的重要一极,凸显出新时代全面深化改革的全局性布局。不同城市在新时代的发展格局中,党和国家对其均有相应的定位与要求。城市群的建设成为新时代城市发展的重要模式,更有助于推动城乡协调发展。

与此同时,加强顶层设计,并不意味着不要摸着石头过河。摸着石头过河是富有中国特色、符合中国国情的改革方法。改革本身就意味着突破旧思维,探索新模式。新时代全面深化改革开放与中国特色社会主义进入新时代相一致,在更高起点、更高层次和更高目标上对全面深化改革与全面扩大开放均提出了要求。正如材料三所指出的,党中央支持深圳建设中国特色社会主义先行示范区就是一项前所未有的探索与实践,因此更要勇于突破和创新,在实践中探索。这也体现了"摸着石头过河"原则在全面深化改革开放中的重要意义。中国的改革开放就是把基层的鲜活经验不断上升到一般规律性认识,是摸着石头过河与顶层设计的紧密结合。顶层设计与基层创新探索的良性互动,才构成了新时代全面深化改革的不断推进。

（3）统筹改革发展稳定，做到胆子要大、步子要稳

正确处理好改革发展稳定是我国全面深化改革开放的一条重要经验，改革是发展的动力，发展是解决一切经济社会问题的关键，但稳定是改革发展的前提。新时代全面深化改革开放既要把改革的力度、发展的速度和社会可承受的程度统一起来，在保持社会稳定中推进改革发展，通过改革发展促进社会稳定。正如材料三中的深圳中国特色社会主义先行示范区的建设，对于粤港澳大湾区建设就有着举足轻重的作用，既是发挥城市发展的合力，推动大湾区的发展，更是要通过发展促进港澳地区社会的长期稳定，改善当地人民的生活。当然，全面深化改革本身就是一次又一次的尝试与探索，因此既要大胆突破、勇于创新，也要审慎稳妥、三思后行，保持改革的延续性和稳定性。

四、延伸阅读

1.《中共中央关于全面深化改革若干重大问题的决定》，人民出版社2013年版。

2.习近平:《高举中国特色社会主义伟大旗帜 为全面建设社会主义现代化国家而团结奋斗——在中国共产党第二十次全国代表大会上的报告》，人民出版社2022年版。

3.《中共中央关于党的百年奋斗重大成就和历史经验的决议》，人民出版社2021年版。

4.习近平:《论坚持全面深化改革》，中央文献出版社2018年版。

5.习近平:《在庆祝改革开放40周年大会上的讲话》，人民出版社2018年版。

五、拓展研学

1.为什么说新时代全面深化改革开放是一场深刻革命？

2.如何理解全面深化改革总目标？

3.结合福建在新时代全面深化改革开放的新实践，讲述"一带一路"中的福建、数字建设新福建、治理现代化福建的故事。

第六章　推动高质量发展

一、教学主要目标

　　本章教学围绕经济高质量发展这一中国经济社会发展主题与脉络，遵循"为什么、是什么、怎么做"递进逻辑，对新发展阶段、新发展理念、高质量发展内涵、社会主义基本经济制度、构建新发展格局以及现代化产业体系等方面进行分析。在教学过程中需要完成以下目标：(1)在知识层面，通过诠释新发展阶段、新发展理念、现代化经济体系以及新发展格局等内容，学生理解并掌握高质量发展的丰富内涵及其实现路径。(2)在能力层面，对中国产业结构完备体系特征、国内消费市场规模优势以及新发展格局战略设想等进行介绍，培养并提升学生分析与解读中国经济发展实际的能力。(3)在价值层面，通过总结新时代以来在经济规模、发展速度、创新能力等方面取得的高质量发展历史性变革与成就，全面解读社会主义基本经济制度优势，从而强化学生对于中国特色社会主义经济发展模式的自信。

二、教学重难点

　　本章教学重点：让学生全面系统准确理解高质量发展的内涵，并在此基础上科学把握实现高质量发展的制度支撑。具体如下：(1)经济高质量发展的深刻内涵及其重大意义。(2)社会主义基本经济制度新概括及其内在体系特征。

　　本章教学难点：结合现实背景如何准确把握加快构建"双循环"新发展格局与建设现代化经济体系的推动路径。(1)加快构建"双循环"新发展格局的科学内涵。(2)建设现代化经济体系及其现实路径。让学生全面认识"现代化"与"产业体系"双重内涵，尤其以创新将产业不同环节、层面、领域贯通的现代产业发展模式。

三、教学案例

（一）以绿色理念引领推动高质量发展

1.案例呈现

材料一：作为绿色发展理念的重要孕育地,福建将乐通过贯彻、推动绿色发展,取得经济社会发展的历史性转变。20多年前,常口村和福建山区其他诸多乡村一样,尽管青山绿水以及生态资源丰富,但百姓生活困顿,收入不高,村集体开支更是捉襟见肘。1997年4月,时任福建省委副书记习近平到将乐县常口村调研时明确提出:"青山绿水是无价之宝。"山区要画好山水画,做好山水田文章。之后,将乐县委、县政府带领当地群众遵循习近平同志嘱托,丰富和发展"两山"理论内涵,以"绿水青山"带动"金山银山",把山水林田湖资源统筹起来,实施生态修复保护工程,推动生态向产业化方向发展,推动生态资源产业化。特别围绕金溪百里画廊山水林田湖生态修复试点项目,引导生态资本向社会资本流通,实现"还绿于山、致富于民"。常口村通过推动绿色创新发展,2021年村集体收入145万元,人均可支配收入达到2.9万元,比1997年分别增长48、12倍之多,走出了一条具有常口特色的生态发展之路。

（资料来源:《闽山闽水物华新——习近平福建足迹》(下),福建人民出版社、人民出版社2022年版,第581～589页。）

材料二：福建龙岩武平县集体林权制度改革引领高质量发展。计划经济背景下,集体山林的产权主体没有明显界定,林农作为集体山林真正的所有权主体被虚置,林权所属不清、机制不活、分配不合理,导致乱砍滥伐等一系列问题。2002年6月,习近平到武平县进行调研考察,做出"集体林权制度改革要像家庭联产承包责任制那样从山下转向山上"的重要指示,由此掀开全面推进集体林权制度改革。之后,武平县,乃至龙岩市的集体林权制度改革试点工作在实现"勘界发证、明晰产权"的基础上,逐步向深层次推进,生态林管护机制、林木采伐管理制度、林业投融资机制、林业经营方式、森林资源流转等配套改革相继展开。"武平林改"被认为是继土地家庭联产承包责任制之后,我国农村经营制度的一重大变革。2011年,武平被评为全国集体林权制度改革先进典型县;2013年,武平被评为全国绿化模范县、省级园林城市;2017年8月,武平被评为全国平安建设先进县、福建省经济发展十佳县;2017年,武平林下经济经营总面积143万亩,参与经营农户2.99万户,实现林下经济总产值27.66亿元,同比增长14.2%,全县已成立林业合作经济组织97个,扶持带动996户贫困户发展林下经济。

(资料来源:《闽山闽水物华新——习近平福建足迹》(上),福建人民出版社、人民出版社2022年版,第294~305页。)

2.案例指向

本案例指向教材第六章第一节"完整、准确、全面贯彻新发展理念",以诠释如何以绿色发展理念引领绿色高质量发展的丰富内涵。

3.案例解析

党的十九大明确指出,"我国经济已由高速增长阶段转向高质量发展阶段"[①],并首次提出"高质量发展"的重要表述。之后党的二十大进一步强调,"高质量发展是全面建设社会主义现代化国家的首要任务"[②]。高质量发展是贯彻新发展理念的发展,而绿色是永续发展的必要条件和人们对美好生活追求的重要体现,也是高质量发展的底色。本章选取"绿水青山就是金山银山"等"两山论"重要孕育地福建常口村绿色高质量发展以及"武平林改"典型案例,具体呈现以绿色发展理念引领高质量发展具体过程。

(1)贯彻新发展理念是关系我国发展全局的一场深刻变革

贯彻新发展理念是新时代我国发展壮大的必由之路。进入新发展阶段,必须把发展质量问题摆在更为突出的位置,在质量效益明显提升的基础上实现经济持续健康发展。发展理念是发展行动的先导,是管全局、管根本、管方向、管长远的东西,是发展思路、发展方向、发展着力点的集中体现。发展理念从根本上决定着发展成效乃至成败,发展理念搞对了,目标任务就好定了,政策举措也就跟着好定了。福建常口村牢固树立并深刻践行绿色发展理念,依托生态资源与生态优势,大力发展生态经济、休闲旅游、观光农业、特色养殖业等,奋力开创生态文明建设新局面,实现了由"绿水青山"到"金山银山"的持续深度转化,在厚积生态资本与物质资

[①] 习近平:《论把握新发展阶段、贯彻新发展理念、构建新发展格局》,中央文献出版社2021年版,第193页。

[②] 习近平:《高举中国特色社会主义伟大旗帜 为全面建设社会主义现代化国家而团结奋斗——在中国共产党第二十次全国代表大会上的报告》,人民出版社2022年版,第28页。

本的同时,也提升当地群众收入水平,从而实现人与自然和谐共生,彻底摆脱落后贫穷"旧貌"。

（2）绿色发展注重的是解决人与自然和谐共生问题

绿色发展理念作为中国共产党科学把握发展规律的创新理念,明确了新形势下完成第一要务的重点领域和有力抓手,为中国共产党切实担当起新时期执政兴国使命指明了前进方向。绿色发展理念以人与自然和谐为价值取向,以绿色低碳循环为主要原则,以生态文明建设为基本抓手。绿色发展理念的提出,体现了中国共产党对我国经济社会发展阶段性特征的科学把握。走绿色低碳循环发展之路,是突破资源环境瓶颈制约、消除党和人民"心头之患"的必然要求,是调整经济结构、转变发展方式、实现可持续发展的必然选择。习近平同志在常口村进行调研时明确提出,"青山绿水是无价之宝",辩证认识了生态环境与经济发展二者之间关系,为推动解决人与自然和谐共生难题提供了有效方案。常口村绿色发展的生动案例表明,"绿水青山"与"金山银山"绝不是对立的,二者之间可以相互转化、相互促进、相互推动。正如习近平同志反复强调的,"绿水青山和金山银山决不是对立的,关键在人,关键在思路"。①

（3）高质量发展是很好满足日益增长的美好生活需要的发展

基于马克思主义人民立场,人民需要是推动高质量发展的出发点与落脚点。党的十九大作出重大论断,我国社会主要矛盾已经转化为人民日益增长的美好生活需要和不平衡不充分的发展之间的矛盾。因而,推动高质量发展是缓解社会主要矛盾,满足人民美好生活需要的必然要求。尤其是,长期以来多年经济高速增长累积了大量资源消耗、环境污染等一系列深层次矛盾和问题。事实上,粗放型发展方式不但使我国能源、资源不堪重负,造成大范围雾霾、水体污染、土壤重金属超标等突出环境问题。因而,如何满足人民对于绿色优美宜居生态环境的需要,是高质量发展的内在要求。而常口村以及武平县等立足于地区特殊山林充裕的绿色资本优势,通过厚积生态资本,推动绿色发展,在带动当地居民脱贫致富的同时,也满足群众对于优美生态环境等美好生活需要,促进经济社会高质量发展。

---

① 习近平:《论坚持人与自然和谐共生》,中央文献出版社2022年版,第63页。

（二）民营经济发展等推动社会主义基本经济制度创新

1.案例呈现

材料一：习近平任福建省委副书记和福建省省长的六年里，高度重视晋江大力发展民营经济、推动经济体制机制改革探索，曾7次下晋江进行深度调研。在具体调研过程中，习近平下企业、进社区、访农村、走基层，密切关注晋江的改革发展事业特别是民营经济发展态势，在充分肯定晋江发展的成绩和经验时，他发现晋江发展中存在着一些不足：企业虽不少，有影响力的大企业却不多；产量虽不低，产品的技术含量却不高；鞋帽服装饰品企业多，高精尖技术却稀少；工业化发展热气腾腾，城市化发展却相对滞后等。据此，全面系统总结提出了"晋江经验"，并分别于2002年8月20日和10月4日在《人民日报》和《福建日报》发表，向全省乃至全国宣传推广晋江区域经济特别是民营经济发展的宝贵经验。"晋江经验"的核心内容为"六个始终坚持"和"正确处理好五大关系"。其中，"六个始终坚持"主要包括：始终坚持以发展社会生产力为改革和发展的根本方向，始终坚持以市场为导向发展经济，始终坚持在顽强拼搏中取胜，始终坚持以诚信促进市场经济的健康发展，始终坚持立足本地优势和选择符合自身条件的最佳方式加快经济发展，始终坚持加强政府对市场经济发展的引导和服务。"正确处理好五大关系"包括：处理好有形通道和无形通道的关系，处理好发展中小企业和大企业之间的关系，处理好发展高新技术产业和传统产业的关系，处理好工业化和城市化的关系，处理好发展市场经济与建设新型服务型政府之间的关系。

（资料来源：《闽山闽水物华新——习近平福建足迹》（上），福建人民出版社、人民出版社2022年版，第281~294页。）

材料二：2019年3月，习近平总书记在参加十三届全国人大二次会议福建代表团审议时谈道，"我到省里工作以后，多次到晋江做了调研，全省推进'晋江经验'。福建省如果有若干个晋江，福建就不一样了。应该说，'晋江经验'现在仍然有指导意义"。多年来，在"晋江经验"指引下，晋江走出一条以民营经济、实体经济为支撑的县域特色发展道路。数据显示，当前晋江市民营经济比重高达98%，拥有中国鞋都等16个"国字号"区域产业品牌，建成纺织服装、制鞋2个超千亿元产业集群，亿元以上企业超过700多家，境内外上市企业50多家，实现生产总值从277亿元增长至2986亿元，年均增长11.6%，财政总收入从20亿元提高到257亿元,年均增长 14.4%,连续多年位居全国百强县前 10 名,县域经济基本竞争力位居全国前列。

(资料来源:新华社习近平经济思想研究课题组:《迈向现代化强国的发展密码:习近平经济思想的时代特质和实践价值》,新华出版社 2023 年版,第 68～69 页;《沿着总书记的足迹·福建篇:闽山闽水物华新》,《人民日报》2022 年 6 月 7 日第 1 版。)

2.案例指向

本案例指向教材第六章第二节"坚持和完善社会主义基本经济制度",具体诠释如何坚持"两个毫不动摇"以及构建高水平社会主义市场经济体制等内容。

3.案例解析

坚持和完善社会主义基本经济制度是为推动高质量发展提供了制度保障。本案例选取常年稳居百强县前列,并被习近平总书记多次批示并高度凝练概括其发展经验的晋江发展为典型案例,结合"晋江经验"以及晋江发展过程中充分利用市场与政府两种力量等成功案例,以诠释社会主义基本经济制度及其优越性。

(1)坚持"两个毫不动摇"

"两个毫不动摇"是我国社会主义基本经济制度的重要内容,是我国在改革开放实践过程中不断形成和完善的重大理论成果,是我国在进入新发展阶段,构建新发展格局、推动高质量发展、实现中国式现代化必须坚持的基本方略。公有制经济是全体人民的宝贵财富,公有制主体地位不能动摇,国有经济主导作用不能动摇,这是我国各族人民共享发展成果的制度性保证,也是巩固党的执政地位、坚持我国社会主义制度的重要保证。非公有制经济从小到大、由弱变强,是在我们党和国家方针政策指引下实现的,对非公有制经济的关爱、引导、支持是我国长期的政策方向。改革开放以来,我国非公有制经济快速发展,在稳定增长、促进创新、增加就业、改善民生等方面发挥了重要作用,尤其是民营企业快速发展,已经成为全面建设社会主义现代化国家的重要力量,发挥了不可替代的重要作用。社会主义市场经济条件下,公有制经济与非公有制经济具有不同的功能和优势,各自发挥着不可替代的作用,是相辅相成、相得益彰的。任何想把公有制经济否定掉或者想把非公有制经济否定掉的观点,都是不符合最广大人民根本利益的,都是不符合我国社会主义初级阶段实际和经济改革发展实际的,都是错误的。在公有制经济和非公有制经济发展关系上,要适应我国现阶段生产力发展的多层次性和不平衡性,坚持两点论和重点论的统一。习近平同志在总结"晋江经验"中强调,要"处理好发展中小企业和大企业之间的关系",首先体现为处理好国有企业等公有制经济与民营经济等非公有制经济之间关系,推动两种类型经济协调均衡可持续发展,为新时代更好坚持"两个毫不动摇"树立了典范。

（2）构建高水平社会主义市场经济体制

发展社会主义市场经济是我们党的一个伟大创造。把社会主义制度和市场经济有机结合起来,既发挥了市场经济的长处,又发挥了社会主义制度的优越性。党的二十大着眼全面建设社会主义现代化国家目标任务,坚持社会主义市场经济改革方向,作出构建高水平社会主义市场经济体制的战略部署。构建高水平社会主义市场经济体制,关键是要处理好政府和市场的关系。以习近平同志为核心的党中央提出使市场在资源配置中起决定性作用,更好发挥政府作用,这是我们党在理论和实践上的重大推进,是对中国特色社会主义建设规律认识的一个新突破。市场在资源配置中起决定性作用,就是把市场机制能有效调节的经济活动交给市场,推动资源配置实现效益最大化和效率最优化。更好发挥政府作用,就是要在保证市场发挥决定性作用的前提下,管好那些市场管不了或管不好的事情。使市场在资源配置中起决定性作用,更好发挥政府作用,二者是有机统一的,不是相互否定的,不能把二者割裂开来、对立起来。要用好"看不见的手"和"看得见的手"推动有效市场和有为政府更好结合。习近平同志在总结"晋江经验"中强调,要"始终坚持以市场为导向发展经济""处理好发展市场经济与建设新型服务型政府之间的关系"等,充分体现其对市场在资源配置中重要作用的肯定,并对如何处理好社会主义市场经济体制中核心问题,即"市场与政府"之间关系提供了原则性指南,即打造服务型政府与有效市场相结合。

（3）依循社会基本矛盾来推动经济体制机制改革

从本质上说,"晋江经验"体现了通过改革既有经济制度与体制机制,解放和发展社会生产力:一方面从生产关系入手,努力破除与生产力发展不相适应的体制性障碍,另一方面从提高生产力自身的发展水平入手,积极引进现代生产技术、设备和管理方式,运用先进技术改造传统产业,不断提高企业经营者和生产者的素质,极大地解放和发展了社会生产力,较好地代表了先进生产力的要求。尤其是当前我国仍处于社会主义初级阶段背景下,必须始终坚持以经济建设为中心,传承弘扬好"晋江经验",毫不动摇巩固和发展公有制经济,毫不动摇鼓励、支持、引导非公有制经济发展,通过进一步坚持和完善社会主义基本经济制度,不断解放和发展社会生产力,巩固和加强社会主义的经济基础。

(三)全国统一大市场等助推构建新发展格局

1.案例呈现

材料一:党的二十大报告明确提出,"构建全国统一大市场,深化要素市场化改革,建设高标准市场体系"。[①] 全国统一大市场要构建统一的市场基础制度、要素资源市场和商品服务市场。其中,构建统一的市场基础制度将充分激发市场主体活力;构建统一的要素资源市场,在价格和市场需求引导下将实现要素资源自由充分流动和高效配置;构建统一的商品服务市场,通过统一消费质量和标准体系将促进商品服务跨区域畅通。中国统一的市场基础制度建设任务仍然十分艰巨。产权制度方面,知识产权侵权违法成本较低,企业维权成本高。市场准入制度方面,依然有不少隐性和显性的障碍,准入不准营困扰重重。全国统一大市场要高水平对外开放和对内开放并行,要素商品开放与制度型开放共同推进,市场设施联通共享。对内开放进一步推动对外循环,通过对外开放获得资源要素补给内部循环,内外循环系统不断进行能量交换,不断发展壮大。坚持扩大内需这个战略基点不是不要对外开放,而是要实现高水平的对外开放,加快商品和要素流动开放向规则等制度型开放转变。

(资料来源:陈丽芬:《建设全国统一大市场具有全局和战略高度》,https://baijiahao.baidu.com/s? id＝1734844054715100397&wfr＝spider&for＝pc,访问日期:2024年1月31日。)

材料二:建设自贸试验区是以习近平同志为核心的党中央在新时代推进改革开放的重要战略举措。习近平总书记高度重视自贸试验区建设,亲自谋划、亲自部署、亲自推动,作出一系列重要指示批示,指出"各自贸试验区贯彻落实党中央决策部署,解放思想、守正创新,推出了一大批基础性、开创性改革开放举措,形成了许多标志性、引领性制度创新成果,有效发挥了改革开放综合试验平台作用"[②]。2013年9月,中国第一个自

---

① 习近平:《高举中国特色社会主义伟大旗帜 为全面建设社会主义现代化国家而团结奋斗——在中国共产党第二十次全国代表大会上的报告》,人民出版社2022年版,第29页。

② 《勇做开拓进取攻坚克难先锋 努力建设更高水平自贸试验区》,《人民日报》2023年9月27日第1版。

贸试验区在上海挂牌运行。至今,全国先后分7批陆续设立22个自贸试验区。自贸试验区的总面积从不到30平方公里发展到3.8万平方公里左右,涉及51个城市和海南岛全岛。今年上半年,我国自贸试验区以不到千分之四的国土面积,实现了占全国18.4%的外商投资和18.6%的进出口总额,带动全国形成了覆盖东西南北中、统筹沿海内陆沿边的改革开放创新格局,为充分利用两个市场两种资源提供了重要场地,同时加快构建"双循环"新发展格局。

（资料来源:商务部国际贸易经济合作研究院:《中国自由贸易试验区发展报告(2023)》,http://data.mofcom.gov.cn/report/%E4%B8%AD%E5%9B%BD%E8%87%AA%E7%94%B1%E8%B4%B8%E6%98%93%E8%AF%95%E9%AA%8C%E5%8C%BA%E5%8F%91%E5%B1%95%E6%8A%A5%E5%91%8A%EF%BC%882023%EF%BC%89.pdf,访问日期:2024年2月12日。)

2.案例指向

本案例指向教材第六章第三节"加快建新发展格局",主要诠释推动构建以国内大循环为主体、国内国际双循环相互促进的新发展格局的战略举措。

3.案例解析

构建以国内大循环为主体、国内国际双循环相互促进的新发展格局,是根据我国发展阶段、发展环境、条件变化,特别是基于我国比较优势变化,审时度势作出的重大决策。而如何畅通国内大循环以及实现国内国际双循环相互促进依然是其理解难点与困惑点。为此,选取构建全国统一大市场这一实现国内大循环的关键举措作为典型案例,诠释畅通国内大循环的重要性及其丰富内涵。并进一步选取近年来国家自由贸易区建设这一链接国内与国际市场、畅通国内国际双向通道的战略举措,来阐释说明促进国内国际双循环,从而论证我国推动构建新发展格局不是封闭内循环,而是强调国内国际双循环。

（1）以全国统一大市场畅通国内大循环

《中共中央 国务院关于加快建设全国统一大市场的意见》强调"建设全国统一大市场是构建新发展格局的基础支撑和内在要求"。[①] 党的二十大报告进一步提出,"构建全国统一大市场,深化要素市场化改革,建设

---

① 《中共中央国务院关于加快建设全国统一大市场的意见》,《人民日报》2022年4月11日第1版。

高标准市场体系"。① 从全局和战略高度加快建设全国统一大市场,充分
发挥我国超大规模市场优势,对构建以国内大循环为主体、国内国际双循
环相互促进的新发展格局至关重要。全国统一大市场中的"全国"一词指
明了覆盖范围,即在全国范围内不分区域、不分行业,共同构建高效规范、
公平竞争的统一大市场。只有这样,才能推动资本、资源、商品、服务、数
据等各种资源要素在全国范围内合理流动和高效集聚,真正形成全国统
一大市场,提高市场一体化程度,从而畅通国内大循环,全面推进城乡、区
域协调发展。各地区应找准自己在新发展格局中的定位和比较优势,把
构建新发展格局同实施区域重大战略、区域协调发展战略、主体功能区战
略、建设自由贸易试验区等有机衔接,进一步破除地方保护主义和市场分
割壁垒,推动有效市场和有为政府更好结合,充分发挥市场在资源配置中
的决定性作用,更好发挥政府作用,共同构建和完善全国统一大市场,在
积极参与国内国际双循环中彰显各地区各行业各企业的竞争优势。

(2)加快构建"双循环"新发展格局

构建以国内大循环为主体、国内国际双循环相互促进的新发展格局,
是根据我国发展阶段、发展环境、条件变化,特别是基于我国比较优势变
化、审时度势作出的重大决策。以国内大循环为主体,是针对全国而言
的,切忌不能各自为政、画地为牢。各地区要找准自己在国内大循环与国
内国际双循环中的位置和比较优势,把构建新发展格局同实施区域重大
战略等有机衔接起来,打造改革开放新高地。同时,构建新发展格局不是
封闭国内大循环,而是通过参与国际市场竞争,使国内市场和国际市场更
好联通。国家自贸试验区紧密联系国内国际两个市场两种资源,已经成
为国内国际双循环相互促进的重要支点。建设更高水平的自由贸易试验
区,可以更好发挥开放高地优势,推动商品、技术、资金、数据等要素跨境
自由便捷流动,促进国内国际市场相通、产业相融、创新相促、规则相联,
增强国内大循环内生动力和可靠性,提升国际循环质量和水平。如重庆
自贸试验区推动开放,探索出一系列创新制度,如"快速通关""即报即放"
"全年无休日""货到海关 24 小时内办结"等便利化服务,为扩大开放创造
良好条件。另外,我国各自贸试验区坚持在开放环境下搞自主创新,积极

---

① 习近平:《高举中国特色社会主义伟大旗帜 为全面建设社会主义现代化国家而团结
　　奋斗——在中国共产党第二十次全国代表大会上的报告》,人民出版社 2022 年版,
　　第 29 页。

打造国际化、开放型创新体系,形成"开放与创新融合互动、外向型与创新型经济相得益彰"的发展格局。党的二十大明确指出:"加快推进自由贸易试验区、海南自由贸易港建设,共建'一带一路'成为深受欢迎的国际公共产品和国际合作平台。"①尤其是当前开启全面建设社会主义现代化国家的新发展阶段,立足于百年未有之大变局与中华民族伟大复兴战略全局等"两个大局",加快国家自贸试验区建设在更好服务新发展格局战略中发挥更加积极、主动的作用。

(四)数字经济引领现代化产业体系建设

1.案例呈现

材料一:2000年10月12日,时任福建省省长的习近平作出长篇批示:建设"数字福建"意义重大,省政府应全力支持;建设"数字福建",就是当今世界最重要的科技制高点之一;同时提出,省政府成立"数字福建"建设领导小组,"由我担任领导小组组长"。2000年12月23日,习近平主持召开省政府专题会议,研究"数字福建"建设工作方案,并进一步明晰"数字福建"的概念、内涵,以及远期和近期建设目标。2002年习近平同志指出,"数字福建"的建设将孵化和推动一系列高新技术产业,形成新的经济增长点,促进传统产业的发展和变革,促进劳动生产率的革命性提高,扩大产业的智能成分和生产规模,推动社会经济的发展。建设"数字福建",攻占信息化的战略制高点,有助于统揽我省信息化全局,发挥后发优势,实现社会生产力的跨越式发展。"数字福建"的超前战略布局,让地处东南一隅的福建,开启了一场影响深远并持续至今的数字化转型变革。在2023年,福建数字经济增加值达到2.9万亿元,占全省地区生产总值比重超50%。数字经济已然成为福建省经济快速发展的全新动力引擎,为福建产业数字化、数字产业化建设提供稳固的"数字能量"。

(资料来源:《闽山闽水物华新——习近平福建足迹》(上),福建人民出版社、人民出版社2022年版,第216~231页;《潮起东南"数"创未来——写在第六届数字中国建设峰会开幕之际》,《福建日报》2023年4月27日第1版。)

材料二:数字中国建设峰会于2018年落户福州,已连续成功举办六届。自举办以来,数字峰会全面贯彻落实习近平总书记关于网络强国的

---

① 习近平:《高举中国特色社会主义伟大旗帜 为全面建设社会主义现代化国家而团结奋斗——在中国共产党第二十次全国代表大会上的报告》,人民出版社2022年版,第9页。

重要思想,广泛凝聚起社会各界关于加快建设网络强国、数字中国、数字社会的共识,进一步激发社会各界参与数字中国建设的积极性、主动性和创造性。数字中国建设峰会已经成为我国信息化发展政策发布平台、数字中国建设最新成果展示平台、电子政务和数字经济理论经验和实践交流平台、汇聚全球力量助推数字中国建设的合作平台。第六届数字中国建设峰会于2023年4月在福建省福州市举办,以"加快数字中国建设,推进中国式现代化"为主题,充分展示数字中国建设最新成果,全力打造一场开放共享、创新互动、安全高效的数字盛会。2020年10月,习近平总书记为第三届数字中国建设峰会开幕致贺信,强调要立足推动高质量发展、形成新发展格局,更好发挥信息化在推动经济社会发展、推进国家治理体系和治理能力现代化、满足人民日益增长的美好生活需要等方面的重要作用。

（资料来源:《潮起东南"数"创未来——写在第六届数字中国建设峰会开幕之际》,《福建日报》2023年4月27日第1版;《数字中国建设峰会官方网站—往届回顾》,https://www.szzg.gov.cn/2024/wjhg/,访问日期:2024年4月20日。）

2.案例指向

本案例指向教材第六章第四节"建设现代化经济体系",具体诠释现代化产业体系及其推动路径。

3.案例解析

现代化产业体系是国家经济现代化的重要标志。加快建设以实体经济为支撑的现代化产业体系,关系我们在未来发展和国际竞争中赢得战略主动。实现高质量发展,必然伴随着我国产业体系的不断发展壮大。构建现代化产业体系首先要关注如何将新技术应用于传统产业改造升级,以及形成新产业新业态新模式。为此,选取"数字福建"以及数字中国峰会等典型案例,说明作为新一轮科技革命与产业变革标志的数字技术如何推动地方乃至我国经济社会发展。

（1）建设现代化产业体系

党的二十大首次提出建设"现代化产业体系",要"加快发展数字经济,促进数字经济和实体经济深度融合,打造具有国际竞争力的数字产业集群"。[①] 加快建设现代化产业体系,是我国全面建设社会主义现代化国

---

① 习近平:《高举中国特色社会主义伟大旗帜 为全面建设社会主义现代化国家而团结奋斗——在中国共产党第二十次全国代表大会上的报告》,人民出版社2022年版,第30页。

家的题中应有之义。党的二十大报告明确提出高质量发展是全面建设社会主义现代化国家的首要任务，完成好这一首要任务必须建设好现代化产业体系。同时，加快建设现代化产业体系，是实现产业链和科技链安全自主可控的必然要求。经过新中国成立以来 70 余年的发展，我国已建立了门类齐全的产业体系，这为建设现代化产业体系提供了基础性支撑。推动现代化产业体系建设，必须深入推进发展方式、发展动力、发展领域、发展质量变革。以数字技术为主要特征的新一轮产业变革为现代化产业体系建设提供了方向与机遇。作为此次产业变革的主要特征，数字技术及其在社会生产与社会生活中广泛应用，深刻重塑了产业链价值链供应链，催生了一系列新产业新业态新模式，为建设现代化产业体系提供了新动力。自"数字福建"前瞻性发展战略提出之后，在"数字福建"建设的浪潮中，一大批福建数字经济企业在专业细分领域居全国之首乃至全球领先水平，展现出磅礴的创新力量，电子政务全面推进，数字经济加速崛起，智慧生活润物无声，丰硕成果举世瞩目。同时，福建数字经济与传统产业深度融合发展，数字赋能产生"1＋1＞2"的效应，为加速传统产业转型、提升福建产业链供应链现代化水平提供了强劲动能。福建锚定"数字福建"发展新目标，着力发展融合融通的数字经济、打造协同高效的数字政府、构建普惠便捷的数字社会、建设集约智能的数字基础设施、构建赋智赋能的数据体系，通过现代化经济体系建设全面赋能经济社会高质量发展。

（2）加快发展数字经济

数字化是新一轮科技革命与产业变革的重要趋势，也是新的时代特征。同时，数字经济正在成为新一轮国际竞争的重点领域。党的二十大报告明确建设"数字中国"的发展目标。中共中央、国务院印发了《数字中国建设整体布局规划》，从党和国家事业发展全局和战略高度，提出了新时代数字中国建设的整体战略，指出"到 2035 年，数字化发展水平进入世界前列，数字中国建设取得重大成就。数字中国建设体系化布局更加科学完备，经济、政治、文化、社会、生态文明建设各领域数字化发展更加协调充分，有力支撑全面建设社会主义现代化国家"。[①] 要推进数字产业化和产业数字化，促进数字经济和实体经济深度融合，赋能传统产业转型升级，催生新产业新业态新模式，支持数字企业发展壮大，促进平台经济规

---

① 《中共中央 国务院印发〈数字中国建设整体布局规划〉》，《人民日报》2023 年 2 月 28 日第 1 版。

范健康持续发展,打造具有国际竞争力的数字产业集群。"数字中国"的提出,前瞻性把握了新一轮产业革命前沿发展方向,引领福建充分利用产业革命新机遇,以新技术改造、重塑、再造产业链价值链,不断形成新产业新业态新模式新动能,通过补链强链,构建现代化产业体系,加快推动经济社会高质量发展。作为中国信息化发展政策发布平台、数字中国建设最新成果展示平台、电子政务和数字经济理论经验和实践交流平台、汇聚全球力量助推数字中国建设的合作平台等,数字中国建设峰会及其举办为推动数字技术同社会生产与生活等诸多领域深度融合、实现经济社会发展数字化全面转型提供了重要力量。

四、延伸阅读

1.习近平:《论把握新发展阶段、贯彻新发展理念、构建新发展格局》,中央文献出版社 2021 年版。

2.《习近平关于社会主义经济建设论述摘编》,中央文献出版社 2017 年版。

3.《习近平经济思想学习纲要》,人民出版社 2022 年版。

4.《闽山闽水物华新——习近平福建足迹》,福建人民出版社、人民出版社 2022 年版。

5.新华社习近平经济思想研究课题组:《迈向现代化强国的发展密码:习近平经济思想的时代特质和实践价值》,新华出版社 2023 年版。

五、拓展研学

1.如何理解以新发展理念引领高质量发展?

2.如何理解我国社会主义基本经济制度的新概括及重大意义?

3.结合福建新时代自贸区、推动"一带一路"倡议等实践活动,调研福建如何更好融入和服务新发展格局构建。

第七章 社会主义现代化建设的 教育、科技、人才战略

一、教学主要目标

本章以教育、科技、人才战略为主线，为学生介绍贯穿社会主义现代化建设的基础性、战略性支撑。教育是国之大计、党之大计，科技自立自强事关民族复兴、国家安全，人才是实现这些目标的战略支撑。本章将实现如下教学目标：(1)在知识层面，让学生更好理解教育、科技、人才战略的定位及内在联系。(2)在能力层面，让学生从国内国际"两个大局"把握这一部署的重大现实意义，从中国式现代化的全局高度理解这一部署的战略价值。(3)在价值层面，鼓励学生树立远大人生目标，培养自身能力，积极投身到建设中国式现代化的伟大进程当中去。

二、教学重难点

本章教学重点：让学生理解教育、科技、人才战略的定位及其之间的内在联系。在此基础上，帮助学生分别精准把握三大战略的内涵。其中，要以建设教育强国夯实国家富强之基，使教育与党和国家事业发展要求相适应。只有实现科技自立自强，才能从根本上保障国家经济安全、国防安全和其他安全，才能真正掌握竞争和发展的主动权，确保我国的现代化进程不会被迟滞甚至打断。要加快建设世界重要人才中心和创新高地，把握战略主动，做好顶层设计、战略谋划和战略布局，走好自主培养之路，抓好国家战略人才力量。

本章教学难点：第一，学习理解并掌握习近平总书记关于教育、科技、人才重要论述的深刻内涵。第二，要从守正创新的历史维度、"两个大局"的全球视野、中国式现代化全局的战略维度，深刻理解坚持教育、科技、人才一体部署的重大意义。第三，认识到新时代大学生在强国建设中发挥的重要作用，引导其将所学理论知识转化成为助力民族复兴的具体行动。

三、教学案例

（一）推进教育、科技、人才"三位一体"协同融合发展

1.案例呈现

材料一：教育、科技、人才是全面建设社会主义现代化国家的基础性、战略性支撑。必须坚持科技是第一生产力、人才是第一资源、创新是第一动力，深入实施科教兴国战略、人才强国战略、创新驱动发展战略，开辟发展新领域新赛道，不断塑造发展新动能新优势。

（资料来源：习近平：《高举中国特色社会主义伟大旗帜 为全面建设社会主义现代化国家而团结奋斗——在中国共产党第二十次全国代表大会上的报告》，人民出版社2022年版，第33页。）

材料二：教育、科技、人才在振兴经济过程中共同发挥着支撑作用，只有深入推进产学研合作，才能更加有效率地将科技成果变成社会财富。

同方股份（原清华同方）是一家老牌信息技术企业，在计算机系统结构、安全检测、危爆物品扫描探测、智能微系统、建筑节能与环保、智慧城市等多个技术领域建立了国家级工程研究中心、联合实验室等联合研发机构，为开展关键核心技术攻关、支撑国家重大工程建设提供了必要的技术创新源泉。长期以来，同方股份充分利用好顶尖高校的优质教育资源，与清华大学的众多院系合作，许许多多高科技人才在其中发挥了重要作用。多年的产学研合作，也让同方股份在实践中建立起创新链、产业链、资本链"三链融合"的市场化运作模式，以及从科学研究成果化、技术成果实用化到实用成果产品化，再到创新产品商业化和科技企业资本化"五化推进"的协同产业生态。

（资料来源：《同方股份：产学研合作 将科技成果变成社会财富》，https://m.thepaper.cn/baijiahao_15155386，访问日期：2024年1月31日。）

材料三：2022年11月，首届云谷科学家未来峰会在西湖大学城举行。此时，杭州正积极打造科技成果转移转化首选地，西湖大学城不仅仅依托西湖大学、中国科学院大学、浙江大学等顶尖高校资源开展科研工作，更是积极推动产学研的转化和落地。搞科研，资金投入高、产出周期长，甚至需要面临短期税收"吃紧"的风险。为了让科学家们可以在这里潜心科研，西湖大学城还提供了"全生命周期"的配套服务，不仅引入投资

资本、法律服务、会计师事务所等，实现精准服务对接，更是在空间布局上，把目光放得更远。硬件"升级"，服务"加码"。近年来，西湖区相继出台了高质量发展35条、"西湖英才引智工程"等扶持政策，设立科创直投基金等全周期政府基金，助推人才成长、企业发展。

（资料来源：《西湖区打造"科学家之城"》，https://www.hangzhou.gov.cn/art/2022/11/18/art_812264_59068796.html，访问日期：2024年1月18日。）

2.案例指向

本案例指向教材第七章第一节，重点阐释教育发展、科技创新、人才培育三者之间的内在联系，以及三者一体推进对于经济振兴的重大意义。

3.案例解析

习近平总书记强调："教育发达—科技进步—经济振兴是一个相辅相成、循序递进的统一过程。"[1]本案例通过传达党的二十大精神，以及列举同方股份和西湖大学城这两个事例，阐释了教育、科技、人才作为全面建设社会主义现代化国家的基础性、战略性支撑的定位。党的二十大报告首次提出将教育、科技、人才战略进行整体擘画、一体推进，将其统一在以中国式现代化全面推进中华民族伟大复兴这一中心任务之下。本案例后两个材料是"产学研融合"的例证，是将科学技术、人才引领、创新驱动结合的集中体现，可以较好反映出科学技术是第一生产力、创新是第一动力、人才是第一资源这三个"第一"定位。建设教育强国、科技强国、人才强国这三大目标，体现出党对三项工作的准确研判和科学调整，遵循了守正创新这一开辟马克思主义中国化时代化新境界的内在逻辑与根本遵循。[2]

（1）建设教育强国、科技强国、人才强国具有内在一致性和相互支撑性

关于教育、科技、人才三者之间逻辑关系，教育是出发点与目标。高校是教育、科技、人才的集中交汇点，承担着为党育人、为国育才的重任，在教育强国、科技强国和人才强国战略中发挥着生力军作用。教育、科技、人才三者之间的逻辑体现出教育内外部的关系规律，人才来源于教育又支撑着教育，而科技与教育二者之间则存在协同联动关系。[3] 牢固树立人才资源是第一资源的理念，人才应该被摆放在中心地位，人才是从教

---

① 习近平：《摆脱贫困》，福建人民出版社1992年版，第129页。
② 刘颖：《中国式现代化进程中教育、科技、人才"三位一体"的守正创新》，《中国矿业大学学报（社会科学版）》2024年第2期。
③ 李善民：《加快建设教育强国、科技强国、人才强国》，《人民论坛》2022年第23期。

育转化到科技的关键纽带，也是利用教育、科技推动社会经济发展的主题。[①] 还应该进一步认识到，教育、科技、人才三者之间存在着循环递进的辩证关系。教育促进人才培养，人才促进科技创新，科技再聚集人才，进而形成高水平教育资源，三者之间是相互转化的递进关系。[②] 高质量的教育体系可以培养出高素质人才，而高素质人才与高水平科技又有利于提升教育质量。[③]

（2）坚持教育优先发展、科技自立自强、人才引领驱动这一总体部署

坚持教育优先发展的原因在于，它是整体、全面、协调推进"三位一体"落实的前提与根本。教育赋能科技迭代的基础功能体现在普及知识与传授技能，它以科技伦理、科技运用能力、科技敏感度等具体要素"启智润心"，涵养科技素质。教育能积累创新成果、优化科学技术、革新生产工具，宣传弘扬科技精神以提高运用科技服务国家战略发展的能力。优质教育有助于营造重视科技创新与人才的氛围，为培养科技人才提供强大保障。

坚持科技自立自强决定了我国生存和发展的基础能力，而只有坚持人才引领驱动才能为科技自立自强输出不竭动力。高校作为教育、科技、人才的集中交汇点，应积极探索推进教育、科技、人才"三位一体"协同融合发展。正如上面材料二所述，清华大学在培养高科技人才，为产业现代化输出智力支撑作出了良好表率。同方股份作为"产学研"深度融合的重要代表，成为教育、科技、人才在推进经济振兴过程中的一个战略交汇点。同方股份为检验教育成果、冲刺前沿科技、锤炼高水平人才提供了广阔的舞台，助力在创新实践中发现人才、在创新活动中培育人才、在创新事业中凝聚人才，为开辟发展新领域新赛道、塑造发展新动能新优势、推动高质量发展作出了重要贡献。

（3）创新驱动发展战略，就是要坚持创新是第一动力，把创新驱动落实到现代化建设整个进程和各个方面

加快形成新质生产力，本质上就是要发展以创新为主导的先进生产

[①]　裴哲：《中国式现代化进程中教育、科技、人才的集成功能探析》，《思想理论教育》2023 年第 2 期。

[②]　陈宇学、陆九天：《强化现代化建设的教育、科技、人才支撑》，《科学社会主义》2022 年第 6 期。

[③]　谢明勇：《"教育、科技、人才"三位一体推进高水平国家级科研平台建设》，《国家教育行政学院学报》2022 年第 11 期。

力质态。为新质生产力的形成进行前瞻性战略布局,基础性工作则是要从根本上改革教育培养模式,材料三中的西湖大学城为这一重大战略部署提供了重要的探索性实践,这一实践的重要特征是增强教育、科技、人才条块管理的互动性。

西湖大学城的发展模式为"高等院校＋产业园",着力打造科学家之城,把目光聚焦在高端科技人才上。并且以市场需求为引导,聚焦于自身拥有优势的几个重点领域,瞄准了生命健康、智能制造和数字经济三大块,以"学"促"研",以"研"优"产",以"产"助"学"。西湖大学城的案例也启示未来我国需要立足于系统观念,提高教育、科技、人才"三位一体"统筹推进的契合度,打造越来越多"西湖大学城式"的世界重要人才中心和创新高地,为统筹推进教育、科技、人才"三位一体"创造有利条件,从而产生全局性的战略价值,更好汇聚创新合力。

(二)致力最优、适应社会,办好人民满意的教育

1.案例呈现

材料一:2021年3月25日,习近平总书记在师生们的热切期盼下来到闽江学院考察调研。习近平同志在福州工作期间曾经兼任闽江职业大学校长,当时他提出"不求最大,但求最优,但求适应社会需要"①的16字办学理念,这一理念为该校的科学发展奠定了坚实的基础。总书记在此次考察时强调,要把立德树人作为根本任务,坚持应用技术型办学方向,适应社会需要设置专业、打好基础,培养德智体美劳全面发展的社会主义建设者和接班人。

闽江学院为国内高校从普通教育向普通和职业教育并重、就业与升学并重转变树立了良好榜样,该学院倡导"立足福州、面向市场、注重质量、突出应用"的办学宗旨,以社会的真实需要作为人才培养的方向,重视产教深度融合,做到职业学校教育和职业培训并重、职业教育与普通教育相互融通。

重视人才培养质量、突出教育成效,才能达到立德树人的根本任务,奠定民族振兴、社会进步的基石。立足应用型人才培养,闽江学院的思政课别有新意,针对不同学院、不同专业精准施教,将专业特点融入思政课教学。比如,在美术学院,学生以专业作品汇报思政课的学习成果;在人

---

① 《习近平书信选集》第1卷,口央文献出版社2022年版,第206页。

文学院，让学生感受中华优秀传统文化的魅力。

（资料来源：叶世满：《培养德才兼备的应用型人才　不断提升应用型大学办学质量（治理之道）》，《人民日报》2023年12月12日第9版；《〈学习进行时〉"习校长"的故事》，https://m.gmw.cn/baijia/2021-03-25/34717074.html，访问日期：2024年3月25日；吴丹、王鉴欣：《闽江学院——培养应用型人才　服务地方建设》，《人民日报》2023年1月31日第1版。）

材料二：推进教育现代化有十项重点任务，其中第三项涉及职业教育，具体要求如下："深化职业教育产教融合。构建产业人才培养培训新体系，完善学历教育与培训并重的现代职业教育体系，推动教育教学改革与产业转型升级衔接配套。健全产教融合的办学体制机制，坚持面向市场、服务发展、促进就业的办学方向，优化专业结构设置，大力推进产教融合、校企合作，开展国家产教融合建设试点。建立健全职业教育制度标准，完善学校设置、专业教学、教师队伍、学生实习、经费投入、信息化建设等系列制度和标准，制定并落实职业院校生均拨款制度。建立国务院职业教育工作联席会议制度。"

（资料来源：《中共中央办公厅、国务院办公厅印发〈加快推进教育现代化实施方案（2018—2022年）〉》，https://www.gov.cn/xinwen/2019-02/23/content_5367988.htm，访问日期：2024年2月13日。）

材料三：推动现代职业教育高质量发展的主要目标："到2025年，职业教育类型特色更加鲜明，现代职业教育体系基本建成，技能型社会建设全面推进。办学格局更加优化，办学条件大幅改善，职业本科教育招生规模不低于高等职业教育招生规模的10%，职业教育吸引力和培养质量显著提高。到2035年，职业教育整体水平进入世界前列，技能型社会基本建成。技术技能人才社会地位大幅提升，职业教育供给与经济社会发展需求高度匹配，在全面建设社会主义现代化国家中的作用显著增强。"

（资料来源：《中共中央办公厅、国务院办公厅印发〈关于推动现代职业教育高质量发展的意见〉》，https://www.gov.cn/zhengce/2021-10/12/content_5642120.htm，访问日期：2024年10月12日。）

2.案例指向

本案例指向教材第七章第二节"加快建设教育强国"，以说明怎样办教育才能让人民真正满意。

3.案例解析

本案例选取了职业教育的典型代表闽江学院，以及党和政府关于大力促进职业教育发展的一些政策性文件。问题是时代的声音，问题导向是中国教育改革的基本出发点,回答并解决"如何建设教育强国"这一问题是教育改革的根本任务。职业教育作为我国教育体系当中一个重要环节,对于优化人才供给结构、缓解就业压力、提高社会生产力具有重要意义,是建设教育强国进程中不容忽视的一分子。"人民性与系统性相结合"的教育改革方法论的创新视角,也是办好职业教育、建设教育强国的方法遵循。

(1)落实立德树人根本任务,必须着力解决好培养什么人、怎样培养人、为谁培养人的问题,这是教育的根本问题,也是建设教育强国的核心课题

习近平总书记在党的二十大报告中深刻指出,"培养造就大批德才兼备的高素质人才,是国家和民族长远发展大计"①。落实立德树人根本任务,要清楚认识到,我们建设教育强国的目的,就是培养一代又一代德智体美劳全面发展的社会主义建设者和接班人,培养一代又一代在社会主义现代化建设中可堪大用、能担重任的栋梁之材,确保党的事业和社会主义现代化强国建设后继有人。②

总书记的殷切要求在本案例材料一中的闽江学院的办学经验中得到了精准回答。闽江学院的办学经验直接指向立德树人这一根本任务,以智启人、以体育人、以美化人、以劳塑人,培养德智体美劳全面发展的社会主义建设者和接班人。学院充分利用各学院、各专业特点,巧妙将立德树人融入思想道德教育、文化知识教育和社会实践教育各环节,形成全员全程全方位的"三全育人"强大合力。在未来,立德树人这一根本要求要在我国大中专院校推进人才培养工作中得到进一步深化。

(2)提升教育服务经济社会发展能力

服务高质量发展是建设教育强国的重要任务,要结合我国经济发展需要动态调整优化教育学科专业设置,统筹职业教育、高等教育、继续教育。要认识到让人民满意的教育不能只局限于综合型大型的通识教育、理论研究,也包含对于专业技术人员、急需紧缺人才的教育。当前社会发展日新月异,新的需求层出不穷,通识教育已经不足以应对社会上出现的

---

① 习近平:《高举中国特色社会主义伟大旗帜 为全面建设社会主义现代化国家而团结奋斗——在中国共产党第二十次全国代表大会上的报告》,人民出版社 2022 年版,第 36 页。

② 《加快建设教育强国 为中华民族伟大复兴提供有力支撑》,《人民日报》2023 年 5 月 30 日第 1 版。

各种新需要,紧跟社会形势、满足需要的新教育形式是对传统教育模式的一种重要补充。

　　材料一中闽江学院的办学经验则为我国推进教育改革方针、建设教育强国提供了一个良好示范。闽江学院办学方向坚持应用技术型导向,着力点是按照社会的需要设置专业、培养人才,最终目的是培养德智体美劳全面发展的社会主义建设者和接班人。该学院办学经验为我国建设教育强国提供了三点启示:第一,教育要致力于让人民满意,有坚定的航向,不求最大,但求最优。积极探索应用型大学办学规律、教书育人规律和学生成长规律,实现教育观念、内容、方法等的现代化。第二,要做到产教融合,主动适应社会需要。贯彻落实习近平总书记提出的"坚持应用技术型办学方向"的重要要求,坚持走应用技术型办学之路,坚持面向市场、应用为要,突出人才培养的实践性、科学研究的应用性、服务发展的适应性。主动适应区域经济社会发展、知识创新、科技进步、产业升级需要,推动学科专业结构优化,把优势学科专业做强,把国家和区域急需学科专业做精,把新兴交叉融合学科专业做实,实现学科专业与产业链创新链人才链的相互匹配、相互促进。第三,践行多口径培养路线,做到普通教育与职业教育并重。应用型大学具有注重实践教学、学术成果转化率高、与地方经济社会发展联系紧密等特点,是我国高等教育体系的有机组成部分。

　　(3)坚持深化教育改革创新

　　我国高等教育体系层次分明,综合型大学致力于培养出一批具有基础研究能力的人才,而专业型大学则聚焦于应用型人才的培养。教育体制改革的方向是促进教育治理体系现代化,增进教育治理体系的整体性、协调性、动态性。整体性意味着要求各个层级和领域之间形成有机的整体,相互协调、相互关联。协调性指的是政府、学校、家庭、社会等各个主体要共同践行教育改革措施,形成协同效应。动态性意味着教育体系需要具备灵活性和适应性,能够及时调整策略和措施,以适应不断变化的教育环境和需求。

　　从教育大国到教育强国是一个系统性跃升和质变,材料二和材料三则是我国在推进教育改革创新过程中进行的战略性超前布局。现代化教育体系要求依照社会需要优化专业结构,大力促进产学研融合、校企互动,其目的是构建具有多元主体参与、符合中国实际、拥有世界水平的教育体系。以有力措施促进教育体制改革创新,从而促使教育治理体系和治理能力取得实质性提高,办好人民满意的教育。

（三）新时代的中国北斗——突破核心技术封锁

1.案例呈现

从 1994 年北斗一号工程立项开始到 2020 年北斗三号全球卫星导航系统建成开通，经过一代又一代航天人的披荆斩棘、不懈奋斗，我国建成了独立自主、开放兼容的全球卫星导航系统。北斗卫星导航系统是中国着眼于国家安全和经济社会发展需要，自主建设、独立运行的卫星导航系统。作为我国重大航天工程之一，北斗的建设和发展具有非凡的意义。北斗系统已成为面向全球用户提供全天候、全天时、高精度定位、导航与授时服务的重要新型基础设施，是经济社会发展的重要信息保障。

新时代北斗精神是在建成我国迄今为止规模最大、覆盖范围最广、服务性能最高、与人民生活关联最紧密的巨型复杂航天系统的过程中不断形成的。新时代北斗精神体现了中国在卫星导航技术上进行自主创新的能力，体现了中国在高端科技领域的硬实力，坚定了国家在自主方面的决心和信心。

20 世纪 90 年代，美国全面建成 GPS 全球定位系统，为世界各国提供全球定位授时服务。在此过程中，世界各国对美国关键技术的依赖程度不断加深，我国国家安全也由此面临极大威胁。着眼于国家安全和发展，为了突破美国在卫星导航技术领域关键核心技术的封锁，中共中央、国务院、中央军委作出了建设我国独立自主的卫星导航系统的重大决策。

中国北斗人用了 26 年时间，独立自主地走过了国外卫星导航系统40 年的发展道路，创造了世界卫星导航工程史上的奇迹，其中的艰辛困苦难以想象。一方面，面对西方国家的重重技术封锁，全体北斗人以国家为要，更加坚定自主创新、自立自强的信心决心；另一方面，面对科研经费、技术基础和人才队伍都十分匮乏的局面，全体北斗人万众一心，充分发扬艰苦创业精神和新型举国体制优势，不断迸发出强大的精神力量。2012 年 12 月 28 日，中共中央、国务院、中央军委在贺电中首次提出"北斗精神"，并将之概括为"自主创新、团结协作、攻坚克难、追求卓越"。2020 年 7 月 31 日，中共中央、国务院、中央军委在贺电中提出"新时代北斗精神"，并将之表述为"自主创新、开放融合、万众一心、追求卓越"。

（资料来源：《新时代的中国北斗》，https://www.gov.cn/zhengce/2022-11/04/content_5724523.htm；刘宏达、万微：《新时代北斗精神：服务全球造福人类的不竭动力》，https://www.xuexi.cn/lgpage/detail/index.html? id ＝ 17492639648870273348&item_id＝174926396488702733348，访问日期：2024 年 1 月 14 日。）

2.案例指向

本案例指向教材第七章第三节"加快建设科技强国"。"北斗精神"集中体现了努力把我国建设成为科技强国的坚定决心,昭示"打赢关键核心技术攻坚战"的重大意义。

3.案例解析

本案例介绍了中国北斗卫星导航系统开发的艰辛历程和重大意义,以此来映射"科技是国家强盛之基,创新是民族进步之魂"这一重要论断。2023年9月6—8日,习近平总书记在黑龙江考察调研时强调,要以科技创新引领产业全面振兴。理论与实践都说明了科技创新是提高社会生产力和综合国力的战略支撑,必须摆在国家发展全局的核心位置。要持续发挥科技创新的增量器作用,整合科技创新资源,加快形成新质生产力。本案例还反映出要强化国家战略科技力量,有组织推进战略导向的体系化基础研究、前沿导向的探索性基础研究、市场导向的应用性基础研究。①

(1)科技兴则民族兴,科技强则国家强

中国要强盛、民族要复兴,就一定要大力发展科学技术。当前,我国开始步入高质量发展阶段,经济从传统粗放型增长向高质量发展转变,传统要素驱动力逐步减弱。在这样的背景下,只有勇于在科技无人区探索,才能不断推动产业迈向中高端,才能加快形成新质生产力,从而在全球竞争中取得越来越大的优势。实现科技自立自强的关键点在于大力加强基础研究,进一步提高从重大应用研究中抽象出理论问题的能力,特别是凝练出基础研究当中的关键科学问题。

作为重要的应用型基础研究,本案例中北斗卫星导航系统的成功研发为我国卫星导航事业建立了不朽的功勋。这一独立自主、开放兼容的全球卫星导航系统的建成,打破了20世纪90年代以来美国对于全球定位系统的一家垄断,为我国的发展安全提供了坚实保障,给人们的安全感注入了强心剂。新时代北斗精神是我国在全面建设社会主义现代化国家道路上奋发前进、自立自强的一个缩影。

(2)要打赢关键核心技术攻坚战,把最关键最核心的技术牢牢掌握在自己手中,才能从根本上保障国家经济安全、国防安全和其他安全

新时代的中国北斗精神体现了中国人民维护国家安全的坚定意志,展现了中国实现高水平科技自立自强的志气和骨气,表明了中国特色社

---

① 习近平:《加强基础研究 实现高水平科技自立自强》,《求是》2023年第15期。

会主义集中力量办大事的制度优势,是实现以安全促发展的根本保障。

北斗卫星导航系统的研发是一个复杂而艰巨的任务,需要直面许多"卡脖子"难题,攻克多个技术难题。这些关键核心技术求不到、买不来,而一旦遭遇外部恶意制裁,国内通信系统则会瞬间瘫痪,这将给我国带来巨大的安全隐患和经济损失。在科研攻坚过程中,北斗研发团队不惧艰辛,攻克了一个又一个关键核心技术的艰难大关,取得了一项又一项重要的突破,包括卫星设计与制造、导航信号发射与接收、数据处理与算法等诸多方面。这些"卡脖子"环节的突破为我国的发展安全提供了坚实保障,为推进中国式现代化保驾护航。

(3)自力更生是中华民族自立于世界民族之林的奋斗基点

新时代北斗精神蕴含着万众一心、独立自主、艰苦奋斗的优良传统。中国北斗奇迹的背后,是一群平均年龄 31 岁的年轻人长达 26 年的持续奋斗,是在缺乏外来援助、缺少内部经验下的独立探索,是全过程 30 多万名科研人员协同参与、共克难关的集体智慧。各类统筹人员、设计人员、试验人员、操作人员、保障人员等不讲条件、不计回报,心往一处想、劲往一处使,以忘我的牺牲、自力更生的毅力、持续的奋斗,生动诠释了中华民族的优良传统。

(4)增强自主创新能力,是我们攀登世界科技高峰的必然选择,是实现中华民族伟大复兴的内生动力

尽管当时全球卫星导航系统在国际上算不上新技术,但我国北斗蓝图的成功绘就,是在欧美一些发达国家已经完成了全球卫星导航系统布局,并对我国实施技术封锁的情况下进行的,因此我国在这一领域独立自主取得的突破依然属于重要的原始创新、集成创新。新时代北斗精神蕴含自主创新的国家情怀,全体北斗人坚持以国家利益为重,秉持"关键核心技术必须突破,不能受制于人"的理念,励精图治、白手起家、攻坚克难,先后自主解决原子钟屏障和缺少"中国芯"等一系列重大技术难题,从而将核心技术牢牢地掌握在自己手中。

(四)献身于推动历史向前发展的时代人才

1.案例呈现

材料一:2017 年 5 月,习近平总书记在对黄大年同志先进事迹作出重要指示时强调,"我们要以黄大年同志为榜样,学习他心有大我、至诚报国的爱国情怀,学习他教书育人、敢为人先的敬业精神,学习他淡泊名利、

甘于奉献的高尚情操"。① 黄大年学习成绩优异,1992 年在"中英友好奖学金项目"的资助下赴英国深造,被选送至英国利兹大学攻读博士学位。经过刻苦学习,黄大年成为国际著名航空地球物理探测技术专家。黄大年是国家战略人才,回国后短短五年,他便带领团队在航空地球物理领域实现了弯道超车,达到世界领先水平,完成了外国近 20 年的工作,创造了多项"中国第一",使中国正式进入"深地时代":地面电磁探测系统、固定翼无人机航磁探测系统、无缆自定位地震勘探系统、万米大陆科学钻探工程样机"地壳一号"、综合地球物理数据处理与集成软件系统、首个国家"深部探测关键仪器装备野外试验与示范基地"。

(资料来源:《黄大年:把一切献给你 我的祖国》,https://www.12371.cn/2017/07/05/ARTI1499188248039734.shtml,访问日期:2024 年 2 月 8 日;《黄大年:潜心科研 开启国家深地时代》,《人民日报》2019 年 10 月 25 日;《黄大年:用生命点燃中国地球探测的灯火》,https://www.xuexi.cn/lgpage/detail/index.html? id=8808977899199114801&item_id=8808977899199114801,访问日期:2024 年 2 月 8 日。)

材料二:为贯彻落实习近平总书记对黄大年同志先进事迹重要指示精神,教育部启动了全国高校黄大年式教师团队创建活动。各地各校要以习近平新时代中国特色社会主义思想为指导,学习贯彻习近平总书记关于教育的重要论述,坚定理想信念,凝聚团队力量,立德修身,潜心治学,开拓创新,立志做大先生,潜心做大学问,努力育大英才,真正把为学、为事、为人统一起来,当好学生成长的引路人,为培养德智体美劳全面发展的社会主义建设者和接班人、全面建设社会主义现代化国家不断作出新贡献。

(资料来源:《教育部认定第二批全国高校黄大年式教师团队》,http://www.moe.gov.cn/jyb_xwfb/gzdt_gzdt/s5987/202202/t20220209_598261.html,访问日期:2024 年 2 月 9 日。)

材料三:在高等教育界,一项被称为"101 计划"的改革试点工作正在低调实施。何为"101 计划"? 在计算机语言中,二进制数由"1"和"0"组成,是计算机语言的基础。"101 计划"正是一项从计算机学科发轫、在其他学科领域铺开的本科教育教学改革试点工作计划。2023 年 3 月底发布的《教育部高等教育司 2023 年工作要点》明确,在基础学科和"四新"关键领域全面实施系列"101 计划"。这些基础学科及关键领域在加快高等教育强国建设、服务国家区域经济社会发展方面,均扮演着重要角色。

---

① 《习近平讲故事》第 2 辑,人民出版社 2022 年版,第 238 页。

相比目前主流的以单一学科为中心的教学方式,"101计划"强调"模块化、系统化、交叉化"教学模式,更加以学生为中心,强调创新能力培养,将基础学科与应用学科知识融通。基础学科人才培养特别是拔尖人才培养,事关高水平科技自立自强、事关民族复兴伟业,是一项基础性、先导性工程,具有重大战略意义。

(资料来源:《"101计划"正开启一场教育领域"新基建"》,《南方日报》2023年9月22日。)

2.案例指向

本案例指向教材第七章第四节"加快建设人才强国"。

3.案例解析

本案例呈现了黄大年及其团队在航空地球物理领域作出的重大贡献,阐释了国家战略人才对于国家长远发展的重要意义。在未来,我国要深入贯彻落实新时代人才强国战略,培养造就更多的黄大年式人才、黄大年式教师团队,这样才能为中国式现代化注入不竭动力。为实现这一远大目标,需要坚持党对人才工作的全面领导,大力推进教育发展、科技创新、人才培养体制改革,特别要创新人才培养体制机制,并在全社会营造重视人才的良好氛围。

(1)培养造就大批德才兼备的高素质人才

当前,我国进入了全面建设社会主义现代化国家、向第二个百年奋斗目标进军的新征程,我们比历史上任何时期都更加接近实现中华民族伟大复兴的宏伟目标,也比历史上任何时期都更加渴求人才。中国特色社会主义步入新时代,党和国家事业发展迫切需要大批德才兼备的高层次人才。

材料一中的黄大年是新时代亿万强国栋梁的优秀代表,是党和人民培养的顶尖科技人才。黄大年品德高尚,胸怀一腔爱国热情,出国深造提高为人民服务的本领。黄大年学成之后,当接到吉林大学的邀请、得知祖国急需他这样的人才之时,毫不犹豫放弃了剑桥河畔的洋房别墅、家具和车子等优越生活条件,毅然决然踏上返回祖国、报效国家的光荣之路。黄大年能力卓越,是国家急需的战略性人才。回国五年,即将中国的航空地球物理事业带上世界第一梯度,创造了多项"中国第一",为实现科技强国梦作出重大贡献。

习近平总书记对黄大年同志先进事迹作出的重要指示,具有深刻的时代内涵和重大的时代意义,是我们进一步做好人才培养工作的行动指南。

（2）培养人才是国家和民族长远发展大计

人才特别是战略人才是国家和民族自立于世界民族之林的关键力量。国家发展靠人才，民族振兴靠人才。人才是实现民族振兴、赢得国际竞争主动的战略资源，是衡量一个国家综合国力的重要指标，新时代的综合国力竞争说到底是人才竞争。

培养黄大年式人才、挖掘创建黄大年式教师团队是为国家和民族发展持续提供人才力量的重要举措。材料二是教育部贯彻落实习近平总书记对黄大年先进事迹作出重要指示精神的举措。习近平总书记强调三个"学习"，要以黄大年同志为榜样，学习他心有大我、至诚报国的爱国情怀，学习他教书育人、敢为人先的敬业精神，学习他淡泊名利、甘于奉献的高尚情操，把爱国之情、报国之志融入祖国改革发展的伟大事业之中、融入人民创造历史的伟大奋斗之中，从自己做起，从本职岗位做起，为实现"两个一百年"奋斗目标、实现中华民族伟大复兴的中国梦贡献智慧和力量。①

（3）坚持深化人才发展体制机制改革是做好人才工作的重要保障

要把加快建设中国特色、世界一流的大学和优势学科作为重中之重，建立既有中国特色又有国际竞争比较优势的人才发展体制机制和科学规范、开放包容、运行高效的人才发展治理体系，从而为做好人才工作提供坚实保障。大力加强基础学科、新兴学科、交叉学科建设，瞄准世界科技前沿和国家重大战略需求推进科研创新，不断提升原始创新能力和人才培养质量。

材料三中的"101计划"是高等教育界对于培养学生创新能力的一次新的尝试，是在探索未来培养高质量、高素养人才队伍的实践路径。规模宏大、结构合理、素质优良的人才队伍能够推动科技进步、产业升级和经济增长，有助于提升国家的创新能力和竞争力，为国家的可持续发展提供坚实支撑。"101计划"还有助于在全社会形成科学的人才观、成才观、教育观，加快扭转教育功利化倾向，形成健康的教育环境和生态。营造识才爱才敬才用才的良好社会环境，致力于建设全民终身学习的学习型社会、学习型大国，促进人人皆学、处处能学、时时可学，不断提高国民受教育程

---

① 《以黄大年为榜样，习近平强调3个"学习"》，https://news.12371.cn/2017/05/26/ARTI1495780618419968.shtml，访问日期：2024年5月26日。

度,全面提升人力资源开发水平,促进人的全面发展。①

四、延伸阅读

1.《习近平关于科技创新论述摘编》,中央文献出版社 2019 年版。

2.习近平:《深入实施新时代人才强国战略 加快建设世界重要人才中心和创新高地》,《求是》2021 年第 24 期。

3.杨玉新:《担科教兴国重任 办人民满意的高等教育》,《中国高等教育》2023 年第 11 期。

4.孙锐:《新时代十年人才强国战略进展及相关理论探讨》,《科学学研究》2024 年第 5 期。

5.何妮、姚聪莉:《创新驱动发展的理论基础、内在逻辑和实践路径》,《理论导刊》2023 年第 6 期。

五、拓展研学

1.如何理解教育在国家发展中起到的基础性、先导性、全局性地位?教育对于推进科技、人才工作的开展起到了哪些作用?

2.如何理解创新在建设教育强国、科技强国、人才强国当中的定位?

3.结合本案例,有条件的院校可以组织学生前往闽江学院进行考察学习,了解我国应用技术型学校办学的发展前沿,充分认识到职业教育对于我国发展高等教育的重要意义。

4.为了帮助学生深入理解教育、科技、人才"三位一体"协同融合发展的现实意义与实践路径,建议任课教师在课堂教学过程中,以"北斗精神"为切入点,融入我国科研团队自主创新的案例。介绍案例的过程中,重点介绍其历史背景和国际形势,帮助学生强化自主创新的必要性和迫切性意识,通过成功案例激发学生的自豪感和对于科技自立自强的自信心,助其树立远大人生理想,努力为祖国社会主义现代化建设做贡献。

5.结合案例,组织学生开展小组讨论、文献阅读、结组调研,鼓励学生将取得的成果形成调研报告,并在教学班组织交流展示。

---

① 《加快建设教育强国 为中华民族伟大复兴提供有力支撑》,《人民日报》2023 年 5 月 30 日第 1 版。

第八章　发展全过程人民民主

一、教学主要目标

本章以"为什么要坚持走中国特色社会主义政治发展道路""什么是全过程人民民主""全过程人民民主有何优势"三个问题为逻辑主线,致力于实现如下教学目标:(1)在知识层面,介绍全过程人民民主的概念内涵、性质定位、内在优势等,帮助学生理解走中国特色社会主义政治发展道路的必然性、正确性,明晰中国特色社会主义民主政治制度的特色与优越性。(2)在能力层面,引导学生正确认识中外政治发展道路的逻辑与差异,提升他们对相关错误社会思潮的辨析能力。(3)在价值层面,深化学生的社会主义民主政治观,提升他们对中国特色社会主义的政治制度自信。

二、教学重难点

本章教学重点:其一,为什么我国不能搬来一座政治制度上的"飞来峰"? 具体阐释走中国特色社会主义政治发展道路的必然性、正确性。其二,全过程人民民主是什么? 有何特征和优势? 帮助学生理解全过程人民民主是全链条、全方位、全覆盖的民主,是最广泛、最真实、最管用的社会主义民主。

本章教学难点:第一,全过程人民民主的内涵丰富且处于发展期,要紧跟中国特色社会主义政治发展的理论与实践创新,实时更新理论、深化理论。第二,民主是现代国家的普遍追求,但民主的实践形式多种多样,民主的政治思潮层出不穷,要比较审视中西民主差异,引导学生认知全过程人民民主的内涵、必然性、正确性以及内在优势,提升中国特色社会主义政治制度自信。

三、教学案例

(一)资本主义、社会主义与民主

1.案例呈现

材料一:20 世纪 80 年代中期以后,在民主社会主义翻版的"人道的民主的社会主义"的旗帜下,戈尔巴乔夫大肆鼓吹民主化、公开性和多元论,大力进行政治体制改革。先是把权力中心从党转移到苏维埃,取消党对国家机关、社会团体的直接领导,使苏共由"领导核心"变成"政治先锋队"。同时鼓吹"党的民主化",要求苏共起到议会党的作用,使之成为"自治的社会主义政治组织"。1990 年 3 月,苏联人代会修改宪法第六条,正式取消党的法定领导地位,确定了实行三权分立的议会民主制、多党制和总统制。其后,在民主化、公开性、多元化的鼓动下和多党制的实行下,大批反共反社会主义的势力被召唤和集合起来,组成形形色色的反共反社会主义的非正式组织和党派。1991 年 12 月 21 日,苏联宣告正式解体。这是民主社会主义思潮在苏联泛滥和实践的必然结果。

(资料来源:曹长盛:《苏联解体警示:大是大非摇摆之祸》,《人民论坛》2012 年第 13 期。)

材料二:2022 年美国中期选举被称为"历史上最昂贵"的中期选举。美国福克斯新闻网披露了一份"背后金主"的名单:

第一名:亿万富豪、金融大亨乔治•索罗斯,给民主党捐款 1.28 亿美元。

第二名:航运业巨头理查德•乌赫莱因和妻子共捐款 8070 万美元给共和党候选人。

第三名:对冲基金 Citadel 的首席执行官肯尼斯•C.格里芬捐款 6860 万美元。

第四名:量化交易公司的创始人杰弗里•雅斯,至今已捐赠 4407 万美元……

自 2020 年大选以来,美国两党越来越对立、社会撕裂加剧,政治逐渐演变成一场零和博弈,企业和个人都感到有必要加大赌注,保障自身利益。如此大数额的选举资金投入,凸显出人们对超级富豪在选举中日益增大的影响力的担忧。"如果我们要有一个为所有人服务的民主,我们就需要更严格地限制亿万富翁对政治的影响，"美国税收公平组织执行董事弗兰克·克莱门特说。

（资料来源：《美国迎"史上最贵"中期选举，背后金主都有谁？》，https://m.huanqiu.com/article/4ANtzfssLqI，访问日期：2024年1月8日。）

材料三：民主不是装饰品，不是用来做摆设的，而是要用来解决人民需要解决的问题的。一个国家民主不民主，关键在于是不是真正做到了人民当家作主，要看人民有没有投票权，更要看人民有没有广泛参与权；要看人民在选举过程中得到了什么口头许诺，更要看选举后这些承诺实现了多少；要看制度和法律规定了什么样的政治程序和政治规则，更要看这些制度和法律是不是真正得到了执行；要看权力运行规则和程序是否民主，更要看权力是否真正受到人民监督和制约。

（资料来源：中华人民共和国国务院新闻办公室：《中国的民主》，人民出版社2021年版，第2～3页。）

2.案例指向

本案例指向教材第八章第一节的内容，阐释"坚持中国特色社会主义政治制度自信"，回答"为什么我国不能搬来一座政治制度上的'飞来峰'？"

3.案例解析

民主是全人类的共同价值。本案例三段材料中，三个国家代表了民主的不同道路，对三者的对比分析，一方面可以说明全过程人民民主是社会主义民主政治的本质属性，其与资本主义民主相比有显著优势，以此帮助学生树立中国特色社会主义政治制度自信；一方面可以说明民主道路并非只有一条，我们不可能搬来一座政治制度上的"飞来峰"。

（1）人民民主是社会主义的生命

人民民主建立在社会主义经济基础之上，体现了社会主义国家的性质，反映了社会主义制度的本质要求，是一种新型的社会主义民主。人民民主是社会主义的生命，是所有社会主义国家应遵循的政治准则。首先，没有民主，就没有社会主义。在材料一中，苏联正是放弃了人民民主才引致亡党亡国的悲剧。就此而言，苏联解体离不开两方面原因：一是民主社会主义思潮的泛滥。所谓社会民主主义或者民主社会主义，都不过是资产阶级的改良主义。民主社会主义思潮对苏联的渗透由来已久，但在持续性的社会思潮攻击中，苏联还是没能稳住社会主义政治民主之舵，最终变换了政治颜色。二是政治体制改革的偏航。在改革中，苏联逐渐取消了党对国家机关、社会团体的直接领导,鼓吹"党的民主化",实则将党的利益、人民的利益、国家的利益分割开来,背弃了人民民主的本质,脱离了社会主义民主的正常发展轨道。"苏共的民主集中制从斯大林时代起逐渐异化为'官僚集中制',到了戈尔巴乔夫时代遭到了抛弃。"[①]其次,没有民主,就没有社会主义的现代化,就没有中华民族伟大复兴。材料一中,由于人民民主在苏联政治体制中的边缘化,苏联不仅没能有序推动现代化,反而陷入制度崩溃、国家破亡。中国式现代化始终离不开民主,只有坚持人民民主,才能集各方之力共同推进社会主义现代化建设,激发历史合力以实现中华民族伟大复兴。

(2)中国特色社会主义政治制度行得通、有生命力、有效率

材料二、三的对比说明,美国的民主曾被推上人类政治制度的神坛,但其内在局限性逐渐暴露,而中国特色社会主义政治制度拥有鲜明特色,其行得通、有生命力、有效率。这是因为:其一,中国特色社会主义政治制度是由根本政治制度、基本政治制度、重要政治制度等构成的完整制度体系。基于此,全过程人民民主能够超越资本主义民主的"一次性民主""选票民主""选主""金钱民主",实现过程民主和成果民主、程序民主和实质民主、直接民主和间接民主、人民民主和国家意志相统一。其二,中国特色社会主义政治发展坚持贯彻"两个结合"。中国共产党不仅坚持捍卫马克思主义,还创造性地将马克思主义基本原理同中国具体实际相结合、同中华优秀传统文化相结合,实现了马克思主义中国化时代化,全过程人民民主正是其优质成果。其三,中国特色社会主义政治制度能够有力保证人民政治参与权利、集中力量办大事、调节政治社会关系、维护国家社会安全等,体现出强大的自我完善和自我发展能力、强大生命力和显著优势。而在材料二中,金钱操纵美国民主,使得民主沦为大资本家之间冰冷的"政治游戏",广大人民的利益被排斥于政治议程之外,民主的真实性、有效性难以得到保证。

(3)坚定不移走中国特色社会主义政治发展道路

中国的民主之所以生机盎然、效能显著,得益于中国特色社会主义政治发展道路的三个特点:第一,坚持中国共产党的领导,将党的领导、人民当家作主、依法治国有机统一起来。全过程人民民主是党领导人民长期

---

① 李伟东:《论列宁民主集中制思想在苏联的历史演变及其现实启示》,《社会主义研究》2010年第2期。

实践的成果,内涵是党的领导、人民当家作主、依法治国的有机统一,因而才能真实有效地满足人民的利益需求,深入推动中国式现代化和中华民族伟大复兴。第二,积极稳妥推进政治体制改革,探索和发扬社会主义民主。材料一中,苏联解体的重要原因是政治体制改革中的民主偏航,而人民民主是中国共产党的一贯主张和不懈追求,全过程人民民主理念的创造性提出则进一步为政治发展提供了科学指南。第三,保持政治定力,努力捍卫马克思主义在意识形态领域的指导地位。正如材料一所警示的,只有仔细甄别和全面抵制西方错误社会思潮,才能把握人民民主的航舵,才能满足人民利益需求、稳定政治社会秩序,有序推进现代化。全过程人民民主是全新的民主概念,其提出也是我们敢于否定西方中心主义,敢于同西方错误社会思潮作斗争,坚决捍卫马克思主义,恪守社会主义发展道路的结果。

民主是历史的、具体的,实现民主的道路并非只有一条,社会性质不同、现实国情不同,则民主道路不同、民主形态各异。三段材料的对比说明,西方民主并非"历史的终结",唯有跳出"民主＝竞争性民主""现代化＝西方化"的西方中心主义陷阱,立足本土实际,才能找到适合的民主之路。全过程人民民主不是我国政治制度上的"飞来峰",而是沿袭于中华民族深厚的政治文明,植根于长期政治实践,立足于现实国情,是符合中国需要和人民利益的本土民主制度。

(二)福州市人大常委会"民生实事全链条闭环监督"人大工作品牌

1.案例呈现

近年来,福州市人大常委会持续打造"民生实事全链条闭环监督"人大工作品牌,在为民办实事工作中建立"党领导、群众提、人大决、政府办、代表评"的全过程人民民主实践机制,形成了从"为民做主"向"由民做主"转变的生动局面。

走进鼓楼区华大街道屏山长者食堂,墙上的显示屏正展示着每日的菜品和价格,仅需10元钱,就能吃上一顿营养均衡的热饭。菜单上有些菜品被标记了星号,原来,这是为照顾糖尿病患者特别制作的无糖菜品。

像这样的长者食堂,在福州还有许多家,为许多城乡老年人,尤其是独居、留守老年人吃上一口热饭提供了行之有效的解决方案。长者食堂推广的背后,有福州市人大代表陈长钦的一份功劳。"早些年,我在探望一位高龄远亲时发现,处于独居状态的老人时常陷入买菜难、做饭难的困境,每天吃饭竟然成了大问题。"陈长钦说,留意到这个情况后,他又陆续在市区内多家社区进行调研,发现该现象并非个例。2019年的福州市两会期间,他正式提出代表建议,在全市社区街道建设长者食堂,方便老年人吃上一口热乎饭。

这份建议引起了有关部门的重视,在各方共同努力下,截至2023年6月底,福州五城区已建成投用长者食堂528家,提供餐位2万多个,累计为近6万人提供餐饮服务。

一份份满怀着呼声和期望的民生实事项目通过票决,后续监督工作如何开展?

"在每年的年中和年底,市人大常委会会议两次听取和审议市人民政府关于为民办实事项目进展情况的报告,对于进展较慢的项目,要求责任部门说明原因,并明确整改对策和措施;对个别推进难度大的项目,运用专题视察等方式,开展全过程监督。"福州市人大常委会研究室负责同志说。

为创新做好监督的"后半篇文章",2022年,福州市在全省首创人大代表投票评议为民办实事项目,组织市、县、乡三级近万名人大代表评选出"人民群众最满意的十件实事"。评议期间,为民办实事项目各牵头单位还开通热线电话及邮箱,主动接受各级人大代表和社会各界的咨询和监督。

福州市人大常委会还积极倡导人大代表持续关注、深度参与,激发人大代表履职热情,促进民生实事"实"起来。

建议落地后,并不意味着代表们就能松口气,新的关注点正不断涌入他们的视线。这段时间,陈长钦正着手研究长者食堂提质增效的问题。"长者食堂每日的食材是否新鲜、运营过程中的难点、乡镇长者食堂的资金是否到位等问题,这些都是我今后将重点关注的。"陈长钦说。

随着民生民意表达渠道的畅通,监督方式的多样化、规范化,越来越多的人民群众参与到人大组织的各类民主实践中,有序政治参与意愿越来越强,推动民生项目落地实施越来越高效。

(资料来源:《汇聚"关键小事"体现"民主大事"》,《福建日报》2023年11月7日。)

2.案例指向

本案例指向教材第八章第二节的内容,阐释"全过程人民民主是全链条、全方位、全覆盖的民主"。

3.案例解析

福州人大为民办实事工作由来已久,其出发点、工作逻辑、价值归宿皆深刻体现了全过程人民民主的内涵。随着全过程人民民主的概念、理念愈发成熟,福州人大为民办实事工作也走上了新的台阶,形成了"民生实事全链条闭环监督"人大工作品牌。福州人大的案例是对全过程人民民主的内涵的生动诠释。

(1)全链条的民主

"全链条"是民主过程的简练表达。全过程人民民主是民主选举、民主协商、民主决策、民主管理、民主监督各个环节紧密联系、相互贯通、相辅相成的全链条民主。从民生需求的发现、民生建议的提交、民生政策的制定、民生政策的执行到政策实践的反馈,福州人大打造"民生实事全链条闭环监督"人大工作品牌将民主的各环节贯穿于民生服务过程,实实在在体现了全过程人民民主的全链条内涵。尤其在各项民生项目的酝酿阶段,福州人大建立了"三上三下"的协商机制,即经过多方广泛征求意见,市政府汇总提交民生实事的候选项目初稿,围绕初稿,市人大常委会前后三轮征求代表建议,市政府相应进行三轮修改,最终形成基本成熟的候选项目清单。"三上三下"的协商机制极大提高了民主决策的科学性、有效性,能够确保项目真正代表民意,又具备可行性。列入常委会年度监督工作计划、投票评选出人民群众最满意的十件实事、开通热线电话和邮箱等多样化监督举措,保证了民生项目实施的有效性、连续性,能够有力避免"形象工程"。

(2)全方位的民主

"全方位"是民主主体和层次的体现。全过程人民民主是贯通国家政治生活和社会生活各层面各维度的全方位民主。福州人大在为民办实事工作中形成了"党领导、群众提、人大决、政府办、代表评"的全过程人民民主实践机制,这一机制将民主的多元主体统合于民生工作这一具体的民主治理事务之中,形成多元合作的民主实践逻辑,体现了全过程人民民主的全方位内涵。在行为逻辑上,福州人大民生品牌的创建使得民生实事项目由"为民做主"向"由民做主"转变,形成"民呼我为"的生动局面,是充分体现人民意志、保障人民权益、激发人民创造活力的政治实践。在"人民群众最满意的十件实事"评选中,市、县、乡代表一同参加评选,能够有力发挥人大代表上传下达的中间桥梁作用,让群众的诉求得到有效传达、真实回应。

（3）全覆盖的民主

"全覆盖"是对民主对象的集中概括。全过程人民民主是涵盖国家各项事业各项工作的全覆盖民主。福州人大聚焦民生领域，实际工作涉及社会生活的方方面面，真正做到了民主的全覆盖。比如，为解决孤寡、独居、高龄等老年群体的买菜难、吃饭难问题，福州推动创建了长者食堂，老人们以极其优惠的价格就能吃上一顿健康、新鲜、有营养的餐食。除此之外，为老旧小区装上电梯，提供便民基层医院"五星级"医疗服务等民生"小事"也都大大改变了相关群体的生活，显著提升了人们的幸福感和获得感。这些变化的背后是人大代表"民呼我应"的履职担当，是全过程人民民主精准覆盖到人民利益需求的方方面面的真实体现。

福州市人大打造"民生实事全链条闭环监督"人大工作品牌只是全过程人民民主的丰硕实践成果中的一个缩影，全过程人民民主正以多元形式深入人民政治社会生活，成为国家治理体系现代化和治理能力现代化的制度化依赖。福州市人大的案例说明，在当代中国制度背景下，全链条、全方位、全覆盖的民主不仅能够实现民主与治理的有机统一，而且能将独特的民主优势转化为国家治理效能，进而推动中国式现代化有序、深入、高质量发展。

（三）群众建言如何落实落地

1.案例呈现

材料一：在"十四五"规划建议编制过程中，习近平总书记反复强调，"把加强顶层设计和坚持问计于民统一起来，鼓励广大人民群众和社会各界以各种方式为'十四五'规划建言献策"。在网络意见征求中，累计收到网民建言超过101.8万条。其中，网友"云帆"提出的"互助性养老"建议被正式写入党的十九届五中全会文件。

"云帆"是内蒙古达拉特旗蒲圪卜村党支部副书记李电波。李电波所在的达拉特旗蒲圪卜村有3900多人，但大量青壮年外出打工。常住人口1200多人中，光是留守老人就有800多人。怎么做好农村养老工作，是他日常工作中必须面对的难题。看到"十四五"规划编制工作向广大网民征求意见后，他以"云帆"为名，在建言专栏上留下了自己对农村养老的思考——"在农村人口聚集区域，由政府财政投入建设公共食堂、公共宿舍，有意愿的老人都可以免费居住、生活在一起，年龄小的、有能力的老人照顾年龄大的、能力弱的老人，形成互助养老模式。"

建议很快就送到了文件起草组案头,并得到起草组同志高度重视。如今,翻开规划建议全文可以看到,第47条便是"实施积极应对人口老龄化国家战略"。同时,文件吸收网民建议,明确写入"互助性养老"提法。

（资料来源:《这位网友的建议写入了党中央文件》,http://www.xinhuanet.com/politics/2020-11/05/c_1126703529.htm,访问日期:2024年1月7日。）

材料二:三年时间过去,"互助性养老"在各地开始探索推广,提出这个建议的李电波和蒲圪卜村怎么样了?

近年来,市里积极推进农村牧区幸福互助院建设,采取"左邻帮右舍、年轻帮年老、身体好帮身体弱"等方式,激发老年人自身力量,探索"不出村口、不离故土、邻里照护、暖心帮扶"新模式。如今,鄂尔多斯市已建成运营农村牧区互助幸福院51个,设置床位2000多张,服务覆盖近200个嘎查(注:嘎查系蒙语,意为村)。同时,当地以"党建引领＋流动服务"方式,组建由党员、网格员、村里年轻人组成的"暖城助老"志愿服务队,为幸福互助院老年人提供助餐配餐、文体娱乐、心理咨询、理疗康复等多方面服务。

2021年年底,"云帆"的建议被写入《中国的民主》白皮书,成为"人民利益要求既能畅通表达,也能有效实现"的生动诠释。2022年初,国务院印发《"十四五"国家老龄事业发展和养老服务体系规划》,对"互助养老"进一步细化,提出以村级邻里互助点、农村幸福院等为依托,构建农村互助式养老服务网络。三年来,北京、南京等各地根据规划要求,结合区域实际,不断探索互助养老模式,逐渐发展衍生出了多种形式。

（资料来源:《追踪报道:群众建言被写进中央"十四五"规划之后》,http://leaders.people.com.cn/n1/2023/0605/c58278-40006137.html,访问日期:2024年6月5日。）

2.案例指向

本案例指向教材第八章第二节的内容,阐释"全过程人民民主是最广泛、最真实、最管用的民主"。

3.案例解析

全过程人民民主是中国共产党领导人民百年奋斗经验的制度化成果,是最广泛、最真实、最管用的社会主义民主。党的二十大报告将全过程人民民主列为中国式现代化的本质要求,并提出"全过程人民民主是社会主义民主政治的本质属性,是最广泛、最真实、最管用的民主"[①]。正如

---

① 习近平:《高举中国特色社会主义伟大旗帜 为全面建设社会主义现代化国家而团结奋斗——在中国共产党第二十次全国代表大会上的报告》,人民出版社2022年版,第37页。

材料《中国的民主》白皮书指出，"民主不是装饰品，不是用来做摆设的，而是要用来解决人民需要解决的问题的"①。当下，全过程人民民主已然成为人民利益表达和党治国理政的核心制度，是中国式现代化活力有序的制度支撑，是人们政治社会生活的重要组成部分，也是我们获得感、幸福感、安全感的制度保障。

网友向党中央建言献策是顶层设计和问计于民的有效结合，是充分吸纳民意、保障人民权利的体现，网友建言的落地落实则更加彰显了全过程人民民主的内在优势。这些内在优势主要体现在如下方面：

（1）全过程人民民主是最广泛的民主

人民的参与是全过程人民民主运行的基本条件，而人民是一个复杂多元的共同体概念，其必然要求全过程人民民主将不同地域、不同领域、不同层级、不同民族、不同群体等都纳入民主各环节，构建全面覆盖的民主体系。党的十八大以来，人民参与民主政治的形式不断创新、渠道不断拓展，推动着全过程人民民主向更广泛的主体覆盖延伸。如材料所示，网友"云帆"是基层人士，其建议能够通过网络平台表达、实现，恰恰说明了全过程人民民主正向基层社会大范围覆盖，将多元主体纳入政治参与的系统结构之中，从而体现了全过程人民民主是最广泛的民主。

（2）全过程人民民主是最真实的民主

"真实"，意味着人民的利益诉求能够经由民主得到真实表达和回应，这涉及国家政治生活和社会生活各方面。规划的制定面向政治经济社会民生等各领域的问题，强调系统性发展与治理，是问民所需、解民所忧、纾民所困的典型表现。材料中，"云帆"的建议之所以能够写入党中央文件，就是因为"互助性养老"关涉民生，是人民美好生活需要的政策化表达，抓住了当前我国经济社会发展中亟须破解的难题。"云帆"的建议能够转化为政策并贯彻于治理过程，首先意味着全过程人民民主不是做表面文章的"口头民主"，而是最大程度回应人民需求的民主。

（3）全过程人民民主是最管用的民主

"管用"，即民主具备显著效能。"互助性养老"是对当前社会老龄化问题的积极回应，其对于集中解决矛盾、调和社会关系有着不可否认的正向作用。值得一提的是，材料中的"互助性养老"建议并没有停留在文件和规划层面，而是在蒲圪卜村落地生根，并在全国其他地方铺展开来，形

① 中华人民共和国国务院新闻办公室：《中国的民主》，人民出版社2021年版，第2页。

成具有可操作性、多样化的政策成果,为解决全国范围内的老龄化问题、养老问题提供了较有效的示范经验。

"十四五"规划大范围开展网上意见征求活动,积极回应民生需求、推动政策完善,是党中央依托全过程人民民主,推动国家治理体系和治理能力现代化的务实尝试,体现了全过程人民民主是一种高质量的民主。如今,民主已经成为我们政治社会生活的必需品和营养剂。与资本主义民主相比,全过程人民民主的制度优势也愈发得到彰显。本案例充分彰显了中国特色社会主义民主政治的制度属性与内在优势,能够在深化学生对民主的认知中提升中国特色社会主义政治制度自信。

四、延伸阅读

1.中华人民共和国国务院新闻办公室:《中国的民主》,人民出版社2021年版。

2.习近平:《高举中国特色社会主义伟大旗帜 为全面建设社会主义现代化国家而团结奋斗——在中国共产党第二十次全国代表大会上的报告》,人民出版社2022年版。

3.王绍光:《中国·政道》,中国人民大学出版社2014年版。

4.周淑真、穆若曦:《试论美国现实的宪政危机及困境——基于2016年以来政党政治演变的考察》,《政治学研究》2022年第5期。

五、拓展研学

1.结合中国共产党对中国特色社会主义政治发展道路的探索历程,回答为什么我国不能搬来一座政治制度上的"飞来峰"。

2.如何理解全过程人民民主的内涵和优势?

3.如何深入践行全过程人民民主?

4.以"领导留言板"APP或微信公众号等为考察对象,探究当代中国网络民主的操作方法与实施效果。

5.进入社区、乡村、基层政协等组织或单位调研,考察民主的微观运作逻辑,发现"身边的民主"。

第九章　全面依法治国

一、教学主要目标

　　本章教学主要以坚持中国特色社会主义法治道路和全面依法治国问题为主线,围绕建设中国特色社会主义法治体系、建设社会主义法治国家这个总目标,继续全面推进依法治国,在法治轨道上全面地建设社会主义现代化国家等基本线索组织教学。教学过程中需要完成三个层面的教学目标:(1)知识层面。要求学生掌握依法治国和中国特色社会主义法治道路、体系等相关知识点。(2)能力层面。培养学生观察问题、参与讨论和表达观点的能力。(3)价值层面。培养学生法治意识,初步认识和深刻理解推进全面依法治国是国家治理的一场深刻变革,是坚持和发展中国特色社会主义的本质要求与重要保障。明确走中国特色社会主义法治道路是全面依法治国的唯一正确的道路。

二、教学重难点

　　法治是治国理政的基本方式。全面依法治国是坚持和发展中国特色社会主义的本质要求和重要保障。本章教学重点:一是全面依法治国的重大意义;二是中国特色社会主义法治道路的核心要义和基本原则;三是中国特色社会主义法治体系的主要内容;四是加快推进法治中国建设的主要任务。

　　本章教学难点:一是帮助学生理解为什么中国特色社会主义法治道路是全面依法治国唯一正确道路,二是讲好建设社会主义法治国家,必须高度重视宪法在治国理政中的重要地位和作用,坚持依宪治国、依宪执政,把全面贯彻实施宪法作为首要任务。

三、教学案例

(一)《法制日报》更名为《法治日报》

1.案例呈现

材料一:党的十八大以来,习近平总书记围绕全面依法治国向哪里走、走什么路作出深刻论述,强调:"全面推进依法治国,必须走对路。如果路走错了,南辕北辙了,那再提什么要求和举措也都没有意义了。全会决定有一条贯穿全篇的红线,这就是坚持和拓展中国特色社会主义法治道路。"

(资料来源:中共中央文献研究室:《习近平关于全面依法治国论述摘编》,中央文献出版社 2015 年版,第 26 页。)

材料二:2020 年 7 月底,北京市朝阳区花家地甲 1 号,法制日报社大楼外墙上,工人师傅们将"法制日报"四个金色大字中的"制"字更换为"治"。为使报名更加准确体现中央精神,鲜明体现宣传社会主义法治的特色和优势,8 月 1 日,在《法制日报》40 周岁生日之际,经中央政法委员会、司法部同意,并报国家新闻出版署批准,《法制日报》更名为《法治日报》。

作为中央政法委机关报,该报是按照时任中央政法领导小组组长彭真同志"政法战线要办一张报纸"的指示精神,于 1980 年 8 月 1 日创办,当时报名是《中国法制报》。1988 年 1 月应形势、业务需要,该报更名为《法制日报》。目前,《法治日报》是全国规模最大、最具权威性和影响力的法治传媒。

(资料来源:《〈法制日报〉今日起更名为〈法治日报〉》,《法治日报》2020 年 8 月 1 日。)

材料三:我们全面加强党的领导,明确中国特色社会主义最本质的特征是中国共产党领导,中国特色社会主义制度的最大优势是中国共产党领导,中国共产党是最高政治领导力量,坚持党中央集中统一领导是最高政治原则。

(资料来源:习近平:《高举中国特色社会主义伟大旗帜 为全面建设社会主义现代化国家而团结奋斗——在中国共产党第二十次全国代表大会上的报告》,人民出版社 2022 年版,第 6 页。)

2.案例指向

本案例指向教材第九章第一节,即全面依法治国的唯一道路。

3.案例解析

党的十八大明确提出全面依法治国是中国特色社会主义的本质要求和重要保障,把全面依法治国确立为治国理政的基本方式。党的十八届四中全会专题研究全面推进依法治国重大问题并作出决定,党的十九大描绘了 2035 年基本建成法治国家、法治政府、法治社会的宏伟蓝图。十三届全国人大一次会议表决通过宪法修正案,将宪法序言第七自然段中"健全社会主义法制"修改为"健全社会主义法治"。《法制日报》作为中央主要新闻单位中唯一的法治类媒体这么重要的舆论阵地,从"制"到"治",一字之变,体现了对全面依法治国认识的深化,也折射出坚持和拓展中国特色社会主义法治道路的历史性进步。

(1)中国特色社会主义法治道路是建设社会主义法治国家的唯一正确道路

道路问题关系全局、决定成败,不能含糊。南辕北辙的寓言告诉我们,做任何事情,都要首先认准方向、找准道路,否则就会事与愿违,犯根本性的错误。法治建设更是如此。习近平总书记指出:"全面推进依法治国,必须走对路……具体讲我国法治建设的成就,大大小小可以列举出十几条、几十条,但归结起来就是开辟了中国特色社会主义法治道路这一条。"①党的十八届四中全会强调,中国特色社会主义法治道路是社会主义法治建设成就和经验的集中体现,是建设社会主义法治国家的唯一正确道路。

坚定不移走中国特色社会主义法治道路,是立足我国基本国情、顺应我国经济社会发展要求的必然选择。由于历史、文化等方面差别,世界上没有放之四海而皆准的法治道路。也就是说,在法治问题上没有最优模式,也没有"标准版本",只有适合自己的才是最好的。那到底什么样的道路才是适合中国的,要走什么样的法治道路呢?案例中习近平总书记特别强调:"全面推进依法治国,必须走对路。如果路走错了,南辕北辙了,那再提什么要求和举措也都没有意义了。全会决定有一条贯穿全篇的红线,这就是坚持和拓展中国特色社会主义法治道路。"②

---

① 中共中央文献研究室:《习近平关于全面依法治国论述摘编》,中央文献出版社 2015 年版,第 26 页。

② 中共中央文献研究室:《习近平关于全面依法治国论述摘编》,中央文献出版社 2015 年版,第 26 页。

　　坚定不移走中国特色社会主义法治道路，是中国共产党深刻总结社会主义法治建设正反两方面经验教训作出的战略抉择。从 1954 年制定新中国第一部宪法，到改革开放后重启"法律之门"，从十五大确立依法治国基本方略，到 2010 年中国特色社会主义法律体系形成，我们在长期治国理政的实践中，探索出了一条独具特色的法治建设道路。中国特色社会主义道路既不是"传统的"，也不是"外来的"，更不是"西化的"，而是我们"独创的"。我们要始终坚定不移走中国特色社会主义法治道路，要树立自信、保持定力，走适合自己的法治道路，在中国特色社会主义法治道路上坚毅前行。

　　(2)坚定不移走中国特色社会主义法治道路的核心要义和基本原则

　　坚定不移走中国特色社会主义法治道路的核心要义包括三个方面：要坚持党的领导，坚持中国特色社会主义制度，贯彻中国特色社会主义法治理论。中国共产党领导是中国特色社会主义最本质的特征，是社会主义法治最根本的保证。坚持中国特色社会主义法治道路，最根本的是坚持党的领导，就如材料三中所说"中国特色社会主义制度的最大优势是中国共产党领导，中国共产党是最高政治领导力量"[①]。把党的领导贯彻到依法治国全过程和各方面，是我国社会主义法治建设的一条基本经验。中国特色社会主义制度充分保障党的主张和人民意志的统一，充分保证法律制度的科学性和先进性，是中国特色社会主义法治体系的根本制度基础。中国特色社会主义法治理论，是社会主义法治精神、法治文化、法治意识和法学理论体系的总和，为中国特色社会主义法治体系提供理论指导和学理支撑，是全面依法治国的行动指南。这三个方面规定和确保了中国特色社会主义法治体系的制度属性和前进方向。坚持和拓展中国特色社会主义法治道路是一个深入探索和不断实践的过程，必须牢牢把握核心要义，毫不动摇坚持以下原则。

　　坚定不移走中国特色社会主义法治道路的基本原则，一是坚持党的领导。党的领导是中国特色社会主义法治之魂，是中国特色社会主义法治同西方资本主义法治最大的区别。党的领导是实现全面推进依法治国总目标的最根本保证，必须始终坚持党总揽全局、协调各方的领导核心地

---

① 习近平：《高举中国特色社会主义伟大旗帜　为全面建设社会主义现代化国家而团结奋斗——在中国共产党第二十次全国代表大会上的报告》，人民出版社 2022 年版，第 6 页。

位不动摇。二是坚持以人民为中心。从根本上保障人民权益,是中国特色社会主义法治道路本质要求。全面依法治国最广泛、最深厚的基础是人民,必须坚持法治为了人民、依靠人民、造福人民、保护人民。人民权益要靠法律保障,法律权威要靠人民维护。依法治国的根本目的是实现人民幸福,尊重和保障人权。三是坚持法律面前人人平等,维护社会公平正义。平等是社会主义法律的基本属性。四是坚持依法治国和以德治国相结合。法律是成文的道德,道德是内心的法律。实现法律和道德相辅相成、法治和德治相得益彰,是中国特色社会主义法治道路基本方式。五是坚持从中国实际出发。坚持从中国实际出发,与国情相适应、与社会相对接,是中国特色社会主义法治道路基本前提。从中国实际出发,最重要的就是要突出法治的中国特色、实践特色、时代特色。

(二)《中华人民共和国民法典》诞生

1.案例呈现

2020年5月28日下午,中华人民共和国法治建设见证了历史性一刻——十三届全国人大三次会议高票表决通过《中华人民共和国民法典》,宣告中国迈入"民法典时代"。这是新中国成立以来第一部以"法典"命名的法律,是新时代中国特色社会主义制度建设、法治建设的一个重大标志性成果。

编纂一部真正属于中国人民的民法典,是新中国几代人的夙愿。新中国成立以来,民法典的编纂一直受到党和国家的高度重视,全国人大常委会曾多次进行过民法典的起草。1954年和1962年两次起草民法典。1979年11月,全国人大常委会第三次组织民法典的起草工作,1982年,完成了民法典的第四稿。1987年我国开始实施《中华人民共和国民法通则》。

2014年,中共十八届四中全会作出了编纂民法典的决定。2015年,新中国历史上第五次民法典编撰工作正式启动。2017年3月,作为中国民法典开篇之作的民法总则,获十二届全国人大五次会议表决通过。民法典编纂完成了关键的"第一步"。2018年12月、2019年4月、2019年6月、2019年8月、2019年10月,十三届全国人大常委会第七次、第十次、第十一次、第十二次、第十四次会议对各分编草案进行了拆分审议。2019年12月23日,十三届全国人大常委会第十五次会议现场,一本本《中华人民共和国民法典(草案)》摆放在与会人员面前,"完整版"中国民法典草案首次亮相。两会期间,代表委员们对民法典草案进行了认真审议和热烈讨论。2020 年 1 月,一场关于民法典草案的意见征询会在上海市长宁区虹桥街道召开,来自各行各业的居民各抒己见,与立法机关面对面交流。针对意见反映集中、争议较大的问题专门召开座谈会,累计收到 42.5 万人提出的 102 万条意见和建议。一场广泛而热烈的"民法典大讨论",成为法治中国的靓丽风景。全国人大常委会历经 10 次审议,10 次向社会公开征求意见,3 次组织全国人大代表研读讨论,最终完成了民法典编纂工作。

2020 年 5 月 28 日下午,北京,人民大会堂。十三届全国人大三次会议以 2879 票赞成、2 票反对、5 票弃权,高票表决通过《中华人民共和国民法典》,热烈的掌声在万人大礼堂久久回荡,宣告中国迈入"民法典时代"。这是新中国历史上首个以"法典"命名的法律,承载着几代立法者、法律工作者乃至亿万人民的梦想。

(资料来源:《扎实推动民法典实施》,《求是》2020 年第 12 期。)

2.案例指向

案例指向教材第九章第二节,即更好推进中国特色社会主义法治体系建设。

3.案例解析

《中华人民共和国民法典》是社会经济发展需要与时代进步的必然产物,标志着我国法治体系步入了一个新阶段。编纂一部真正属于中国人民的民法典,是新中国几代人的夙愿。党的十八大以来,以习近平同志为核心的党中央推动党和国家事业发生了历史性变革、取得了历史性成就,中国特色社会主义进入新时代。在这样的时代,市场经济迅速发展,人民生活水平大幅度提高,社会结构和关系不断发生变化。迫切需要一部完善的民事法律体系来适应社会转型时期的法律需求。

(1)全面依法治国,必须加快完善中国特色社会主义法律体系

推进中国特色社会主义法治体系建设,必须加快形成完备的法律规范体系、法治实施体系、法治监督体系、法治保障体系和党内法规体系,形成完善的党内法规体系。完备的法律规范体系是建设中国特色社会主义法治体系的前提,是法治国家、法治政府、法治社会的制度基础。

民法是民事领域的基础性、综合性法律,与国家其他领域法律规范一起支撑着国家制度和国家治理体系,并形成完备的法律规范体系。法律规范体系是以宪法为核心,由部门齐全、结构严谨、内部协调、体例科学、

调整有效的法律规范所构成的有机整体。"立善法于天下,则天下治;立善法于一国,则一国治。"全面依法治国,必须加快完善中国特色社会主义法律体系,使之更加科学完备、统一权威。

(2)《中华人民共和国民法典》的意义

《中华人民共和国民法典》在我国法治建设史上具有里程碑式的重大意义。正如案例中说的,这是新中国成立以来第一部以"法典"命名的法律,是新时代中国特色社会主义制度建设、法治建设的一个重大标志性成果。《中华人民共和国民法典》是新中国首部以"法典"命名的法律,被誉为"社会百科全书"和"保障民事权利的宣言书",宣告中国"民法典时代"正式到来,在我国法治建设史上书写了浓重的一笔。《中华人民共和国民法典》是推进全面依法治国、加快建设社会主义法治国家,实现国家治理体系和治理能力现代化新征程中的重大举措,解决了党和国家事业发展中的重大民生问题,为实现人民美好生活提供了坚实的法治保障。"民法典在中国特色社会主义法律体系中具有重要地位,是一部固根本、稳预期、利长远的基础性法律,对推进全面依法治国、加快建设社会主义法治国家,对发展社会主义市场经济、巩固社会主义基本经济制度,对坚持以人民为中心的发展思想、依法维护人民权益、推动我国人权事业发展,对推进国家治理体系和治理能力现代化,都具有重大意义。"[1]

《中华人民共和国民法典》创新了依法治国的立法形式。它在立法形式上是一次重大的创新,是新中国立法史上第一次以法典编纂的形式进行立法活动,开启了我国法典编纂的先河。《中华人民共和国民法典》标志着中国特色社会主义法律体系在立法形式方面更加丰富多样,呈现出立、改、废、释、纂等多种形式。通过对特定领域的现行法律规范的编订纂修,编纂而成一部整体性的法典,为全社会建立一套确定的、系统的、权威的和易于认知的行为规则,有助于形成全社会的法治认同。同时,编纂法典,也有利于运用法治思维和法治方式解决经济社会发展面临的深层次问题,不断巩固改革开放的成果,完善社会治理的规则体系,引领国家经济社会的新发展,持续筑牢法治之基,促进法律制度更加成熟更加定型,为党和国家事业发展提供长期性的制度保障。

《中华人民共和国民法典》坚持以人民为中心的立法理念,提高了全面依法治国的立法质量,标志着中国特色社会主义法律体系在不断提高

---

① 习近平:《论坚持全面依法治国》,中央文献出版社 2020 年版,第 278～279 页。

立法质量方面达到了新的高度。它坚持以习近平法治思想为指导,对人民群众反映较多、实践中较为突出的问题积极予以回应。正是基于以人民为中心的立法理念,才会出现案例中全国人大常委会历经 10 次审议,10 次向社会公开征求意见,历经了一场来自各行各业的居民各抒己见的"民法典大讨论"后才完成民法典的编纂工作的现象。真正地做到"民有所呼、法有所应":完善高空抛物坠物侵权责任,维护人民群众"头顶上的安全";明确规定禁止高利放贷,加强对民间借贷的管控;完善客运合同规则,针对社会关注的高铁上霸座、公共汽车上强抢方向盘等问题作出立法回应;加强小区治理,强化业主权利的保护;设立居住权制度,满足特定人群的居住需求……

《中华人民共和国民法典》提高了全面依法治国的水平。它是权利的宣言,更是国家治理的基本遵循和依靠。《中华人民共和国民法典》体现社会主义市场经济的基本要求,明确民商事活动的行为规则和基本遵循,营造良好的法治化营商环境,保障经济高质量发展。区别于西方民法典的价值理念,我国民法典清晰地将社会主义核心价值观注入民事法律制度的价值内核之中。厚重的民法典,1200 多个条文之首,"社会主义核心价值观"庄重醒目。从抽象地规定公序良俗,到具体地要求赡养父母、抚养未成年子女,民法典用一个个法条映照出中华民族的精神内涵和价值追求。

(三)共享单车被"共享"、全能车受"质疑"——催生数字经济立法

1.案例呈现

2017 年,市场上出现了一款名为"全能车"的软件,该软件声称交一份押金就可以解锁多家品牌的共享单车。2021 年,共享单车品牌"哈啰单车"向上海市徐汇区人民法院提起诉讼,指控"全能车"这种所谓的畅骑市面上所有品牌共享单车的行为,未获得相关授权,已经构成了互联网不正当竞争。

"哈啰单车"的运营者表示,被告名下没有任何一辆共享单车,用户却能在注册"全能车"软件后骑行"哈啰单车",而不用向"哈啰单车"支付相应费用。这种不正当竞争行为,是将自身的非法获利寄生于他人诚信经营之上,从根本上冲击"哈啰单车"的良性商业模式,并对"哈啰单车"的竞争利益造成了重大损害。

"全能车"软件运营者称,公司通过正常途径购买"哈啰单车"期卡后,

分享给自己的注册用户使月,其间,提供的账号都真实有效。"全能车"软件让消费者能够畅行市面所有品牌共享单车,反倒是一种全新的商业模式和技术。

"全能车"的行为,究竟是对共享经济的技术革新,还是利用规则漏洞损害了共享单车企业的合法利益?

上海市徐汇区人民法院经审理认为,"全能车"APP运营代表了在新技术加持下效率优先的单一导向,其对于共享单车市场秩序的冲击与颠覆显而易见,而产生的有限效率提升,却是以牺牲哈啰品牌方等全体共享单车企业的合法产业利益、整体消费者的长远福祉,损害竞争公平为高昂代价的。据此,法院认定被告"全能车"APP运营方构成不正当竞争,赔偿原告"哈啰单车"运营方5140万余元。

(资料来源:《共享单车被"共享",全能车受"质疑"》,https://tv.cctv.com/2017/07/07/VIDEQPcYXEMx50OBEevCkpTB170707.shtml,访问日期:2024年7月7日。)

2.案例指向

本案例重点指向教材第九章第三节知识,即建设更高水平的法治中国。

3.案例解析

党的二十大报告提出高质量发展是全面建设社会主义现代化国家的首要任务。坚持把发展经济的着力点放在实体经济上,推进新型工业化,其中明确提出加快建设网络强国、数字中国。数字经济是继农业经济、工业经济之后的主要经济形态。随着数字经济的快速发展和高精尖技术的蓬勃兴起,全球正式进入大数据时代,数据在社会发展、民众生活中扮演了越来越重要的角色。

(1)数字经济的发展要求建设更高水平的法治中国

党的二十大报告系统阐释了"以中国式现代化全面推进中华民族伟大复兴"的深刻意蕴,明确"在法治轨道上全面建设社会主义现代化国家",强调"加快建设数字中国"。习近平总书记指出:"不是什么法都能治国,不是什么法都能治好国;越是强调法治,越是要提高立法质量。"[①]加快建设法治中国,建设更高水平的法治中国,需要牢牢把握经济社会发展和人民群众对法治建设的需要。加强数字经济、互联网金融、人工智能、大数据、云计算等新兴领域等立法,补齐立法短板,以良法促进发展、保障善治。

---

① 《习近平关于全面依法治国论述摘编》,中央文献出版社2015年版,第43页。

如今进入数字时代,我国在数字经济上已处于世界第二位。数字经济是继农业经济、工业经济之后的主要经济形态,是全球经济发展的新方向,也是国家竞争力的直接体现。数据已成为与土地、劳动力、资本、技术并列的第五大生产要素,被誉为数字经济时代的"石油"。发展数字经济是把握新一轮科技革命和产业变革新机遇、由经济大国迈向经济强国的战略选择。我国是数字经济大国,对经济增长的拉动作用不断增强,成为新时代经济转型升级的关键力量,也是推动中国式现代化的重要力量。数字经济新业态新模式快速涌现,在为经济社会发展带来巨大动力和潜能的同时,也要求相应的法治保障要及时跟进。加快数字经济立法促进更高水平的法治中国是推动数字经济,更好服务和融入新发展格局的必然要求。

近年来,我国围绕网络安全、数据安全、平台垄断、数据利用、数字产业、个人信息保护等方面,加快了中央和地方立法步伐,积极推进数字经济基本治理框架和规则体系建设,成效显著。顺应数字经济的发展需要,我国积极推进数字经济方面的立法,制定了《民法典》《电子商务法》《电子签名法》《网络安全法》《数据安全法》《个人信息保护法》等"一典五法"。基本形成了以宪法为根本,以法律、行政法规、部门规章和地方性法规、地方政府规章为依托,以传统立法为基础,以网络内容建设与管理、网络安全和信息化等网络专门立法为主干的网络法律体系,为网络强国建设提供了坚实的制度保障。

（2）数字法治推动建设更高水平的法治中国

随着数字经济迅猛发展,以传统工业形态为基础的立法架构已经难以适应新时代新形势经济的迫切需求。数字经济"一典五法"为数字经济的发展提供了基础性的法治保障,但关于数据资源的产权保护,鼓励数据交易、开放、应用的法律法规尚不完备。从这起案例中"全能车"软件运营可以看出数字经济领域的一些问题。在 ChatGPT 等新技术的加持下,数字经济迅猛发展,一定需要与之匹配的数字立法,才能更好保护新兴行业的发展,才能持续推动经济。党的十八大以来,我国数字经济取得了举世瞩目的发展成就,总体规模连续多年位居世界第二,对经济社会发展的引领支撑作用日益凸显。中国信息通信研究院发布的《中国数字经济发展报告（2024 年）》显示,2023 年我国数字经济占 GDP 比重达 42.8%。[①] 然

---

① 中国信息通信研究院:《中国数字经济发展报告（2024 年）》,中国信息通信研究院 2024 年版。

而,现实有效的法律制度已无法满足数字经济监管和社会治理的需求,亟须专门的数字经济立法来给予促进、规范、管理和保障。而且,从案例中共享单车被"共享"的情况可以看出,人们的权益在数字经济时代更容易受到损害。因此,对于迅猛发展、规模庞大的数字经济,必须有专门的法律来促进、规范、管理和保障。

数字中国建设为我国数字法治的发展和法学研究的繁荣带来了独特的历史机遇。党的二十大对数字中国和法治中国建设提出更高要求。数字立法有利于形成一整套法治新样态的运作机制和正义模式,激发市场主体的创新活力。基于数字化的科学技术和特殊属性,数字法治必须持续推动理论创新、实践创新、制度创新,对现有法治模式进行全面变革、整体重塑,构建一系列法治新思维的价值理念、规则体系,形成一整套法治新样态的运作机制和正义模式。数字化程度越高,面对的安全挑战也就越大,就越需要筑牢数字安全屏障。通过数字立法才能相应建立一个安全、有序的数据流通环境,建立起一套关于数据产权的法律规则,规范数据的权属、使用、交易、共享机制,以法治化规范数字化,切实维护数字安全和正义,激发市场主体的创新活力。我们要乘势而上,积极推进数字法治建设,将我国数字技术的科技优势,与法治引领的治理优势、党的领导的体制优势结合起来,更好地转化为全面依法治国的治理效能。

四、延伸阅读

1.《习近平谈治国理政》第 4 卷,外文出版社 2022 年版。

2.习近平:《坚持走中国特色社会主义法治道路 更好推进中国特色社会主义法治体系建设》,《求是》2022 年第 4 期。

3.《习近平法治思想学习纲要》,人民出版社、学习出版社 2021 年版。

4.《习近平关于全面依法治国论述摘编》,中央文献出版社 2015 年版。

5.《中共中央关于全面推进依法治国若干重大问题的决定》,人民出版社 2014 年版。

五、拓展研学

1.建议部分学生组成理论研学小组,结合本章知识搜集、梳理书籍、期刊等文献资料,自拟主题形成一篇研学报告,以期加深对相关问题的深入认识。

2.建议部分学生结成实践研学小组,以组为单位结合本章知识,从加快推进法治中国建设的主要任务等主题进行深入研究,围绕坚持依法治国、依法执政、依法行政共同推进,法治国家、法治政府、法治社会一体建设,科学立法、严格执法、公正司法、全民守法各个环节寻找相关案例,自拟题目撰写一篇案例研究报告。

3.建议部分学生结成实践学习小组,观看影视《全面依法治国》《法治中国》等视频资料,可以从知识角度、情感角度,也可以从大学生自身的法律意识现状等角度撰写观后感。

第十章　建设社会主义文化强国

一、教学主要目标

　　本章教学主要深入学习习近平文化思想的主要内容,围绕"建设什么样的社会主义文化强国,怎样建设社会主义文化强国"的主线设计教学。教学过程中需要完成三个层次的教学目标:(1)在知识层面,了解文化的基本内涵,认识到文化在民族复兴中的重要作用,做到坚定文化自信,坚持中国特色社会主义文化发展道路,明晰建设社会主义文化强国的战略目标和新时代文化使命;牢牢坚持马克思主义的方向,深入理解马克思主义在意识形态领域的指导地位;明晰如何以社会主义核心价值观引领文化建设,弘扬伟大建党精神,不断提高社会文明程度;结合中华文明突出特性,引导学生理解在新时代如何推动中华优秀传统文化的创造性转化和创新性发展,提升国家文化软实力和中华文化影响力,铸就社会主义文化新辉煌,推动建设中华民族现代文明。(2)在能力层面,让学生深刻认识中华文明突出特性,掌握和深入理解习近平文化思想,并且能够理解文化复兴与民族复兴的内在关联。(3)在价值层面,增强学生的文化自觉、文化认同和文化自信,积极践行社会主义核心价值观,扣好人生第一粒扣子,主动投身中华现代文明的建设过程之中。

二、教学重难点

　　本章教学重点:把握习近平文化思想的核心内容,把握文化自信对中华民族伟大复兴的重要意义,深刻理解坚持马克思主义在意识形态领域指导地位的根本制度,按照社会主义核心价值观的基本要求推进社会主义文化建设,弘扬以伟大建党精神为源头的中国共产党人精神谱系,深入理解中华文明突出特性,推进中华优秀传统文化创造性转化和创新性发展,以满足人民日益增长的精神文化需求,巩固全党全国各族人民团结奋斗的共同思想基础,最终建成社会主义文化强国。

本章教学难点:第一,如何引导学生理解新时代新的文化使命,理解文化的重要作用,以及文化自信是什么,为什么要文化自信,何以能够文化自信。第二,如何引导学生理解为什么要文化自信及坚持马克思主义在意识形态领域指导地位的根本制度。第三,如何引导学生理解弘扬以伟大建党精神为源头的中国共产党人精神谱系的原因。第四,如何讲好中华文明突出特性,引导学生理解为何以及如何推动中华优秀传统文化创造性转化和创新性发展。

三、教学案例

(一)坚定文化自信——敦煌文化展示了中华民族的文化自信

1.案例呈现

材料一:2019 年 8 月 19 日,习近平总书记到甘肃考察,来到敦煌研究院,察看珍藏文物和学术成果展示,听取文物保护和研究、弘扬优秀历史文化情况介绍,并同有关专家、学者和文化单位代表座谈。在认真听取敦煌研究院名誉院长樊锦诗、兰州大学历史文化学院教授郑炳林发言后,习近平发表了重要讲话。他对敦煌文化保护研究工作表示肯定,强调敦煌文化是中华文明同各种文明长期交流融汇的结果。我们要铸就中华文化新辉煌,就要以更加博大的胸怀,更加广泛地开展同各国的文化交流,更加积极主动地学习借鉴世界一切优秀文明成果。研究和弘扬敦煌文化,既要深入挖掘敦煌文化和历史遗存蕴含的哲学思想、人文精神、价值理念、道德规范等,更要揭示蕴含其中的中华民族的文化精神、文化胸怀,不断坚定文化自信。要加强对国粹传承和非物质文化遗产保护的支持和扶持,加强对少数民族历史文化的研究,筑牢中华民族共同体意识。要推动敦煌文化研究服务共建"一带一路",加强同共建国家的文化交流,增进民心相通。要加强敦煌学研究,广泛开展国际交流合作,充分展示我国敦煌文物保护和敦煌学研究的成果。要关心爱护科研工作者,完善人才激励机制,为科研工作者开展研究、学习深造、研修交流搭建更好平台,提高科研队伍专业化水平。

(资料来源:《坚定信心开拓创新真抓实干 团结一心开创富民兴陇新局面》,《人民日报》2019 年 8 月 23 日第 1 版。)

材料二:2024 年 5 月 23 日,文化强国建设高峰论坛在深圳国际会展中心启幕。与会专家围绕"中国式现代化与新的文化使命"这一主题,交流真知灼见,分析形势任务,把握发展规律,增进思想共识,凝聚推进文化强国建设的强大合力。

"博大精深的敦煌文化遗产中蕴含着中华文明多方面的精神标识。"敦煌研究院名誉院长樊锦诗从"敦煌文化遗产的智慧启示"入手,讲述了文化遗产保护和中华文明发展的内在联系。

"中国文化遗产蕴含着中华民族生生不息的开拓精神、共生精神和人文精神。深入挖掘这些精神内涵有助于我们感悟祖先智慧,感知民族精神,树立文化自信,更好地担负起新的文化使命,为建设社会主义现代化强国、实现中华民族伟大复兴贡献力量。"樊锦诗说。

（资料来源:《担负新的文化使命 加快建设文化强国》,《光明日报》2024 年 5 月 24 日第 3 版。）

2.案例指向

本案例指向教材第十章第一节第二目的内容,重点阐述为何以及如何坚定中国特色社会主义文化自信。我们建设社会主义文化强国既要有深厚的历史文化资源,又要有坚定文化自信的内在状态。

3.案例解析

本案例以敦煌文化保护传承和弘扬创新为切入口,来理解文化自信的来源和文化自信的意义。敦煌文化首先是中华文明的典型代表,体现了中华文明的源远流长和博大精深。其次,敦煌文化是中华文明同各种文明长期交流融汇的结果,体现了开拓包容和共生发展的姿态。最后,研究、保护和弘扬敦煌文化是文化主体性、民族性和时代性的根本要求,也是为树立文化自信和担负起新的文化使命、建设社会主义现代化强国提供强大的内生动力。这个案例的两个材料归结为一点就是要认识到文化复兴和文化强国的前提乃是文化自信。

（1）文化自信是民族复兴的心理基础、价值根基和内在前提

文化自信的抽象性、历史性和渐进性,决定了这个概念的复杂性,以致很难让学生透彻地和深刻地去理解。这就需要我们重点把握文化自信是什么,是对什么的自信,又呈现出什么样的状态,从而引出文化自信的概念。文化自信是一个国家、一个民族对历史积淀形成的文化精髓和价值体系的内在自觉、主观认同和价值坚信,是对本民族的文化生命力、创造力、影响力的坚定信念。民族文化是一个民族区别于其他民族的显著标识。文化自信提供了经济社会发展的精神动力和智力支持。

（2）文化自信是更基础、更广泛、更深厚的自信，是一个国家、一个民族发展中最基本、最深沉、最持久的力量

中华民族之所以一次次凤凰涅槃、浴火重生，一个很重要的原因就是博大精深、灿烂辉煌的中华文化具有强大的生命力、凝聚力、创造力。习近平强调："没有高度的文化自信，没有文化的繁荣兴盛，就没有中华民族伟大复兴。"①敦煌文化是璀璨夺目的中华文化的典型样态，为我们坚定文化自信提供了坚厚的基石。建设社会主义文化强国、推动社会主义文化繁荣兴盛，需要我们对自身的文化有正确的认知和研究，并能结合当前中国社会主义现代化发展实际进行弘扬和创新。

（3）中华优秀传统文化是我们坚定文化自信的深厚基础

中华文化博大精深、源远流长，中华文明是世界上唯一没有中断的文明。2015 年 11 月 3 日，习近平会见第二届"读懂中国"国际会议外方代表时强调："中国有坚定的道路自信、理论自信、制度自信，其本质是建立在 5000 多年文明传承基础上的文化自信。"②坚定文化自信，离不开对中华民族历史的认知和运用，尤其是对类似于敦煌文化的优秀内容进行深入开掘和创新。历史是一面镜子，从历史中，我们能够更好看清世界、参透生活、认识自己；历史也是一位智者，同历史对话，我们能够更好认识过去、把握当下、面向未来。中华民族伟大复兴归根结底是中华文化的复兴。

（4）中华优秀传统文化、红色革命文化以及社会主义先进文化构成当代中国文化自信的内容体系，而其所蕴含的民族精神、时代精神与核心价值是当代中国文化自信得以确立的精神基石

正如材料二所说，"中国文化遗产蕴含着中华民族生生不息的开拓精神、共生精神和人文精神"。敦煌文化中蕴含的历史主动精神和历史创造精神既是中华民族的精神底蕴，又是我们开拓进取建设文化强国的底气。文化自信也融通贯穿于中华优秀传统文化的创造性转化与创新性发展、红色革命文化的新时代弘扬以及社会主义先进文化的时代跃进中，以不断汇聚自信的精神底气。综上而言，当代中国文化自信，是一种整体性自信，既是中华民族一种整体性的积极文化心态，同时也是对中华优秀传统文化、红色革命文化以及社会主义先进文化等构成的当代中国文化体系

---

① 习近平：《坚定文化自信，建设社会主义文化强国》，《求是》2019 年第 12 期。

② 《记以习近平同志为总书记的党中央推进全方位外交的成功实践》，《人民日报》2016
年 1 月 5 日第 1 版。

的整体自信。

(二)建设具有强大凝聚力和引领力的社会主义意识形态

1.案例呈现

材料一:精神文明建设中的"立"与"破"是同一个过程的两个方面。提高人们的思想道德水平,必须进行正面教育和宣传,也就是采用"立"的手段。马克思主义认为,科学社会主义意识不可能在工人运动中自发地产生,这种意识只能从外部灌输进去。我们所讲的灌输,就是用马克思主义的立场、观点和方法去宣传群众、武装群众、教育群众。通过一系列艰苦细致的思想政治工作,使爱国主义、社会主义、集体主义思想扎根于人民群众心中。这就是"立"。可以说,"立"是我们党的政治优势。当然,仅有"立"还是不够的,封建主义的东西,资本主义腐朽没落的东西,你不打,它就不倒。这就需要"破"——通过批判,揭露假、恶、丑,使它们失去人心、失去市场。让人们在思想认识上自觉地抵制这些东西的侵入。同时,还要采取有力的手段,运用法制、行政的手段,坚持打击封建主义、资本主义腐朽的东西,持久、深入地开展扫黄打丑斗争。

总之,"立"和"破",都是精神文明建设中不可缺少的。不破不立,不立不破,相辅相成,殊途同归。

(资料来源:习近平:《摆脱贫困》,福建人民出版社1992年版,第152页。)

材料二:2018年7月以来,中宣部、中央文明办持续推进新时代文明实践中心建设试点工作。全国500个试点县(市、区)普遍建立新时代文明实践中心,发挥县级党委统揽作用,聚焦群众需求、广泛组织力量,有效调配资源、完善工作网络,着力破解基层宣传思想工作"做什么、谁来做、怎样做"的问题,成为新时代群众工作的创新载体,受到基层干部群众的欢迎。促进社会主义核心价值观落细落小落实。志愿者既有面子又得实惠。在山东荣成市"志愿+信用"机制下,每个市民都有自己的信用档案,他们参与理论宣讲、清洁家园、扶老助残等26项文明实践活动都与个人信用挂钩,根据服务次数、时间长短获得相应的信用积分,志愿者可凭借积分到信用超市免费兑换奖励。这一举措赢得了全社会的积极响应。数据显示,荣成市志愿者已达15.5万人,每月开展活动3000场次、参与10万人次。

近年来,各地通过一系列探索,不断深化移风易俗:制定道德评议积分管理制度,明确奖惩措施,积分可兑换物质或精神奖励;规范婚丧礼俗,完善村规民约、市民公约,成立红白理事会,倡导婚丧事新办简办,对操办时限、随礼金额、宴席规模等划定上限标准;加强文明培育,开展节约型机关、美丽庭院等创建活动……

　　在内蒙古苏尼特右旗,108 支草原"文艺轻骑兵"处处播撒着文明火种——他们开来了流动舞台车、图书车以及科普大篷车,带来了文艺演出、惠民活动以及法律应用、疾病预防、防范网络诈骗等相关知识。

（资料来源:《新时代文明实践中心试点工作成效显著》,《人民日报》2021 年 11 月 23 日第 6 版。）

　　2.案例指向

　　本案例指向教材第十章第二节的第一目和第三节的第三目,坚持马克思主义在意识形态领域指导地位的根本制度,提高全社会文明程度。

　　3.案例解析

　　本案例呈现习近平同志在福建宁德工作期间开展精神文明建设的基本要求,强调精神文明建设中的"立"与"破"是同一个过程的两个方面,善于运用马克思主义武装群众。从材料二中也可以看到这一实践理念一直延续发展至今。党的十八大以来,习近平同志强调,坚持马克思主义在意识形态领域指导地位的根本制度,必须牢牢掌握党对意识形态工作的领导权,坚持以立为本、立破并举,提高政治自觉,把意识形态阵地建设和管理工作摆在重要位置。

　　(1)马克思主义是我们立党立国、兴党兴国的根本指导思想

　　材料一中所谓的"立",用马克思主义的立场、观点和方法去宣传群众、武装群众、教育群众。一系列艰苦细致的思想政治工作,使爱国主义、集体主义、社会主义思想扎根于人民群众心中。这就是要在思想文化领域和意识形态阵地上牢牢树立起马克思主义的伟大思想旗帜。这是坚持和加强党对宣传思想文化工作全面领导的本质要求,是发展社会主义先进文化的有力保障。

　　(2)坚持马克思主义在意识形态领域指导地位的根本制度是历史的结论、现实的要求

　　一方面,从历史看,正是中国先进分子选择了马克思主义,民族独立、国家富强、人民幸福才有了明确的方向。在长期艰辛探索中,中国共产党把马克思主义基本原理同中国具体实际相结合、同中华优秀传统文化相结合,领导人民走出漫漫长夜,建立了新中国,确立了社会主义制度,开辟了中国特色社会主义道路,推动中国特色社会主义进入新时代,为实现中华民族伟大复兴开拓了光明的前景。另一方面,从现实看,坚持马克思主

义在意识形态领域指导地位的根本制度,是坚持和巩固我国社会主义制度、保证我国文化建设正确方向的必然要求。面对世界范围内思想文化相互激荡,我国社会思想观念和价值取向日趋多样,各种社会思潮纷繁复杂的新变化,各种敌对势力对我国渗透遏制,一些错误思想观点特别是西方"宪政民主"、新自由主义、历史虚无主义等仍然伺机冒头,妄图挑战马克思主义指导地位,攻击否定党的领导和我国政治制度、发展道路,竭力争夺意识形态话语权。

(3)新时代新征程,坚持马克思主义在意识形态领域指导地位的根本制度,必须牢牢掌握党对意识形态工作领导权,坚持以立为本,立破并举

材料一表现了习近平同志在福建宁德工作期间开展思想文化建设理念的先进性和科学性,"立"与"破"是同一个过程的两个方面,就是马克思主义方法论在实践中的科学运用。社会主流价值遭遇市场逐利性和思潮多元性的挑战。市场存在的自身弱点和消极方面,等价交换原则等观念,必然反映和进入到人们的精神生活中来,甚至渗透到党内生活中来。正如材料一中提出的,"这就需要'破'——通过批判、揭露假、恶、丑,使它们失去人心、失去市场,让人们在思想认识上自觉地抵制这些东西的侵入"。党的十九届四中全会第一次明确提出了坚持马克思主义在意识形态领域指导地位的根本制度。坚持以立为本、立破并举,坚持马克思主义在意识形态领域的指导地位,巩固壮大奋进新时代的主流思想舆论,在多元中立主导、在多样中谋共识的任务更加凸显。只有坚持以马克思主义统领多样化思想文化发展,才能牢牢把握社会主义先进文化前进方向,夯实共同的思想基础,拉紧共同的精神纽带,促进全体人民在思想信念、价值理念、道德观念上紧紧凝聚在一起。

(4)坚持用马克思主义特别是中国化时代化的马克思主义武装全党、教育人民、指导实践

马克思主义是共产党人的"真经",是当代中国文化发展的魂脉。马克思主义始终是随着时代、实践、认识发展而发展的,习近平新时代中国特色社会主义思想是马克思主义中国化时代化最新成果,是当今时代最现实、最鲜活的马克思主义。要按照学懂、弄通、做实的要求,深入推进习近平新时代中国特色社会主义思想学习教育,引导人们全面系统掌握这一思想的基本观点、科学体系,把握好这一思想的世界观、方法论,坚持好、运用好贯穿其中的立场观点方法。坚持理论联系实际的学风,用马克思主义观察时代、把握时代、引领时代,增强对当代中国马克思主义、21

世纪马克思主义的政治认同、思想认同、理论认同、情感认同。

（5）文明是现代化国家的显著标志

推动社会文明程度不断提高，是全面建设社会主义现代化国家的重要目标，也是建设社会主义文化强国的重大任务。加强马克思主义学习宣传教育，不断巩固马克思主义在意识形态领域的指导地位，最终体现在全社会文明程度的不断提高，体现在具有强大凝聚力和引领力的社会主义先进文化的繁荣发展。建设新时代文明实践中心是以习近平同志为核心的党中央从战略和全局高度作出的重大决策，是建设具有强大凝聚力、引领力的社会主义意识形态的重要工程，是建设具有强大生命力、创造力的社会主义精神文明的有效载体。材料二围绕新时代文明实践中心试点工作的成效，可以看出提高全社会文明程度也要坚持重在建设、以立为本，进而形成适应新时代要求的思想观念、精神面貌、文明风尚和行为规范。习近平总书记高度重视新时代文明实践中心建设，2018 年 7 月 6日，习近平总书记主持召开中央深改委第三次会议，对建设新时代文明实践中心作出精确定位、提出明确要求。2018 年 8 月 21 日，习近平总书记在全国宣传思想工作会议上再次强调，要加强和改进思想政治工作，推进新时代文明实践中心建设。2018 年 8 月，中共中央办公厅印发《关于建设新时代文明实践中心试点工作的指导意见》，在 12 个省（市）的 50 个县（市、区）部署开展试点工作。2019 年 10 月，中央文明委印发《关于深化拓展新时代文明实践中心建设试点工作的实施方案》，将试点县（市、区）覆盖到 31 个省（区、市）和新疆生产建设兵团，数量由 50 个扩大到 500个，推动试点工作进入深化拓展、提质增效的新阶段。新时代文明实践中心的首要政治任务就是推动党的创新理论"飞入寻常百姓家"，让习近平新时代中国特色社会主义思想在城乡基层深入人心、落地生根。建设新时代文明实践中心，就要把准"一个目标、四个定位、五项工作、三个到位"的基本定位和目标任务，也就是工作的总要求。一个目标，即"着眼于凝聚群众、引导群众，以文化人、成风化俗，调动各方力量，整合各种资源，创新方式方法，用中国特色社会主义文化、社会主义思想道德牢牢占领农村思想文化阵地，动员和激励广大农村群众积极投身社会主义现代化建设"。四个定位：高举思想旗帜，把中心建设成为学习传播科学理论的大众平台；落实政治责任，把中心建设成为加强基层思想政治工作的坚强阵地；围绕立德树人，把中心建设成为培养时代新人、弘扬时代新风的精神家园；完善运行机制，把中心建设成为开展中国特色志愿服务的广阔舞台。五项工作,即学习实践科学理论、宣传宣讲党的政策、培育践行主流价值、丰富活跃文化生活、持续深入移风易俗。三个到位,即阵地资源整合到位、体制机制健全到位、服务群众精准到位。这"1453"是建设新时代文明实践中心的重要遵循,须臾不可偏离。材料二展现的成效正是上述举措落地后的结果。因此,推动新时代文明实践中心高质量发展就是要求领导干部在扎根基层中服务基层、在服务群众中引领群众,让城乡精神文明建设和基层宣传思想二作实起来、强起来,激发和凝聚广大人民群众同心共筑中国梦的强大力量。

(三)弘扬以伟大建党精神为源头的中国共产党人精神谱系

1.案例呈现

材料一:习近平从小听着革命故事,传承着父辈红色基因,对革命老区有着深厚的感情。福建是我国著名革命老区之一。在长期的革命战争中,福建老区人民为新中国的建立作出了重大贡献和巨大牺牲,赢得了"红旗不倒"的美誉。在福建工作期间,习近平先后19次到闽西,其中7次到古田,3次到才溪,看望慰问老红军和革命"五老"人员,瞻仰革命遗址,追寻革命足迹。

习近平赴任宁德的第二天,就轻车简从来到福安柏柱洋,瞻仰闽东苏维埃政府旧址,看望烈士后人。对闽东红色遗存的挖掘保护,习近平更是投入了特殊感情。福安城北月屏山麓,矗立着闽东革命纪念馆。步入纪念馆,映入眼帘的是一座名为"丰碑"的雕塑,展示闽东各族人民在红旗下前赴后继、勇往直前、迎接胜利的奋进身姿。在叶飞、曾志等老一辈革命家的倡议下,宁德地区于1984年开始建设闽东革命纪念馆。

为把纪念馆建好、发挥更大作用,在开馆前后的9个月时间里,习近平先后4次主持地委办公会议,听取纪念馆建设、陈列等工作汇报,具体研究推进纪念馆开馆事宜。从革命文物收集、史料陈列、设施完善、讲解员培训到开馆仪式等诸多细节,习近平都逐一过问、研究,协调解决经费、编制、管理体制等问题。1989年7月1日,习近平与老同志、老红军代表参加了闽东革命纪念馆开馆仪式。开馆后,习近平十分重视发挥纪念馆的使用效益和教育意义,要求"充分利用闽东革命纪念馆这块阵地,广泛开展老区传统教育"。习近平多次深情表示:"忘记老区,就是忘本,忘记历史,就意味着背叛。""饮水思源,勿忘老区。"

习近平经常讲起这样一段老红军的故事:"在福建工作时,一位开国中将的子女找到我,说要遵循遗愿把父亲骨灰的一半送回家乡,一半送到闽西革命老区埋葬。这位老将军是湖北人,长征时是一个团的团长,带领团里的闽西子弟,血战湘江,很多战友都牺牲了。他说,死后要同战友们长眠在一起。"

这位老将军就是曾任北京军区副司令员的开国中将韩伟。1992 年 8 月,遵其遗嘱,韩伟将军的骨灰被安放在了闽西革命公墓。

"这个感情在我心里。"习近平说,老区苏区的红土地孕育了革命,也孕育了革命老前辈,为中国人民解放事业作出了巨大贡献。

行走在红土地上,感受信仰的力量,习近平说,要把红土地的革命精神归纳概括,要通过弘扬这种精神,凝聚人心,达到思想教育的目的。

(资料来源:《闽山闽水物华新——习近平福建足迹》(上),福建人民出版社、人民出版社 2022 年版,第 52～53 页。)

材料二:白墙青瓦的古田会议会址庄重古朴,"古田会议永放光芒"8 个大字熠熠生辉。这里是我们党确立思想建党、政治建军原则的地方,是我军政治工作奠基的地方,是新型人民军队定型的地方。早在福建工作期间,习近平先后 7 次来到这里,大力倡导和弘扬古田会议精神。

古田会议纪念馆里,习近平认真听取讲解,不时在一件件文物、一组组数字前凝神观看,同大家深入交流,一起重温党领导创建新型人民军队的峥嵘岁月,强化坚持军队政治工作根本原则和制度的意识和责任。他表示,历史往往在经过时间沉淀后可以看得更加清晰。他要求大家深入思考我们当初是从哪里出发的、为什么出发的,接受思想洗礼,以利于更好前进。

习近平出席全军政治工作会议并发表重要讲话。他强调,革命的政治工作是革命军队的生命线。实行革命的政治工作,保证了我军始终是党的绝对领导下的革命军队,为我军战胜强大敌人和艰难险阻提供了不竭力量,使我军始终保持了人民军队的本色和作风。

(资料来源:《发挥政治工作对强军兴军的生命线作用 为实现党在新形势下的强军目标而奋斗》,《人民日报》2014 年 11 月 2 日第 1 版。)

2.案例指向

本案例指向教材第十章第三节的第二目内容,即弘扬以伟大建党精神为源头的中国共产党人精神谱系。

3.案例解析

本案例介绍了习近平总书记七到古田,强调新时代要饮水思源,勿忘

老区,赓续红色血脉,继续弘扬伟大建党精神。具体而言,本案例主要照应教材的如下内容:

(1)以伟大建党精神为源头的中国共产党人精神谱系,是党带领人民战胜艰难险阻、取得一个又一个伟大胜利的精神丰碑,是中华民族的宝贵精神财富

人无精神则不立,国无精神则不强。精神是一个民族赖以长久生存的灵魂,唯有精神上达到一定的高度,这个民族才能在历史的洪流中屹立不倒、奋勇向前。材料二中提及的古田会议精神是新民主主义革命时期铸就的一座共产党人的精神丰碑。在福建工作期间,习近平同志先后19次到闽西,其中7次到古田,3次到才溪,看望慰问老红军和革命"五老"人员,瞻仰革命遗址,追寻革命足迹。这足以体现习近平同志对革命文化和红色基因的高度重视。一百多年前,中国共产党的先驱们创建了中国共产党,形成了坚持真理、坚守理想,践行初心、担当使命,不怕牺牲、英勇斗争,对党忠诚、不负人民的伟大建党精神,这是中国共产党的精神之源。在百余年接续奋斗中,一代又一代中国共产党人弘扬伟大建党精神,展现出伟大的历史主动精神,锤炼出鲜明的政治品格,铸就了一系列伟大精神,构筑起中国共产党人精神谱系。中国共产党人精神谱系集中体现了党的坚定信念、根本宗旨、优良作风,凝聚着中国共产党人艰苦奋斗、牺牲奉献、开拓进取的伟大品格,已经深深融入党、国家、民族、人民的血脉和灵魂,成为民族精神和时代精神的重要组成部分,成为社会主义核心价值观的丰富滋养。

(2)党的伟大精神和光荣传统跨越时空、历久弥新,是激励我们奋勇前进的强大精神动力

材料二中提到,习近平总书记要求大家深入思考我们当初是从哪里出发的、为什么出发的,接受思想洗礼,以利于更好前进。这就要求新时代的中国共产党人依然要发扬艰苦奋斗的优良作风,塑造牺牲奉献的优秀品格。如今,我们迈上了全面建设社会主义现代化国家新征程,担负着新的历史使命,也必然面临着新的重大挑战,更加需要强大的精神力量和坚毅的思想品格。习近平指出:"我们要继续弘扬光荣传统、赓续红色血脉,永远把伟大建党精神继承下去、发扬光大!"[①]要推进以伟大建党精神为源头的中国共产党人精神谱系教育常态化长效化,引导全社会从党的

---

① 《习近平谈治国理政》第4卷,外文出版社2022年版,第21页。

奋斗历程中汲取真理力量、人格力量、智慧力量。推动党史学习教育,加强革命传统教育、爱国主义教育,用好红色文化资源,增强红色文化的表现力、传播力、影响力,使青少年深刻领悟红色政权来之不易、新中国来之不易、中国特色社会主义来之不易、今天的幸福生活来之不易,确保红色基因代代相传、红色江山永不变色。

(四)中华优秀传统文化创造性转化和创新性发展

1.案例呈现

材料一:源自于源远流长的中华优秀传统文化,熔铸于党领导人民创造的革命文化和社会主义先进文化,植根于中国特色社会主义伟大实践……历经百年,中国特色社会主义文化已经融入中国共产党的精神血脉,时刻形塑着亿万中国人的精神气质。

悠远的文明传承是她的基因。今年3月22日,正在福建考察的习近平总书记来到朱熹园,语重心长地指出:"如果没有中华五千年文明,哪里有什么中国特色? 如果不是中国特色,哪有我们今天这么成功的中国特色社会主义道路?"五千年文明的薪火相传、生生不息,赋予了我们党百折不挠的顽强与坚韧;中华文化特有的气质和禀赋,赋予了我们党质朴刚健、艰苦奋斗的宝贵品格;华夏先人对天下大同的追求向往,赋予了我们党心系苍生、天下为公的博大胸襟。凝结着人类思想精华的马克思主义,激活了古老的华夏文明;历史上唯一一个从未中断的伟大文明,又为马克思主义在中国的发展注入丰富的养分和深厚的动力。

(资料来源:《中国没有辜负社会主义》,《人民日报》2021年6月8日第3版。)

材料二:习近平总书记考察中国国家版本馆中央总馆,走进保藏古籍版本的兰台洞库,实地察看版本保存收藏情况。这些版本所承载的中华优秀传统文化、革命文化和社会主义先进文化,因源远流长而底蕴深厚,因求同存异而博大精深,因推陈出新而独领风骚。千百年来,因有版本这种重要的文化载体的忠实记录,中华文明的长河奔腾不息。

中国国家版本馆中央总馆馆藏的不同形态、内涵各异的版本,传承了中华民族特有的精神追求和特质,是看得见、摸得着、信得过的"金种子",是坚定文化自信自强、更好担负起新时代新的文化使命的精神源泉。

文字是承载文化的重要工具,古人将汉字书写在龟甲、兽骨上,刻在山壁、陶器、青铜器上,记录在竹简、帛书上,刻印、刷印、书写在纸上……加之中国自古以来就有护书、传书、读书的优良传统,修史、修志、修谱和著书立说,把国家史、地方史、家族史和个人史记录得较为清楚。中华文明因此得以千秋不断、文脉清晰。

目前,中国国家版本馆典藏10大类版本、2500余万册/件藏品、上万件展品。从陶器工艺到千年贝叶,从雕版刻印到活字印刷,从人工拓印到机器印刷,从古籍卷轴装、龙鳞装、经折装、蝴蝶装、包背装、线装到现代书籍的胶装,从版本修复到版本保护,无不展现出中华民族的智慧创造。

新时代建设中国国家版本馆,将承载中华文明、关乎民族文脉传承的各类版本规划保藏,对于增强文化自信、厚植文化根基具有重要的现实意义。

(资料来源:《推动中华文明传承发展(坚持"两创"铸就辉煌)》,《人民日报》2023年10月5日第8版。)

材料三:距今5800年前后,黄河、长江中下游以及西辽河等区域出现了文明起源迹象;

距今5300年以来,中华大地各地区陆续进入了文明阶段;

距今3800年前后,中原地区形成了更为成熟的文明形态,并向四方辐射文化影响力,成为中华文明总进程的核心与引领者。

"中华文明实际是在黄河、长江和西辽河流域等地理范围内展开并结成的一个巨大丛体。"探源工程负责人之一、北京大学考古文博学院教授赵辉说,"这个丛体内部,各地方文明都在各自发展。在彼此竞争、相对独立的发展过程中,又相互交流、借鉴,逐渐显现出'一体化'趋势,并于中原地区出现了一个兼收并蓄的核心,我们将之概括为'中华文明的多元一体'。"

研究表明,多元一体文化现象背后的各地方社会,在其文明起源和早期发展阶段,在各自的环境基础、经济内容、社会运作机制以及宗教和社会意识等方面存在各种各样的差别,呈现出多元格局,并在长期交流互动中相互促进、取长补短、兼收并蓄,最终融汇凝聚出以二里头文化为代表的文明核心,开启了夏商周三代文明。

专家认为,作为一种历史趋势,"多元一体"也奠定了夏商周三代文明的基础,成为中华民族和多民族统一国家形成的原因和源头。

(资料来源:《考古证实:中华文明五千年!》,《人民日报》2018年5月29日第6版。)

2.案例指向

本案例指向教材第十章第四节第一目的内容,即传承发展中华优秀传统文化。

3.案例解析

本案例材料一主要是强调中国特色社会主义道路植根于中华优秀传

统文化，材料二强调新时代继续传承和发展中华文明，材料三凸显了中华文明的源远流长和多元一体。这些材料共同呈现了新时代建设文化强国要坚守中华文化立场，传承和发展中华优秀传统文化，绝不能抛弃这个根脉。

（1）中华优秀传统文化是中华文明的智慧结晶和精华所在，是中华民族的根和魂，是我们在世界文化激荡中站稳脚跟的根基

材料一强调中华优秀传统文化之于中国特色的重要意义。因此，我们要不忘本来才能开辟未来，善于继承才能更好创新。中国特色社会主义植根于中华文化沃土、反映中国人民意愿、适应中国和时代发展进步要求，有着深厚历史渊源和广泛现实基础。要坚持把马克思主义基本原理同中华优秀传统文化相结合，推动中华优秀传统文化创造性转化、创新性发展，让中华文明展现出永久魅力和时代风采。推动文化繁荣、建设文化强国、铸就社会主义文化新辉煌都离不开对中华优秀传统文化的创造性转化和创新性发展。

（2）深刻把握中华文明的突出特性

材料二从内容上强调了中华优秀传统文化的内容上博大精深和丰富多彩。目前，中国国家版本馆典藏内容丰富、品类繁多，各种各样的文化典籍和文化展品无不展现出中华民族的智慧创造；中华文明因此得以千秋不断、文脉清晰。从中我们可以看到中华文明五大突出特性，即连续性、创新性、统一性、包容性以及和平性。尤其是材料三从考古学的角度，更加凸显了中华文明的连续性。这是中华民族生生不息的精神之源，也是中华民族区别于世界其他民族的精神标识，更是建设中华民族现代文明的宝藏。

（3）推动中华优秀传统文化创造性转化、创新性发展

从三个材料中，我们认识到了中华优秀传统文化的悠久性、重要性和价值性。我们要善于运用马克思主义的立场观点和方法科学地对待中华优秀传统文化，以马克思主义为指导对中华五千多年文明宝库进行全面挖掘，用马克思主义激活中华优秀传统文化中富有生命力的优秀因子并赋予新的时代内涵，将中华民族的伟大精神和丰富智慧更深层次地注入马克思主义，有效把马克思主义思想精髓同中华优秀传统文化精华贯通起来。中国共产党既是中国先进文化的积极引领者和践行者，又是中华优秀传统文化的忠实传承者和弘扬者。要坚持马克思主义的立场观点方法，坚持古为今用、推陈出新，有鉴别地加以对待，有扬弃地予以继承。传

承和弘扬中华优秀传统文化,并不意味全盘复古,而是要通过创造性转化和创新性发展,使中华民族最基本的文化基因同当代中国相适应、同现代社会相协调、同现实文化相融通,把跨越时空、超越国界、富有永恒魅力、具有当代价值的文化精神弘扬起来。这也并不意味着故步自封,而是要以更加博大的胸怀,更加广泛地开展同各国的文化交流,取长补短、择善而从,在不断汲取各种文明养分中丰富和发展中华文化。

(4)保护好、传承好文化遗产

中华民族拥有丰富的文化宝藏和文化遗产。文化遗产承载灿烂文明,传承历史文化,维系民族精神,是加强社会主义精神文明建设的深厚滋养。材料二体现了文化遗产内容丰富,材料三体现了文化遗产的时间久远。这就要求中国共产党要站在中华文脉延续和中华文明发展的角度,不仅要在物质形式上传承好,而且要在精神心灵上传承好。党的十八大以来,以习近平同志为核心的党中央从留住文化根脉、守住民族之魂的战略高度出发,把历史文化遗产保护利用工作摆到更加突出的位置,推动文物保护利用和文化遗产保护传承工作得到全面加强。保护好、传承好文化遗产是对历史对人民负责,要坚持把保护放在第一位,增强对历史文物和文化遗产的敬畏之心,像爱惜自己的生命一样保护好文化遗产,守护好中华文脉。2023 年 6 月 2 日,习近平在文化传承发展座谈会上强调:"在五千多年中华文明深厚基础上开辟和发展中国特色社会主义,把马克思主义基本原理同中国具体实际、同中华优秀传统文化相结合是必由之路。这是我们在探索中国特色社会主义道路中得出的规律性的认识,是我们取得成功的最大法宝。"[①]这些文化遗产的合理保护让我们能够更加清晰地认识中华文明的历史轨迹和文化特色。我们也可以从中看到,中华文明是一个和平的、友好的、合作的、共赢的文明,它不断地与周边地区和其他文明进行交流互动,促进了人类文明的进步和发展。

四、延伸阅读

1.《闽山闽水物华新:习近平福建足迹》,福建人民出版社、人民出版社 2022 年版。

---

① 《担负起新的文化使命 努力建设中华民族现代文明》,《人民日报》2023 年 6 月 3 日第 1 版。

2.《习近平关于社会主义精神文明建设论述摘编》,中央文献出版社2022年版。

3.《习近平关于社会主义文化建设论述摘编》,中央文献出版社2017年版。

4.《习近平的文化情怀》,《人民日报》2022年5月12日第1版。

5.刘水静等:《中华文化为什么兴》,中国人民大学出版社2022年版。

五、拓展研学

1.如何理解文化的重要作用?

2.如何坚持马克思主义在意识形态领域指导地位的根本制度?

3.如何理解以伟大建党精神为源头的中国共产党人精神谱系是中华民族的宝贵精神财富?

4.如何推动中华优秀传统文化创造性转化、创新性发展?

5.如何理解中华文明五大突出特性?

6.结合文化建设内容,开展本地优秀传统文化、红色文化、文化遗产、历史遗迹、博物馆等相关内容的实践调研。

第十一章　以保障和改善民生
为重点加强社会建设

一、教学主要目标

　　本章教学主要以保障和改善民生为主线,为学生展示全面建设社会主义现代化国家中社会建设这一重要环节。保障和改善民生是加强社会建设的重要着力方向,在提高人民生活质量的基础上,以共建共治共享推进社会治理现代化。教学过程需要完成三个层次的教学目标:(1)在知识层面,让学生认识到保障和改善民生对于加强社会建设的重要意义,理解增进民生福祉的方案只能在推进高质量发展当中寻找,进一步掌握如何坚定不移地走中国特色社会主义治理之路。(2)在能力层面,理解要从完善分配制度、推进就业优先、健全社会保障体系、提升国民健康水平等四个方面着力保障和改善民生。(3)在价值层面,树立为人民服务的意识,致力于投身提高人民生活质量的伟大事业当中来。

二、教学重难点

　　本章教学重点:增进人民获得感幸福感安全感、不断提高人民生活品质、推进社会治理现代化等内容。人民性是马克思主义的本质属性和鲜明品格,坚持以人民为中心是新时代坚持和发展中国特色社会主义的根本立场。切实提高人民生活质量的同时还应加强和创新社会治理能力,助力构建现代化社会治理体系。

　　本章教学难点:第一,帮助学生理解保障和改善民生的答案只能在发展中寻找,切实提高人民生活品质只能通过发展来实现。第二,学生要深入理解社会治理能力现代化的重要意义,认识到社会治理是国家治理的重要方面,共建共治共享是新时代社会治理的实践进路。国家、人民以及社会组织要共同治理、共享利益、共生发展。[1]

三、教学案例

(一)"千万工程"——浙江省为推进城乡协调发展树榜样

1.案例呈现

材料一:"千村示范、万村整治"工程是习近平总书记在浙江工作时亲自谋划、亲自部署、亲自推动的一项重大决策。20年来,习近平总书记始终高度重视"千万工程",党的十八大以来,他多次来到浙江,就全面推进乡村振兴,城乡协调发展等作出重要指示要求。

面对21世纪初城乡差距拉大的现实问题,时任浙江省委书记的习近平同志深入开展调查研究,用118天跑遍了11个地市。在准确把握省情农情的基础上,习近平同志审时度势,高瞻远瞩,于2003年6月作出了实施"千万工程"的重大决策。从全省选择约一万个行政村全面整治,并把约一千个中心村建成全面小康示范村。习近平同志描绘了"千万工程"的宏伟蓝图,指出要建设一批标准化、规范化、全面发展的新农村建设示范村,为浙江省全面推进乡村振兴打下坚实基础。

二十年沧桑巨变,对比今昔,"千万工程"的整治范围从最初的一万个左右行政村,推广到全省所有行政村。浙江全省农村居民人均可支配收入连续38年居全国省区第一,村级集体经济年经营性收入超过50万元的行政村占比过半,城乡居民收入比从2003年的2.43缩小到2022年的1.90。从单个省份走向全国,"千万工程"在广袤神州大地落地生根,改造着越来越多的中国乡村的整体面貌。

(资料来源:《造就万千美丽乡村 造福万千农民群众——"千万工程"二十年启示录》,https://www.xuexi.cn/lgpage/detail/index.html? id=15309610209740975957&item_id=15309610209740975957,访问日期:2024年2月26日。)

材料二:中国的发展已经进入新时代,人民生活水平得到了全方位改善,保障和改善民生进入更高层次的品质提升期。民生内涵在不断丰富,不再局限于满足温饱和小康,而是向着更高的目标前进。品质提升期要求不断满足人民对美好生活的需要,这涉及分配、就业、教育、医疗、住房、

---

① 孙杰:《共建共治共享:构筑"中国之治"的社会基础》,《科学社会主义》2021年第2期。

社会保障等诸多方面。在就业方面,2023 年全国仅各级政府直接支持就业创业的资金就已超过 2000 亿元。在优质教育方面,2023 年全国一般公共预算安排中的教育支出达 42166 亿元,比 2022 年增长 6.9%。在医疗方面,国家组织集采 9 批 374 种药品平均降价超 50%,集采心脏支架等 8 种高价医用耗材平均降价超 80%,连同地方联盟采购,累计减轻群众看病就医负担约 5000 亿元。在住房方面,近两年来各地完成保障性租赁住房投资超过 5200 亿元,保障性住房等"三大工程"建设持续推进,此外全国城中村改造入库项目 406 个,预计总投资 1.8 万亿元。

(资料来源:《在高质量发展中增进民生福祉》,http://www.news.cn/mrdx/2023-12/11/c_1310754689.htm,访问日期:2024 年 7 月 25 日。)

2.案例指向

本案例指向教材第十一章第一节,即阐释"让人民生活幸福是'国之大者'"。

3.案例解析

本案例呈现了党和政府为改善人民生活、增进民生幸福所做的惠民实事。"千万工程"是习近平同志在担任地方领导时的一项重要举措,当时他就已经深刻认识到让人民生活幸福是"国之大者"。材料考察了"千万工程"20 多年来取得的辉煌成绩,也反映出随着人民生活水平的不断提高,保障和改善民生的主要任务已经由从无到有转向了更高层次的品质提升。这一新的要求在"千万工程"当中得到了较好体现,也反映在各级政府对分配、就业、教育、医疗、住房等诸多方面的持续投入上。

(1)增进民生福祉是全面建设社会主义现代化国家的应有之义

治国有常,利民为本。增进民生福祉是坚持立党为公、执政为民的本质要求,是社会主义生产的根本目的,是全面建设社会主义现代化国家的应有之义,共产党人始终把增进民生福祉放在突出的位置。随着我国社会主要矛盾的演变,人民美好生活需求日渐广泛,百姓对于生活品质的需求日渐提高。同时,社会主义现代化不应只是大城市与小城镇的现代化,农村的现代化也是社会主义现代化的重要组成部分,亿万农民的民生福祉亦被党和政府时时牵挂。

如材料一所指,由于历史的原因,在过去的很长时间内,我国城乡发展差距十分明显,广大乡村村容村貌不尽如人意。面对人民给出的追求更加美好生活的时代答卷,浙江的"千万工程"则为全面推进乡村振兴、增进欠发达地区人民生活福祉作出了良好示范。"千万工程"主张理念指引，规划先行，蓝图铺就，由此一场从环境到生产，再到生活、生态的深层次变革在广袤乡村持续推进。从清垃圾、清污水、清厕所、道路硬化、村庄绿化到村庄变景区，农房变客房，资源变资产，再到农村人均收入连续 20 年稳居全国第一，无不体现出乡村生态环境改善的重要性，无不诠释着"绿水青山就是金山银山"①这一绿色发展理念的真谛。

习近平总书记多次对"千万工程"作出重要指示，强调："要结合实施农村人居环境整治三年行动计划和乡村振兴战略，进一步推广浙江好的经验做法，因地制宜、精准施策，不搞'政绩工程'、'形象工程'，一件事情接着一件事情办，一年接着一年干，建设好生态宜居的美丽乡村，让广大农民在乡村振兴中有更多获得感、幸福感。"②

（2）人民获得幸福感安全感更加充实、更有保障、更可持续

民生工作离老百姓最近，同老百姓生活最密切，要重视加强民生工作的普惠性、基础性、兜底性，着力解决人民群众急难愁盼问题，扎实推进共同富裕，不断增强人民获得感、幸福感、安全感。2024 年政府工作报告中也指出："聚焦群众关切，办好民生实事。""着力抓好民生保障，推动社会事业发展。"两会期间，习近平总书记在参加江苏代表团审议时强调，"要坚持以人民为中心的发展思想，在发展中稳步提升民生保障水平"。保障和改善民生是一项长期工作，没有终点站，只有连续不断的新起点。这项重大任务是党和政府工作的方向，也是人民群众自身奋斗的目标。

材料二中的数据表明，我国政府高度聚焦民生重点领域，在收入分配、就业、教育、社会保障、医疗卫生、住房保障等方面推出一系列重大举措，推动人民生活全方位改善，让人民幸福生活更加有保障、可持续。稳定的收入是人民生活幸福的前提保障，充分就业是人民获得收入的主要来源，各级政府投入的就业创业资金为广大劳动人民事业启航提供了关键支持和强大动力。教育支出的快速增长确保了全国学子平等地获得优质教育。社会保障能大大提高人民应对各种突发情况的能力，帮助身处逆境的民众渡过难关、再度追求幸福生活。医疗卫生保障人民生命健康，拥有强健体魄才能更好共享改革发展带来的成果。

---

① 《习近平生态文明思想学习纲要》，人民出版社 2022 年版，第 27 页。

② 习近平：《论坚持人与自然和谐共生》，中央文献出版社 2022 年版，第 206 页。

（3）坚持在发展中增进民生福祉

习近平总书记指出："发展是实现人民幸福的关键。"①增进民生福祉最终要依靠发展来实现，发展才是解决我国一切问题的基础和关键。发展为保障和改善民生提供了坚实的物质基础，离开发展谈改善民生是无源之水、无本之木。同时，在发展过程中要始终注重民生、保障民生、改善民生，否则发展难以回应人民的期待，不能让群众得到实际利益，这样的发展就失去意义，也不可能持续。要根据经济发展和财力状况，逐步提高人民生活水平，让群众得到更多看得见、摸得着的实惠，不断厚植民生福祉。

"千万工程"为全国其他地区推进城乡协调发展提供了宝贵经验，是以发展增进民生福祉的成功范例。如材料一所示，"千万工程"在推进城乡协调发展的过程中，力求在发展中增进民生福祉，以互助发展促进经济协调。在整治乡村环境的过程中，浙江注重打造"山海协作升级版"，经济强县和 26 个山区县结对互助，产业发展上携手致富，医疗教育文化等公共服务领域不断拓展合作内容。从"千万工程"的例子不难看出，发展才是解决民生问题的"总钥匙"，增进民生福祉的根本方案，只有在发展的过程中才能找到。依靠发展才能使保障民生福祉具有可持续性，才能真正有利于实现人民的长远利益。

（二）新疆兵团十师北屯市——落实落细就业优先政策

1.案例呈现

就业是最基本的民生，是经济发展的"晴雨表"、社会稳定的"压舱石"。2023 年以来，新疆兵团十师北屯市（下文简称"十师北屯市"）人力资源和社会保障局（下文简称"人社局"）坚持把稳定和扩大就业作为工作主线，以实施就业优先战略为引领，以高质量充分就业为目标，落实落细就业优先政策，服务向前延伸、政策加快落地，促进高校毕业生、就业困难人员等重点群体就业创业，不断增强企业吸纳就业的动力，发挥创业带动就业的作用，千方百计稳定和扩大就业，各项稳就业政策措施精准发力、扎实推进。

稳存量，千方百计助企稳岗位。十师北屯市人社局全力落实助企纾困、稳岗拓岗各项举措，大力推广"直补快办"等模式，为广大企业减负担、

---

① 《习近平重要讲话单行本（2021 年合订本）》，人民出版社 2022 年版，第 113 页。

增后劲,全方位发力助力企业留工稳岗。1月至6月,发放企业吸纳就业社会保险补贴346.7万元,惠及1132人,发放就业见习补贴6.62万元,惠及17人。

兜底线,全力帮扶重点群体就业。十师北屯市人社局优化调整稳就业政策措施,围绕"扩、促、兜"综合施策,形成共促重点群体高质量充分就业合力。十师北屯市人社局加速推进就业服务攻坚行动,全面落实"1311"实名服务,助力高校毕业生就业;开展春风行动暨就业援助月活动,面向就业困难人员发布岗位1441个;落实就业困难人员帮扶和"零就业家庭"24小时动态清零机制。

提质量,增强就业竞争能力。十师北屯市人社局逐步完善新型学徒制、项目定制、名师带徒等技能人才梯次培养模式,充分利用好职业技能提升行动专项资金、就业补助资金等,广泛开展职业技能培训,不断提升劳动者技能水平和就业竞争力。1月至6月,开展职业技能培训64期、3064人次,完成新疆生产建设兵团计划任务的71.26%。

(资料来源:颜雪娇、李丹:《新疆兵团十师北屯市:落实落细就业优先政策》,https://www.xuexi.cn/lgpage/detail/index.html? id＝2983158552996041118&item_id＝2983158552996041118,访问日期:2024年1月14日。)

2.案例指向

本案例指向教材第十一章第二节第二目"实施就业优先战略"的相关内容。

3.案例解析

本案例介绍了十师北屯市落实落细就业优先政策的举措,反映出就业优先政策对劳动者及其家庭的重要性。就业为民生之本、财富之源。党的十八大以来,党和政府始终高度重视就业问题,坚持以人民为中心的发展思想,将就业摆在经济社会发展的优先位置,创新实施就业优先政策,推动就业工作取得积极进展,就业形势总体稳定,就业结构持续优化,就业质量不断提升,为经济发展和民生改善提供了重要支撑。党的二十大报告提出"实施就业优先战略"[①]并作出重要部署,为我国促进高质量充分就业提供了科学指引。就业工作在党和国家事业发展全局中具有重要地位。我们必须站在全面建设社会主义现代化国家、实现中华民族伟

①　习近平:《高举中国特色社会主义伟大旗帜　为全面建设社会主义现代化国家而团结奋斗——在中国共产党第二十次全国代表大会上的报告》,人民出版社2022年版,第47页。

大复兴的历史高度,把促进就业作为推动实现共同富裕的重要基础,充分认识实施就业优先战略的重要意义。案例中提到的稳存量、兜底线、提质量是新时代落实就业优先政策的有效策略。

(1)就业是最基本的民生,是劳动者赖以生存和发展的基础,是共享经济发展成果的基本条件,关系到亿万劳动者及其家庭的切身利益

习近平总书记指出,就业是永恒的课题,牵动着千家万户的生活,任何时候都要抓好。[①] 解决好就业问题,是民生改善的"温度计",对国家长治久安具有重要支撑作用。充分就业才能民心安、社会稳定,因而要把做好就业工作摆到突出位置。劳动者只有拥有一份职业、一份工作,才能平等融入社会生活,也才更有尊严,才能保证家庭美满、社会和谐、人民幸福。

案例中的十师北屯市落实落细就业优先政策,诠释了就业是最大的民生工程。在全面推进这项民生工程的时候,也要特别关注高校毕业生、退役军人、农民工、城镇困难人员等重点群体的高质量就业问题,千方百计稳定和扩大就业。解决重点群体就业问题是落实落细就业优先政策的攻坚战,打赢这场攻坚战才能让更多人民群众切身感受到经济社会持续发展的成果,才能确保民生安定,为社会稳定吃下定心丸。

(2)我国就业总量压力依然存在,结构性就业矛盾凸显

应该看到,与人民对美好生活的向往相比、与高质量发展的客观要求相比,我国的就业质量仍有待进一步提高。社会分工的存在使得劳动者从事多种不同的工作,因而当前就业的结构性问题与总量压力一样不容忽视,推进高质量就业是一个在数量上让更多人找到一份工作、在结构上让待业者找到适合自己岗位的过程。全社会要继续将就业摆在经济社会发展的优先位置,把稳就业促就业提高到战略高度通盘考虑,实现不同类型重点就业群体的精准发力。

本案例中的"提质量"这一块内容,也能对应于缓解结构性就业压力的有效措施是加强对待业者的职业技能培训,从而提高劳动者在择业过程中的工作匹配程度。此外,这一措施的落实更需要宏观层面的政策支持,需要深入把握我国发展新的阶段性特征,完善调控手段,充实政策工具箱,实现与就业政策协同联动。着力打造覆盖全民、贯穿全程、辐射全域、便捷高效的全方位公共就业服务体系,提高劳动力市场供需匹配效

---

① 《就业优先 夯实民生之本》,《人民日报》2023年3月7日第7版。

率。当然,从根本上来讲,要以高质量教育培训来塑造一大批符合社会需要的高素质劳动者,统筹职业教育、高等教育、继续教育协同创新,推进职普融通、产教融合、科教融汇,优化职业教育类型定位,不断提高劳动者素质,更好适应高质量发展需要。

(3)完善重点群体就业支持体系,扩大高校毕业生就业渠道

广大青年的就业质量是实现高质量充分就业极为关键的环节。青年是国家的希望、民族的未来。只有实现青年的高质量就业,才能为他们实现人生价值提供广阔的舞台,才能让他们在工作中增长才干、练就本领,以真才实学服务人民,以创新创造贡献国家。

案例中提到了该市人社局采取的"1311"实名服务措施,大力推动高校毕业生就业、助力广大青年实现梦想。这是十师北屯市"兜底线"措施的重要一环,在促进重点群体高质量就业过程当中起到了至关重要的作用。这一举措是党和国家持续实施就业优先战略和积极的就业政策在基层的落地,是大力度保障民生、通盘考虑稳就业的具体体现。该举措保障了刚刚步入社会的青年人通过勤奋劳动实现自身发展的机会,有效遏制"躺平""啃老"等不正之风在社会的蔓延。此外,实现青年就业不仅需要政府相关部门落实兜底帮扶政策,更要通过市场化手段精准发力,发挥市场在劳动力要素配置当中的决定性作用。

(三)"枫桥经验"——共建共治共享的时代榜样

1.案例呈现

材料一: 20世纪60年代初,枫桥干部群众创造了依靠群众就地化解矛盾的"枫桥经验"。50多年来,各地学习推广"小事不出村、大事不出镇、矛盾不上交"等经验做法,"枫桥经验"在传承中发展、在发展中创新,展示出历久弥新的魅力。习近平总书记高度重视"枫桥经验",多次作出重要指示批示,强调要坚持和发展新时代"枫桥经验",正确处理好新形势下人民内部矛盾。

党的领导是"枫桥经验"历久弥新的核心关键。2023年是毛泽东同志批示学习推广"枫桥经验"60周年暨习近平总书记指示坚持和发展"枫桥经验"20周年。习近平总书记在"枫桥经验"发源地浙江省诸暨市枫桥镇考察时指出:"要坚持好、发展好新时代'枫桥经验',坚持党的群众路线,正确处理人民内部矛盾,紧紧依靠人民群众,把问题解决在基层、化解在萌芽状态。"六十年来,"枫桥经验"从一个小镇走向全国,成为中国基层

社会治理的一面旗帜和"金字招牌",离不开一个核心关键,这就是坚持和加强党的领导。

（资料来源:陈文清:《坚持和发展新时代"枫桥经验"提升矛盾纠纷预防化解法治化水平》,《求是》2023年第24期。）

材料二:福建省厦门市海沧区现有10个城中村,以全区14%的土地面积承载着近50%的人口,普遍存在环境卫生脏乱差、公共空间被侵占、基础设施欠账多、消防安全隐患突出等问题,亟须采取有效措施加以解决。

今年以来,海沧区将城中村现代化治理,作为扎实开展主题教育、传承弘扬"四下基层"优良传统的重要抓手。按照全市统一部署安排,海沧首批试点提升渐美、新垵、山边、石塘4个精品村。这4个城中村在地域分布、人口结构、治理基础等方面均存在差异、各具特点。海沧因地制宜采取"一村一策",探索形成了三种较为有效的城中村现代化治理模式。

海沧区探索形成了"七先七后"的治理模式,即按照先规划后推动、先整治后提升、先地下后地上、先功能后景观、先安全后舒适、先集体后个人、先发动后强制的理念,一体推进设施提升、功能提升、环境提升,率先全市实现强弱电入地,告别空中"蜘蛛网",打造出小而美的"城中景"。"渐美模式"的先行探索为其他城中村现代化治理提供了可供参考借鉴的经验。

（资料来源:胡美东:《厦门海沧区探索形成城中村现代化治理新模式》,http://fj.chinadaily.com.cn/a/202312/22/WS658556c8a310c2083e4143c6.html,访问日期:2024年2月22日。）

2.案例指向

本案例指向教材第十一章第三节,阐释"在共建共治共享中推进社会治理现代化"。

3.案例解析

这里选取了"枫桥经验""海沧经验"两个基层治理的经典案例,介绍了我国基层探索社会治理现代化作出的重要探索和实践经验。数十年过去,虽然影响社会稳定的具体因素发生了很大变化,但现在基层产生的社会矛盾,无论其表现形式多么复杂多样,就其性质而言绝大多数还是人民内部矛盾。正如习近平总书记所说,"对人民内部矛盾,要善于运用法治、民主、协商的办法进行处理"①。社会主义是人民当家作主,基层矛盾要

---

① 《习近平关于社会主义社会建设论述摘编》,中央文献出版社2017年版,第147页。

用基层民主的办法来解决。打造共建共治共享的社会治理格局,从单向管理转向双向互动,从单纯的政府监管转向更加注重社会协同治理,完善党委领导、政府负责、社会协同、公众参与、法治保障的社会治理体制,使社会治理成效更多、更公平地惠及全体人民,是正确处理新形势下人民内部矛盾的必然选择,也符合社会治理现代化的根本要求。

(1)加强和创新社会治理,就是要在党的领导下,以政府为主导,以社会多元主体参与为基础,以维护人民群众根本利益为核心,通过合作、对话、协商、沟通等方式,依法对社会事务、社会组织和社会生活进行引导和规范,协调社会利益,化解社会矛盾,促进社会公平,推动社会稳定有序发展

坚持和加强党的全面领导,是"枫桥经验"得以在基层社会治理中绽放不朽魅力的关键所在。关于社会治理,党提出了一系列理论论述。党的十八届三中全会提出了创新社会治理体制,党的十九大进一步提出社会治理体系更加完善,社会大局保持稳定,国家安全全面加强,党的十九届四中全会提出坚持和完善共建共治共享的社会治理制度,这体现了中国共产党对社会运行和社会治理规律认识的不断深化,也说明了只有坚持和加强党对社会建设工作的全面领导才能不断推进社会治理体系现代化。

如材料一所示,实践已经证明并将继续证明,党的领导是"枫桥经验"的本质特征,基层党组织是基层治理的"领头雁"。六十年来,浙江枫桥等地的党组织通过政治引领、思想引领、组织引领,把党组织的服务管理触角延伸到社会治理的方方面面,实现了党委领导下的政府治理和社会调节、居民自治良性互动。

(2)社会治理体系是进行社会治理的基础,加强社会治理体系建设要做到理念先导、制度保障、方法合理

完善社会治理体系要在理念上树立维护全体人民参与管理、共享成果的权利,不断改进化解社会矛盾的保障性制度,积极探索灵活有效的社会治理方式方法。

材料一中的"枫桥经验"充分调动了人民群众的热情和智慧,鼓励百姓参与到社会治理当中来,让他们为解决基层矛盾建言献策,做到人民矛盾内部解决。材料二中海沧区的经验在于,面对基层情况差异化明显的现状,当地政府做到因地制宜、"一村一策",探索城中村现代化治理模式。案例中的社会治理注重方式方法,不拘一格,而归结其共同点则在于在党组织的领导下走好群众路线,紧紧依靠人民群众,把问题解决在基层、化解在

萌芽状态。只有坚持"从群众中来，到群众中去"，才能精准把握群众诉求。

案例为完善社会治理体系提供了如下经验：一是要突出"群众唱主角"，迈出打造社会治理共同体的坚实步伐。健全基层党组织领导的基层群众自治机制，发动群众、组织群众、依靠群众、引领群众解决群众自己的事情。二是要突出"干部来引导"，从而掌握党建引领基层治理的工作主动。持续强化党在基层治理中的领导核心地位，把基层党建贯穿于基层治理的全过程各方面。充分发挥基层党组织战斗堡垒作用，创新探索党的领导、党的建设和党员活动在基层治理中的作用发挥机制。

（3）加快推进市域社会治理现代化

市域是将风险隐患解决在基层、化解在萌芽状态的最直接、最有效力的治理层级，社区社会治理成效很大程度取决于市域社会治理能力和水平。作为党和政府联系、服务居民群众的"最后一公里"，在推进国家治理体系和治理能力现代化过程中，社区治理只能加强、不能削弱。加强社区治理是社会经济发展的必然要求，也是践行为人民服务宗旨的应有之义。

材料二中的城中村虽然就行政性质而言仍然是"村"，但其居民的生产生活方式、所处的社会经济环境已经越发接近城市居民，因而有必要从市域社会治理能力的角度探索城中村基层治理的方式方法。随着我国城镇化进程加快，农村老龄化、城中村改造、城乡接合部治理等问题层出不穷，社区人口数量急剧增加，人员流动情况日渐复杂，加之居民对于公共服务品质的需求开始提升，以上因素的相互叠加对社区治理能力提出了更高要求。然而，以往的社区治理往往以行政命令的形式开展工作，居民只能被动接受，既增加了治理成本，又影响了治理成效。而海沧案例则做到了因地制宜、因人施策，为加快推进市域社会治理现代化作出了好榜样，为有效化解城乡转型阶段人民内部矛盾提供了样板。

四、延伸阅读

1.《习近平关于社会主义经济建设论述摘编》，中央文献出版社 2017 年版。

2.《打造共建共治共享的社会治理格局》，《习近平新时代中国特色社会主义思想三十讲》，学习出版社 2018 年版。

3.《中国乡镇企业专题成功经验典范》，中央文献出版社 1999 年版。

4.姚树荣、周诗雨：《乡村振兴的共建共治共享路径研究》，《中国农村经济》2020 年第 2 期。

五、拓展研学

1.思考为什么要以发展保障民生福祉的持续提高？

2.为什么在推进社会治理现代化进程中要坚持共建共治共享？

3.结合提供的案例,有条件的教学班可以组织学生前往"千万工程"实践地开展调查研究,深入了解我国城乡融合发展示范区的发展现状,在充分调研的基础上总结经验,形成调研报告,并在课堂上进行交流展示。

第十二章　建设社会主义生态文明

一、教学主要目标

本章教学以"习近平生态文明思想主要内容是什么—为什么要坚持习近平生态文明思想—怎样坚持习近平生态文明思想"为逻辑主线,分别从理论、历史、实践维度剖析习近平生态文明思想的生成逻辑、基本观点及实践进路。本章将实现如下教学目标:(1)在知识层面,让学生更好掌握"习近平生态文明思想的主要内容""为什么要坚持习近平生态文明思想""怎样坚持习近平生态文明思想"三个理论问题所蕴含的基本内容。(2)在能力层面,让学生更深层次厘清和把握上述三者间的内在逻辑关系,更好地理解习近平生态文明思想是马克思主义中国化时代化的最新成果。(3)在价值层面,进一步帮助大学生树立正确的生态文明观,能够站在新时代生态文明建设新方向把握建设美丽中国的举措,进而树立以青春之我,建设美丽中国的远大志向。

二、教学重难点

本章教学重点:第一,领悟"生态兴则文明兴"的深刻内涵,理解生态文明建设是关系中华民族永续发展的根本大计。第二,理解加快发展方式绿色转型的意义,具体阐释清楚绿色发展是新发展理念的重要内容,是发展观的一场深刻革命。第三,了解中国为全球环境治理作出的突出贡献,阐释清楚中国为共谋全球生态文明建设之路提供的中国方案。

本章教学难点:第一,讲清楚新时代突出强调生态文明建设的原因,阐述清楚生态文明建设在中国特色社会主义事业总体布局中的重要地位。第二,讲清楚绿水青山就是金山银山的科学内涵,关键要把握好"绿水青山"与"金山银山"之间的辩证关系。第三,讲清楚如何建设美丽中国;第四,讲清楚如何共谋全球生态文明建设之路。

三、教学案例

（一）绿水青山就是金山银山

1.案例呈现

材料一：1988年9月，刚上任宁德地委书记三个月的习近平翻山越岭，深入九个县调研，通盘考察了整个宁德地区的社会经济发展，说要"靠山吃山唱山歌"。他认为"闽东的振兴在于林"，把生态文明建设放在一个极其重要的战略位置来考虑。在地区林业工作会议上，习近平指出："林业不但蕴含着很高的经济利益，而且还有生态效益和社会效益，林业在发展经济和满足人民生活需要方面占重要地位，并起着十分重要的作用。"

（资料来源：《让青山常在，让绿水长流——习近平宁德造林往事》，https://mp.weixin.qq.com/s/cwZbsyA_lzxVfHDeuL81vg，访问日期：2024年4月22日。）

材料二：1989年2月23日上午，宁德地区周宁县造林大户黄振芳被习近平请到行署礼堂的主席台给地直机关的干部做报告。1988年9月，习近平就注意到了黄振芳的林场，先后3次深入他的家庭林场调研，亲手种下三棵杉树，并在《闽东的振兴在于"林"》一文中提出森林是水库、钱库、粮库的"三库"绿色生态理念，成为生态文明建设的科学指引。2023年4月4日，习近平总书记在参加首都义务植树活动时再次强调指出，"森林既是水库、钱库、粮库，也是碳库"。山还是那座山，改变的是生态环境和发展方式。近年来，黄振芳的儿子黄传融接手了林场的一切事务。他深耕林下，种植了100多亩中草药、养蜂200箱，流转89亩土地种植葡萄、土豆、蜜薯等，带动50多名村民增收致富。

（资料来源：《生态优"三库＋碳库"种出致富路》，https://article.xuexi.cn/articles/index.html？art_id＝14629762389393116581&source＝share&reedit_timestamp＝171325 1358000&study_style_id＝feeds_opaque&reco_id＝102deaa98428c0a8231b000w&share_to＝wx_single&study_share_enable＝1&study_comment_disable＝0&ptype＝0&item_id＝14629762389393116581，访问日期：2024年4月22日。）

材料三：浙江省湖州市安吉县余村，余村山上石灰岩资源丰富。依靠优质的石灰岩资源，30多年前，余村的"石头经济"开展得红红火火，一度成为安吉的"首富村"。然而，村庄富裕了，环境却越来越差，常年灰尘漫天、溪流浑浊。2005年8月，时任中共浙江省委书记的习近平同志在安吉余村考察时，提出了"绿水青山就是金山银山"的科学论断。余村自此率先走上了既要绿水青山也要金山银山的发展新路。数据显示,2020年,余村村集体年收入达700余万元,人均可支配收入从8700元增加到5.6万元,先后获得了全国民主法治示范村、全国美丽宜居示范村、全国生态文化村、全国文明村镇等荣誉。

（资料来源:《浙江余村:绿水青山终不负》,https://article.xuexi.cn/articles/index.html? share_to = wx_single&study_style_id = feeds_opaque&source = share&art_id = 11307486758719149033&item_id = 11307486758719149033&t = 1636509638249,访问日期:2024年4月22日。）

2.案例指向

案例指向教材第十二章第一节第二目,即绿水青山就是金山银山。

3.案例解析

福建宁德是习近平生态文明思想的重要孕育地和先行实践地。在福建工作期间,习近平踏遍了八闽大地。他立足福建省情,提出了一系列与习近平生态文明思想一脉相承的理念,推动了一系列绿色发展实践。1988年6月至1990年4月,习近平同志担任宁德地委书记,对宁德的绿色生态建设作出了很多重要论述,对宁德后续的生态文明建设产生了深远影响。20世纪80年代末,宁德当地人民生活水平不高、环保意识不强,长期存在着森林资源过度开发、生态环境持续恶化等问题。为了让闽东群众尽快摆脱贫困,习近平同志指出"闽东经济发展的潜力在于山,兴旺在于林"。习近平在宁德对生态文明的重视以及对生态与经济之间关系的论述,到了主政浙江时期,发展为"绿水青山"和"金山银山"的科学论断。

(1)生态环境问题归根到底是经济发展和生活方式问题

生态环境问题归根到底是发展方式和生活方式问题,必然依靠发展方式、生活方式的变革才能得以根治。实践证明,靠过度消耗资源、破坏生态环境所带来的经济增长难以为继,只有坚持绿色发展理念,才能形成人与自然和谐发展新格局。

(2)生态环境保护和经济发展的关系

生态环境保护和经济发展是辩证统一、相辅相成的关系。实践证明,经济发展不能以破坏生态为代价,不能把生态环境保护和经济发展割裂开来,更不能对立起来。习近平指出:"我们既要绿水青山,也要金山银山。宁要绿水青山,不要金山银山,而且绿水青山就是金山银山。"①

（3）处理好绿水青山和金山银山的关系,关键在人,关键在思路

如何实现加快发展与保护生态的互动双赢? 习近平同志指出:"绿水青山和金山银山决不是对立的,关键在人,关键在思路。"②只要指导思想搞对了,只要把两者关系把握好、处理好了,既可以加快发展,又能够守护好生态。这表明,能不能做到经济发展与生态保护良性互动,首先取决于人的主观能动性,取决于思想上的重视程度。

案例的三个材料很清楚地阐明了经济发展与生态环境保护之间的关系,揭示了保护环境就是保护生产力、改善生态环境就是发展生产力的道理,指明了实现发展和保护协同共生的新路径。处理好经济发展和生态环境保护的关系,是一个世界性难题,也是人类社会发展面临的永恒课题。习近平总书记提出的"绿水青山就是金山银山"重大理念,用生动形象的说法破解了经济发展和生态环境保护的二元悖论,深刻揭示了经济发展和生态环境保护协同共生的内在规律。土地、矿产、河流、森林等,作为人类经济活动最基本的生产资料,是社会生产力的重要组成部分。保护生态环境就是保护生产力,就是保护经济发展的基础和条件;改善生态环境就是发展生产力,就是增强经济发展的潜力和后劲。所以说,良好生态本身蕴含着无穷的经济价值,能够源源不断创造综合效益,实现经济社会可持续发展。党的十八大以来,以习近平同志为核心的党中央将生态文明建设放到治国理政的重要位置,以"绿水青山就是金山银山"理念为先导,推动我国生态环境保护发生历史性、转折性、全局性变化。在"绿水青山就是金山银山"这一理念的指引下,新时代生态文明建设取得了举世瞩目的巨大成就。"绿水青山就是金山银山"的理念,为我们平衡经济发展和生态保护的关系提供了思想指引和行动指南,不仅引领中国走出了一条兼顾经济与生态的新路子,而且为其他发展中国家提供了有益借鉴。沿着这条从绿水青山中开辟的道路,我们一定能让未来的中国既有现代文明的繁荣,也有生态文明的美丽。

---

① 《习近平新时代中国特色社会主义思想专题摘编》,中央文献出版社 2023 年版,第 375 页。

② 《习近平总书记十年两会金句》,《人民日报》2023 年 3 月 4 日第 3 版。

(二)鹭岛潮涌帆正满——美丽中国厦门实践

1.案例呈现

材料一：多年来，厦门市深入践行习近平生态文明思想，遵循依法治理、科学治理、源头治理、系统治理、协同治理的理念，开展突出环境问题整治、海洋生态保护等一系列卓有成效的生态文明实践，实现治湖、治海、治河、治岛、治山、治城一体化推进，以高水平保护推动高质量发展，打造了美丽中国建设的"厦门样板"。

（资料来源：陈妍凌：《鹭岛潮涌帆正满——记美丽中国建设的厦门实践》，https://zt.xmnn.cn/politics/2024/xmsjgjhb/zghjb/202403/t20240327_134887.html，访问日期：2024年4月22日。）

材料二：拥山瞰海、城景相依，站在改革开放前沿的厦门，把建设经济繁荣、社会文明、布局合理、环境优美的现代化、国际性花园城市作为奋斗目标，而加强生态环境治理就是其中重要的一环。

早在20世纪80年代，厦门市就把加强生态环境保护纳入经济社会发展的顶层设计中，处理好保护与发展的关系。

习近平同志在厦门工作期间，牵头编制《1985年—2000年厦门经济社会发展战略》。这是我国地方政府最早编制的一个纵跨15年的经济社会发展战略规划。它首次将"生态环境问题"作为专章列入区域经济社会发展规划，在全国开创先河。"创造良好的生态环境，建设优美、清洁、文明的海港风景城市"，成为彼时厦门经济社会发展六大战略目标之一。

厦门岛西部，有一处风景优美的"城市会客厅"——筼筜湖。但在20世纪80年代初，由于过度围垦、纳污，筼筜湖一度"臭"名昭著，污水横流、蚊蝇滋生、垃圾遍地，湖边居民常常不敢开窗。

1988年，时任厦门市委常委、常务副市长的习近平同志牵头，打响厦门治污的第一场硬仗——筼筜湖综合治理，明确提出了"依法治湖、截污处理、清淤筑岸、搞活水体、美化环境"20字方针。当时厦门市明确，"市财政今明两年每年拨1000万元"，相当于当时全市基本建设支出的1/10。力度之大、决心之坚定，足见一斑。

历经多年不懈治理，曾经的"臭水湖"蝶变为"城市绿肺"。以筼筜湖综合治理为起点，厦门创造性地解决了改革开放初期，滨海城市在城市化、工业化初期面临的水环境治理难题，开启了生态环境治理新篇章。厦门也由此逐步走上了环境与经济协调发展之路，城市生态环境越来越美，经济发展不断迈上新台阶。

（资料来源：陈妍凌：《鹭岛潮涌帆正满——记美丽中国建设的厦门实践》，https://zt.xmnn.cn/politics/2024/xmsjgjhb/zghjb/202403/t20240327_134887.html，访问日期：2024 年 4 月 22 日。）

2.案例指向

案例指向教材第十二章第一节第三目，即把生态文明建设摆在全局工作的突出位置。

生态文明建设战略地位更加凸显、生态文明制度体系更加健全、污染防治和生态保护更加有力、新时代生态文明建设成就举世瞩目。

3.案例解析

党的十八大以来，中国共产党把生态文明建设摆在全局工作的突出位置，通过一系列重大战略部署，如党的十八大把生态文明建设纳入中国特色社会主义事业"五位一体"总体布局，将"中国共产党领导人民建设社会主义生态文明"写入党章，2018 年 3 月通过的宪法修正案将生态文明写入宪法，充分彰显了生态文明建设在党和国家事业中的重要地位。

习近平同志在厦门工作期间，牵头编制《1985 年—2000 年厦门经济社会发展战略》。这是我国地方政府最早编制的一个纵跨 15 年的经济社会发展战略规划。它首次将"生态环境问题"作为专章列入区域经济社会发展规划，在全国首开先河。厦门市作为一个典型的海滨城市，在生态文明建设方面取得了显著成效，充分展现了将生态文明建设摆在全局工作突出位置的战略眼光和实践成果。

以材料二中筼筜湖的综合治理为例，厦门市通过依法治理、科学治理的方式，成功解决了水环境治理的难题。厦门市政府利用先进的科技手段进行环境监测，精准识别污染源，并采取了有效的治理措施。这不仅改善了筼筜湖的水质，还提升了周边生态环境的质量，为市民提供了一个更加宜居的生活环境。这一成功案例充分体现了习近平生态文明思想，即将生态环境保护与经济发展相结合，实现了高水平保护与高质量发展的良性互动。

在厦门市的生态文明建设中，坚持源头治理、系统治理的原则，通过推广清洁能源、优化交通结构、加强城市绿化等措施，有效降低了碳排放强度，提高了城市的可持续发展能力。同时，厦门市还注重引导社会各界参与生态文明建设，通过举办生态文明教育活动、设立环保奖励机制等方式，提升了公众的环保意识，形成了全社会共同参与生态文明建设的良好氛围。

厦门市在生态文明建设方面的成功案例,不仅为其他地方提供了有益借鉴,而且为全球生态环境治理贡献了"厦门智慧"。厦门的实践经验表明,只有将生态文明建设摆在全局工作的突出位置,才能实现经济社会与生态环境的协调发展,为人民群众创造更加美好的生活。厦门市将继续坚定不移地走生态文明发展道路,不断探索适合本地实际的生态文明发展模式,为建设美丽中国贡献更大的力量。

(三)坚持山水林田湖草沙一体化保护和系统治理

1.案例呈现

闽江流域(福州段)山水工程是贯彻落实习近平总书记"山水林田湖草是一个生命共同体"理念的具体实践。闽江工程明确了陆海统筹、横向到边、纵向到底的"山海模式"总体规划,将生态修复的对象从陆域延伸到海洋,横向上将生态保护修复与国土绿化、国土综合整治等相互融合,纵向上使生命共同体理念下沉到项目清单。通过"宏观、中观、微观"的三重规划管控以及"生态保护、生态治理、水系修复、人居环境治理"的四层保障体系,构建总体保护修复格局,实现山水林田湖草沙海等多要素的整体保护、系统修复、综合治理。

作为福建闽江流域(福州段)山水林田湖草沙一体化保护和修复工程的重要组成部分,"闽江河口湿地流域协同保护及入侵物种综合治理工程"正是"山海模式"落地的示范工程——工程名字即点出了工程的核心要义:流域协同保护、综合治理。

据福州市自然资源和规划局副局长张武介绍,该工程遵循陆海统筹理念,形成"1+3+N"的系统治理模式。

"1"为一个整体。将闽江河口湿地、上游陈塘港流域、二刘溪流域共159平方公里作为一个整体单元,统筹山水林田湖草多要素系统保护修复。

"3"为统筹"陆地海洋、岸上岸下、流域上下"的"三同治"。对陆地空间的森林、农田、城镇等生态系统与海洋空间上的湿地生态系统进行保护修复,实现陆地与海洋的综合统筹;在上游开展水环境综合整治,在下游开展互花米草入侵治理以及水鸟栖息地修复,实现流域生物多样性保护上下游的综合统筹;在岸上开展污水管网建设,在岸下开展河道的综合整治与湿地保护修复,实现水环境综合治理的岸上与岸下的综合统筹。

"N"为多项生态保护修复措施。针对区域内多个类型生态问题,采取林分改良、污水系统提质增效、河道综合整治、海漂垃圾治理、退塘还湿、互花米草入侵治理、河口乡土植物种植恢复以及湿地水鸟栖息地恢复等多项保护修复措施。

科研领先一步,修复领先一路。一群常驻在闽江河口湿地的"科技特派员"攻下了互花米草防治难关。据福建师范大学地理科学学院副研究员黄佳芳介绍,他们采用地上部分割除互花米草、根系旋耕刈割迹地残留拔除,补种红树林、芦苇、短叶茳芏和海三棱藨草等乡土植被恢复生物多样性。这项技术被列入《国家生态文明试验区改革举措和经验做法推广清单》,在全国范围内推广。

江河归海。海的这一边,闽江河口湿地如画。中华凤头燕鸥、勺嘴鹬、黑脸琵鹭等珍稀水鸟成为闽江河口湿地自然保护区管理处主任郑航和同事们镜头中的"常客"。闽江河口湿地4项指标达到国际重要湿地的标准,先后入选"中国十大魅力湿地""中华凤头燕鸥之乡""国家重要湿地",2022年被列入《世界遗产名录》预备清单,2023年正式入选国际重要湿地名录。

(资料来源:《福建自然资源厅山海新经——福建闽江流域(福州段)山水林田湖草生态保护修复工程纪实》,http://zrzyt.fujian.gov.cn/zwgk/xwdt/zrzyyw/202306/t20230608_6184200.htm,访问日期:2024年6月8日。)

2.案例指向

本案例指向教材第十二章第二节第二目,即坚持山水林田湖草沙一体化保护和系统治理。

3.案例解析

习近平指出:"生态是统一的自然系统,是相互依存、紧密联系的有机链条。"[1]山水林田湖草沙是一个生命共同体,是不可分割的生态系统。习近平在全国生态环境保护大会上强调:"要坚持山水林田湖草沙一体化保护和系统治理,构建从山顶到海洋的保护治理大格局。"[2]

本案例呈现的闽江流域(福州段)山水工程,是福建省深入贯彻落实习近平同志"山水林田湖草是一个生命共同体"理念的标志性项目。本案例不仅体现了生态系统整体保护、系统修复和综合治理的先进理念,而且

---

[1]　《习近平新时代中国特色社会主义思想专题精编》,中央文献出版社2023年版,第391页。

[2]　习近平:《推进生态文明建设需要处理好几个重大关系》,《求是》2023年第22期。

通过创新的"山海模式"和"1＋3＋N"系统治理模式,成功地将生态保护修复与国土绿化、国土综合整治等相融合,实现了从陆域到海洋的全方位生态保护和修复,构建了从山顶到海洋的保护治理大格局。

首先,该工程的整体规划充分体现了生态系统整体性和系统性的思想。通过将闽江河口湿地及其上游流域作为一个整体进行规划,不仅考虑了湿地本身的生态保护,而且将其与上游的水环境、森林、农田等生态系统紧密联系起来,形成了一个完整的生态保护修复体系。这种整体规划的思路确保了生态保护修复工作的全面性和协调性。

其次,"山海模式"和"1＋3＋N"系统治理模式是该工程的两大创新点。其中,"山海模式"将生态保护修复的对象从陆域延伸到海洋,打破了传统的以陆地为中心的生态保护修复模式,充分体现了陆海统筹的理念。而"1＋3＋N"系统治理模式则通过整合多种生态保护修复措施,形成了一套行之有效的综合治理方案。这种创新性的治理模式,不仅提高了生态保护修复的效率,而且确保了生态保护修复工作的针对性和实效性。

再次,科研在该工程中发挥了至关重要的作用。通过科研团队的深入研究和创新实践,成功攻克了互花米草防治等关键技术难题,为生态保护修复工作提供了有力的技术支撑。这种科研与实践相结合的做法,不仅提高了生态保护修复工作的科学性,而且为未来的生态保护修复工作提供了宝贵的经验借鉴。

最后,闽江河口湿地保护和修复工作的显著成效是该工程成功的有力证明。湿地内的生物多样性得到了有效保护,珍稀水鸟频繁出现,湿地生态环境得到了明显改善。该工程还获得了多项荣誉称号和国际认可,充分展示了生态保护修复工作的成果和影响力。

综上所述,闽江流域(福州段)山水工程是一项具有创新性和示范性的生态保护修复项目。迢过整体规划、治理创新、科研支撑等方面的努力,成功实现了山水林田湖草等多要素的整体保护、系统修复和综合治理目标,为未来的生态保护修复工作提供了宝贵的经验和借鉴。

(四)用最严格制度最严密法治保护生态环境

1.案例呈现

材料一:在福建省2023年度党政领导生态环境保护目标责任书考评中,厦门排名全省第一,连续4年拔得头筹。厦门坚持用最严格制度最严密法治保护生态环境,保持常态化外部压力,同时激发全社会共同呵护生态环境的内生动力。每年年初,厦门市委、市政府主要领导都会与区委、区政府主要领导签订生态文明建设责任状,实现"党政同责,一岗双责",推动责任和压力传导,确保年度目标完成。厦门市生态文明建设评价考核,实现了三个"全覆盖"。一是考核内容全覆盖。厦门自 2014 年起,开始探索生态环保工作考核,并率先在全国实行生态文明建设、生态环境保护目标责任和污染防治攻坚战成效"三合一"考核,实现重点目标任务考核全覆盖。二是考核对象全覆盖。考核对象覆盖生态文明建设全行业全领域,涉及 6 个行政区、2 个管委会、31 个市直单位、11 个省部属驻厦单位、9 个市属指挥部和 13 个市属国有企业,坚持一根"指挥棒"指挥到底。三是考核周期全覆盖,即实行年度评价考核和五年综合考核,突出群众获得感。

材料二:保护生态环境必须依靠制度、依靠法治。长期以来,厦门坚持把生态文明建设纳入制度化、法治化轨道。在依法治理的实践中,厦门创下了多个"第一"。1994 年,厦门获得经济特区立法权后,制定的首部实体性地方性法规就是《厦门市环境保护条例》。2003 年,厦门组建全国首支行政编制的海洋综合执法队伍,组织各涉海部门开展海上联合执法。2018 年,同安法院生态环境审判庭正式挂牌成立,成为福建省首家跨区域集中管辖的基层法院生态环境审判庭。此后,依托厦门农业和海洋碳汇交易平台,设立全国首个生态司法公益碳账户。从立法到执法、司法,从环境治理到低碳建设,厦门不断筑牢生态文明建设的法治体系。

推进生态环境保护需要各部门共同履职,全社会共同参与。厦门不断创新协同治理机制,握指成拳,破解"九龙治水"难题。部门协同机制让各部门同心合力。厦门发挥"生态文明建设领导小组""加快推进国家生态文明试验区建设领导小组"的作用,建立海洋综合协调机制,全面协调渔业、航运、环境、港口等相关部门用海冲突,构建预防、治理、惩处"三位一体"生态环境执法与司法协作体系。

(资料来源:陈妍凌:《鹭岛潮涌帆正满——记美丽中国建设的厦门实践》,https://zt.xmnn.cn/politics/2024/xmsjgjhb/zghjb/202403/t20240327_134887.html,访问日期:2024 年 4 月 22 日。)

2.案例指向

本案例指向教材第十二章第二节第三目,即用最严格制度最严密法治保护生态环境。

3.案例解析

习近平指出:"只有实行最严格的制度、最严密的法治,才能为生态文明建设提供可靠保障。"①党的十八大以来,我们党以法治思维、法治方式推动生态文明建设,把生态文明建设纳入制度化、法治化轨道,构建起科学严密、系统完善的生态环境保护法律制度体系,为建设人与自然和谐共生的中国式现代化提供坚强的法治保障。

在生态环境保护的道路上,没有比制度和法治更为坚实的基石。如本案例呈现的,厦门始终坚持以最严格的制度和最严密的法治来捍卫其珍贵的生态环境。厦门通过制定和实施一系列严格的制度和法规,为生态文明建设提供了坚实的法治基础。自 1994 年获得经济特区立法权后,首部实体性地方性法规便聚焦于环境保护,这体现了厦门市对环境问题的前瞻性和重视程度。随后,通过不断地立法完善和实践探索,厦门已经形成了一个涵盖立法、执法、司法等多方面的生态环境保护法治体系。

厦门建立的生态文明建设评价考核体系是其成功的关键之一。这个体系实现了考核内容、考核对象和考核周期的全覆盖,确保了生态文明建设的持续推进和质量的不断提升。通过这种全面而系统的考核方式,厦门能够及时发现和解决问题,推动生态文明建设向更高水平迈进。自 2014 年起,厦门开始探索生态环保工作考核,实行生态文明建设、生态环境保护目标责任和污染防治攻坚战成效"三合一"考核。这种综合考核方式确保了各项重点目标任务得到全面有效的落实。而且考核对象涉及多个行政区、管委会、市直单位、省部属驻厦单位以及市属指挥部和国有企业等,确保了全行业全领域的参与和协作。这种考核实行年度评价考核和五年综合考核相结合的方式,既突出了群众获得感,又保证了生态文明建设的持续性和稳定性。

值得一提的是,厦门通过创新的协同治理机制有效解决了"九龙治水"的问题。各部门之间的密切配合和高效运转,得益于完善的协同和联动机制的建立。这种机制使得生态环境保护工作能够跨部门、跨地域地进行,提高了工作效率,改善了工作效果。同时,厦门还牵头建立了闽西南协同发展区生态环境保护联防联控联治机制,实施了九龙江—厦门湾污染物排海总量控制和九龙江流域上游综合治理工程等,展现了区域联动的优势。

厦门的生态文明建设不仅得到了政府的高度重视和大力推动,而且得到了社会各界的广泛参与和支持。这种社会共治的模式使得生态文明

---

① 《习近平谈治国理政》第 1 卷,外文出版社 2018 年版,第 210 页。

建设更加深入人心，也成为全社会的共同责任。通过激发全社会共同呵护生态环境的内生动力，厦门成功地构建了一个人人参与、人人尽力、人人享有的生态文明建设新格局。

厦门生态文明建设的成功是多方面因素共同作用的结果。强有力的制度保障与法治基础、系统化的考核评价机制、创新的协同治理与区域联动机制以及成效显著的社会共治模式等共同推动了厦门生态文明建设的蓬勃发展。坚持依法治污，依靠制度推进生态文明建设，是厦门实践成功的重要经验。这一点，对于新时代新征程上其他地区深化生态文明建设、谱写美丽中国建设的地方篇章，具有重要的借鉴和参考意义，也为全球生态文明建设贡献了中国经验和中国智慧。

四、延伸阅读

1.习近平:《高举中国特色社会主义伟大旗帜　为全面建设社会主义现代化国家而奋斗——在中国共产党第二十次全国代表大会上的报告》，人民出版社 2022 年版。

2.《中共中央关于党的百年奋斗重大成就和历史经验的决议》，人民出版社 2021 年版。

3.习近平:《论坚持人与自然和谐共生》，中央文献出版社 2022 年版。

4.《习近平谈治国理政》第 4 卷，外文出版社 2022 年版。

5.中共中央宣传部:《习近平生态文明思想学习纲要》，学习出版社、人民出版社 2022 年版。

五、拓展研学

1.如何理解"生态兴则文明兴"？

2.如何理解"绿水青山就是金山银山"？

3.怎样加快发展方式绿色转型？

4.中国为全球环境治理作出哪些重要贡献？

5.结合自身实际，谈一谈你能为社会主义生态文明建设作出哪些贡献？

第十三章　维护和塑造国家安全

一、教学主要目标

　　重点围绕理解中华民族命运与国家关系,践行总体国家安全观,展开教学。一是认识新时代我国国家安全形势的新变化;二是理解总体国家安全观的丰富内涵和中国特色国家安全体系的重点安全领域;三是理解为什么说统筹发展和安全是我们党治国理政的一个重大原则,为什么要把维护政治安全放在维护国家安全的首要位置。

　　教学过程中需要完成三个层次的教学目标:(1)在知识层面,系统掌握总体国家安全观的内涵和精神实质,理解中国特色国家安全体系;(2)在能力层面,树立国家安全底线思维,将国家安全意识转化为自觉行动,强化责任担当;(3)在价值层面,深刻感受在新时代我国面临的严峻复杂的国家安全形势下,贯彻总体国家安全观,主动塑造我国国家安全是对国家安全更高层次的维护,对中华民族伟大复兴具有重大意义。

二、教学重难点

　　本章教学重点:一是讲清国家安全的重要性、新时代我国国家安全形势的新变化,从而引导学生理解总体国家安全观的丰富内涵、重点领域和重大意义。二是特别要讲清楚全面贯彻总体国家安全观,要统筹发展和安全,这是我们党治国理政的一个重大原则。要把维护政治安全放在维护国家安全的首要位置,推进国家安全体系和能力现代化,构建统筹各领域安全的新安全格局。

　　本章教学难点:一是如何理解"当前我国国家安全内涵和外延比历史上任何时候都要丰富,时空领域比历史上任何时候都要宽广,内外因素比历史上任何时候都要复杂"。国家安全观是对国家安全现实的反映。国家所处的时代背景不同,面临的国家安全现实不同,相应的国家安全观也不同。在此基础上,进一步理解贯彻总体国家安全观是开创新时代国家安全工作新局面的必然要求。二是在提高防范化解重大风险能力和水平方面,辨析什么是"灰犀牛"和"黑天鹅"事件,了解它们对国家安全的影响怎么样、如何防范。

三、教学案例

(一)中央国家安全委员会的设立

1.案例呈现

材料一:1997 年,国家主席江泽民访问美国,了解美国国家安全委员会后,开始考虑组建国家安全委员会。

2000 年 9 月,中共中央决定组建"中央国家安全领导小组",与"中央外事工作领导小组"合署办公,两块牌子、一套机构。中央国家安全领导小组由主管外事工作的中央政治局常委、分管有关外事工作的中央政治局委员以及与外事、国家安全工作有密切工作联系的相关机构部长组成,负责对外事和国家安全工作领域的重大问题作出决策。

(资料来源:姜鲁鸣 王文华:《国家安全委员会的由来和使命》,《学习时报》2014 年 4 月 7 日第 A7 版。)

材料二:2013 年 11 月 12 日,中国共产党第十八届中央委员会第三次全体会议通过公报。全会公报指出,设立国家安全委员会,完善国家安全体制和国家安全战略,确保国家安全。

11 月 15 日,习近平总书记在十八届三中全会上介绍中央国家安全委员会设立原因,并说明其主要职责:制定和实施国家安全战略;推进国家安全法治建设;制定国家安全工作方针政策;研究解决国家安全工作中的重大问题。这对于推进国家安全体系和能力现代化、构建统筹各领域安全的新安全格局具有重要意义。

(资料来源:《许一力:国安会究竟要成为怎样的国家机构?》,http://opinion.haiwainet.cn/n/2013/1115/c232601-19928450.html,访问日期:2024 年 10 月 24 日。)

材料三:2014 年 1 月 24 日,中央政治局召开会议决定,中央国家安全委员会由习近平任主席。作为中央关于国家安全工作的决策和议事协调机构,中央国家安全委员会向中央政治局、中央政治局常务委员会负责,统筹协调涉及国家安全的重大事项和重要工作。中央国家安全委员会按照集中统一、科学谋划、统分结合、协调行动、精干高效原则,统一领导和部署国家安全工作。

（资料来源：《习近平任中央国家安全委员会主席》，http://www.xinhuanet.com//politics/2014-01/24/c_119122483.htm，访问日期：2024年1月24日。）

材料四：2014年4月15日，中共中央总书记、国家主席、中央军委主席、中央国家安全委员会主席习近平主持召开中央国家安全委员会第一次会议并发表重要讲话。他强调，要准确把握国家安全形势变化新特点新趋势，坚持总体国家安全观，走出一条中国特色国家安全道路。

（资料来源：《中央国家安全委员会第一次会议召开 习近平发表重要讲话》，https://www.gov.cn/xinwen/2014-04/15/content_2659641.htm，访问日期：2024年10月24日。）

材料五：2023年5月30日，召开二十届中央国家安全委员会第一次会议。习近平主席强调，要全面贯彻党的二十大精神，深刻认识国家安全面临的复杂严峻形势，正确把握重大国家安全问题，加快推进国家安全体系和能力现代化，以新安全格局保障新发展格局，努力开创国家安全工作新局面。

（资料来源：《习近平主持召开二十届中央国家安全委员会第一次会议强调 加快推进国家安全体系和能力现代化 以新安全格局保障新发展格局》，http://www.xinhuanet.com/2023-05/30/c_1129657348.htm，访问日期：2024年5月30日。）

2.案例指向

本案例指向教材第十三章第一节中的第三目"新时代国家安全得到全面加强"。进入新时代，以习近平同志为核心的党中央坚决贯彻总体国家安全观，成立中央国家安全委员会，对牢牢掌握维护国家安全的全局性主动具有重要意义。

3.案例解析

关于"新时代国家安全得到全面加强"有两个知识点要重点讲解清楚：一是新时代我国国家安全形势的新变化，让学生充分理解"当前我国国家安全内涵和外延比历史上任何时候都要丰富，时空领域比历史上任何时候都要宽广，内外因素比历史上任何时候都要复杂"；二是适应新形势，立足国际秩序大变局，立足我国发展机遇与挑战并存的大背景，立足防范风险的大前提，党对国家安全工作的领导更有力。

（1）新时代国家安全形势的新变化

结合案例中中央国家安全委员会设立的背景、原因，特别是中国共产党对国家安全工作的不断实践探索来讲清当今世界正面临百年未遇之大变局，我国正面临中华民族伟大复兴的关键时期，由大向强、将强未强之际往往是国家安全的高风险期，遇到很多现实挑战：

一方面,腐败多发、法治欠彰,考问着政治安全;增速换挡、转型升级,考验着经济安全;雾霾不散、污染严重,考量着生态安全;地缘纷争、强权作梗,威胁着国土安全;国际窃听、网络泄密,挑战着网络安全……"当前我国国家安全内涵和外延比历史上任何时候都要丰富,时空领域比历史上任何时候都要宽广,内外因素比历史上任何时候都要复杂。"①

中央国家安全委员会,全称为"中国共产党中央国家安全委员会",是中国共产党中央委员会下属机构。国家安全委员会是在中国综合安全形势日益严峻的大背景下应运而生的。当前,国家安全的目标变为维护相互联系、相互交织的各种类型、各个层次、各个要素的安全。国家安全面临的威胁也从"内忧型"转换为"内忧外患交织型"。在各个领域,各种安全因素相互叠加、耦合和演化。当下的国家安全并不是某一个部门可以涵盖的,无论是外交部、商务部还是军方等,都不可能独立应对。因此,成立国安委有利于统筹国内和国际、军和民两个大局。这关系到国家军事、外交、对外经贸、投资等各个领域,既包括军事斗争准备等在内的传统安全,也包括反恐和类似"非典"一样的疫病灾害等非传统安全。我国决定设立国家安全委员会的目的就是完善国家安全体制和国家安全战略。以新安全格局保障新发展格局,努力开创国家安全工作新局面。

通过本案例,深刻认识我国新时代国家安全面临的复杂严峻形势与特点,理解国家安全的重要性,正确把握设立中央国家安全委员会的重大意义是更好适应我国国家安全面临的新形势新任务,建立集中统一、高效权威的国家安全体制,加强对国家安全工作的领导。主动塑造我国国家安全,是对国家安全更高层次的维护,对中华民族伟大复兴具有重大意义。

（2）党对国家安全工作的领导更加有力

结合案例中中央国家安全委员会设立的原因、过程和机构设置特点来理解党的国家安全工作。贯彻总体国家安全观理念,党中央成立中央国家安全委员会,由习近平任主席,建立集中统一、高效权威的国家安全领导体制,统筹协调国家安全重大事项和重要工作,充分发挥对国家安全决策、协调的"神经中枢"作用。建立集中统一、高效权威的国家安全领导体制,推动国家安全工作实现从分散到集中、迟缓到高效、被动到主动的历史性变革,有利于提高防范化解重大风险的能力,建设更高水平的平安中国。

---

① 习近平：《习近平著作选读》第 1 卷,人民出版社 2023 年版,第 235 页。

在机构设置上,国安委既然是国家层面的国家安全和危机处理常设机构,外交部、公安部、安全、总参、对外经贸等职级部委首长将是国家安全委员会成员。该委员会的负责人是国家最高领导人。把公安、武警、司法、国家安全部、解放军总参二部三部、总政的联络部、外交部、外宣办等部门,全部揉并在一起,成立一个大的国家安全委员会。其结构特点是小核心、大外围。有利于统筹各个领域推进我国国家安全体系和能力现代化,国家主权、安全、发展利益得到全面维护。

通过本案例,充分理解中央国家安全委员会的设立"是推进国家治理体系和治理能力现代化、实现国家长治久安的迫切要求,是全面建成小康社会、实现中华民族伟大复兴中国梦的重要保障,目的是更好适应我国国家安全面临的新形势新任务,建立集中统一、高效权威的国家安全体制,加强对国家安全工作的领导"①。可以看出我国设置中央国家安全委员会是为了提高国家在面临各种安全危机和挑战时的应变能力,也反映出我国在捍卫国家安全和国家利益方面的决心和意志。

(二)"星链"升空,"星战"打响

1.案例呈现

材料一:"星链"是由美国太空探索技术公司于2014年提出的低轨互联网星座计划,目标是建设一个全球覆盖、大容量、低时延的天基通信系统。总规模接近4.2万颗卫星,是截至2024年为止最庞大的卫星发射计划,2023年12月22日,"星链"的全球用户数量突破了230万。"星链"系统在未来建成后,也将是最大的近地轨道卫星星座,由此带来近地轨道频段资源竞争、空间拥挤等问题。

(资料来源:《"星链"升空,"星战"打响》,《中国国防报》2022年1月18日。)

材料二:近些年,"星链"卫星多次与他国卫星"危险接近",险些相撞。2021年,美国太空探索技术公司的"星链"卫星两次危险接近中国空间站,出于安全考虑,中国空间站组合体两次实施对美国"星链"卫星的紧急避碰。此外"星链"还曾经差点把欧洲的卫星撞碎。

关于"星链"项目的争议还包括它在军事上可发挥的作用。该项目将原计划1.2万颗卫星增加至4.2万颗,高分布性、灵活性、快速重构性等特

---

① 《国家安全知识知多少?(四)》,https://nnsa.mee.gov.cn/ztzl/haqshmhsh/qmgjanjyr/ztgjaqg/202406/t20240624_1077181.html,访问日期:2024年10月24日。

点更加凸显。"星链"的军事化应用野心及其野蛮扩张,值得国际社会高度警惕。尽管它被定义为商业卫星网络,但其军事用途也不可忽视。其应用范围包括通信传输、卫星成像、遥感探测等。这些应用能进一步增强美军作战能力,包括通信水平、全地域、全天时侦察能力,空间态势感知能力和天基防御打击能力等。另外,"星链"计划的卫星网络还可以解决美国本土与海外军事基地的无缝连接问题,以及困扰美国防部许久的5G网络建设中的既有频谱占用和腾退问题等。美陆、空军已分别与太空探索技术公司展开合作,探索利用"星链"卫星开展军事服务的方式。

2023年12月2日,美国太空探索技术公司正式发布了专门为政府、国防和情报部门服务的"星盾"卫星项目。"星盾"将利用"星链"卫星的技术和发射能力,为政府客户提供太空与地面服务,初步合作项目包括地球观测、安全通信和有效载荷托管。这些卫星具备通信、导航、遥感等基础功能,同时可提供数据加密传输、战场信息感知等多项服务。定向服务于美国国家安全机构和五角大楼,标志着"星链"计划军事化发展迈出关键一步,将从根本上提升美军通信侦察、空间态势感知和天基防御打击能力。"星盾"卫星可承担自杀式攻击太空航天器任务,还可加装武器载荷遂行太空打击任务,给太空安全带来威胁。

(资料来源:《从"星链"到"星盾",美图谋太空霸权野心昭然若揭》,http://www.81.cn/yw_208727/10207142.html,访问日期:2023年12月22日;《"星盾"计划出台 美"星链"计划迈出军事化一步》,http://www.81.cn/wj_208604/jdt_208605/10206053.html,访问日期:2024年1月14日;《首批"直连手机"卫星升空丨美"星链"计划加速布局》,http://www.81.cn/wj_208604/16279182.html,访问日期:2024年1月9日。)

2.案例指向

本案例指向教材第十三章第二节中的第三目"维护重点领域国家安全"。本案例对于理解中国特色国家安全体系中的网络、人工智能、数据安全、太空安全、军事安全等重点领域有重要作用。

3.案例解析

构建统筹各领域安全的新安全格局,维护重点领域国家安全是主阵地、主战场。要聚焦重点,统筹推进各重点领域国家安全工作;要提高防范化解重大风险能力也应重点关注这些领域。维护网络、人工智能、数据安全是重点领域国家安全,也是新兴领域国家安全。习近平指出:"没有网络安全就没有国家安全,就没有经济社会稳定运行,广大人民群众利益也难以得到保障。"①而且美国星链案例也属于安全领域"灰犀牛"案例的典型,是国家要着重防范化解的重大风险;可以让学生充分理解"灰犀牛"事件对国家安全带来的冲击,从而增强忧患意识,未雨绸缪。

（1）总体国家安全观的基本内涵、中国特色国家安全

贯彻总体国家安全观要做到:既重视外部安全,又重视内部安全;既重视国土安全,又重视国民安全;既重视传统安全,又重视非传统安全;既重视发展问题,又重视安全问题;既重视自身安全,又重视共同安全。②

构建集政治安全、国土安全、军事安全、经济安全、文化安全、社会安全、科技安全、信息安全、生态安全、资源安全、核安全等于一体的国家安全体系。

在中国特色国家安全体系中,重点讲解国家安全各重点领域的基本内涵、重要性、面临的威胁与挑战、维护的途径与方法。美国"星链"案例不但是典型的网络、人工智能、数据安全案例,还从网络、数据谈到信息、军事乃至太空安全等新兴领域。

新兴领域安全包括太空、深海、极地、生物等的发展探索、保护利用等,是未来国际竞争的新焦点,面临技术挑战、参与国际规则制定等问题。维护新兴领域安全必须推进顶层设计、加快人才培养、深化国际合作等。近年来,美国"星链"计划的在轨卫星不断增加,涉及太空安全、资源安全、信息安全、技术安全、网络安全等领域,给他国太空活动带来诸多影响。通过案例,带领学生了解重点领域国家安全的维护,并从多个安全领域的视角进行新兴领域安全的展望。

（2）重要领域防范化解重大风险所要警惕的"灰犀牛"事件,及其对于国家安全的重大影响

"灰犀牛"是犀牛群中比较常见的动物,它的行动缓慢笨重,人们看到了也不会慌张。但是当"灰犀牛"真往我们这里奔跑过来,就无法抵挡了。因此,"灰犀牛"通常用来比喻概率大且具有较大影响的潜在危机,这个危机有发生变化或被改变的可能,是可预测的,但是由于没有得到充分重视,以至于发生时让人措手不及。

从"星链"计划的逐步实施到现在"星盾"计划的图穷匕见,这是影响国家安全的典型"灰犀牛"案例,"星链"计划有着显而易见的资源挤占性

---

① 《习近平谈治国理政》第3卷,外文出版社2020年版,第306页。

② 陈向阳:《总体国家安全观引领塑造新时代中国安全》,《国家安全论坛》2024年第1期。

和军事技术优势。然而由于它最初打着民用的幌子，带来网络和通信的便利，人们往往容易对其危险产生大意，从而错失改变和预防的机会。

从"星链"计划到"星盾"计划，是典型的打着私人商业化的幌子进行军事化的扩张和威胁的行为。实际上，以马斯克宣称的规模，很难相信民用市场能够撑起"星链"构建和运维的成本。一方面，大量饱和发射帮助美国抢占有限的低轨轨道和频谱资源，毕竟宇宙虽然是浩瀚无边的，但是近地轨道空间却是有限的。先把地盘占了，太空变得越来越"拥挤"，卫星碰撞风险随之增加数倍，客观上将压缩其他国家和平利用与太空探索的空间。由于国际电信联盟对轨道和频谱获取采取"先到先得"原则，其他国家将不得不避开已申请的频段和轨道，进而引发近地轨道频谱资源的竞争。另一方面，"星链"将有助于增强其全天候无缝对地监视侦察和太空感知能力，大幅度增强美军宽带通信和精确导航能力，这些都成为下一代太空攻防体系建设的基础。而且信息化战争时代，太空信息系统是一个国家军事系统的支撑和保护。摧毁太空信息系统就是控制了对方军事的主导权，等于把一个国家变成聋子瞎子。这对一个国家是毁灭性的打击。在近年来的空间探索过程中，私人公司的力量正在不断壮大，它们和国家开展紧密合作，成为太空活动扩张的重要推手。目前与太空相关的条约中只有模糊的军事限制内容，这为各国加强无序的空间军事竞争乃至发生冲突留下了解释空间。而且现行国际规则体系，对"拥挤的太空"也缺乏有效治理手段。所以私人公司参与太空探索，并不是纯粹的民间活动，背后仍有国家的影子和支持，且明显有助于该国相关军事利益。本案例让学生掌握在提高防范化解重大风险能力方面，要坚持底线思维和极限思维，从最坏处着眼，做最充分的准备，朝好的方向努力，争取最好的结果。

（三）福岛核事故及其后续影响

1.案例呈现

材料一：因 2011 年 3 月 11 日发生的东日本大震灾所引起的一系列设备损毁，福岛第一核电站出现堆芯熔毁、辐射释放的严重事故；这成为全球自 1986 年切尔诺贝利核电站事故以来最严重的核能事故，也是第二起在国际核事件分级表中被评为第 7 级（最严重等级）的核电站事故。约 1300 人在地震后因为病情恶化或身体机能损坏而死去。同时也引发了民众对核电站的担忧，不少国家被迫暂停或放弃新建核电站项目。福岛核事故以后国际组织和各主要核电国家高度关注,纷纷采取响应行动,着手制定应对类似事故的对策。中国在福岛核事故发生以后立即采取措施。在事故初期时立即关注事故动态,并对环境放射性进行实时监测,稳定国内恐慌情绪;2011年3月16日,国务院召开会议决定立即组织专业人员对我国核设施进行全面的安全检查,切实加强正在运行核设施的安全管理,全面审查在建核电厂,严格审批新上核电项目。从2011年3月开始至2011年8月,核安全检查团对所有在运行核电厂进行检查。

(资料来源:《福岛核事故》,https://baike.baidu.com/item/%E7%A6%8F%E5%B2%9B%E6%A0%B8%E4%BA%8B%E6%95%85/10709052?fr=ge_ala,访问日期:2024年3月2日。)

材料二:核事故发生后,为冷却核反应堆,福岛第一核电站运营方东京电力公司需要持续注水为反应堆降温,加上地下水和雨水的渗入,形成大量核污染水。

2021年4月13日,日本政府正式决定将福岛第一核电站上百万吨核污染水排入大海。7月,福岛核电站再次发生核废弃物泄漏。11月,研究表明福岛核事故泄漏物质铯抵达北冰洋后回流至日本。12月14日,东电启动钻探调查,计划在近海1公里处排放核污水。12月21日,东京电力公司将向日本原子能规制委员会提出福岛第一核电站核污染水排海计划申请。当地时间2022年7月22日上午,日本原子能规制委员会正式批准了东京电力公司有关福岛第一核电站事故后的核污染水排海计划。

核污染水排放入海后会有以下几个影响:第一,这些水里含有大量的放射性物质,导致海水被大规模污染。海洋生物都会被动地接受这些物质,受到核污染水的强烈攻击。部分生物吸入相关放射性物质后,会出现明显的变异现象。海洋生态系统平衡会被打破,生物链可能会发生变化,造成海洋生物多样性减少。第二,这些生物死亡后,身上携带的病菌和血液也会渗入海中,再与核污染水里的物质相互混合,进一步污染海洋,海洋自身的消解能力有限,再在洋流的运动下,将这些核污染水带到其他地区,污染其他国家的海域。最后的结果只有饮用水被污染。第三,经生物富集和放大作用对民众健康产生潜在影响,包括细胞损伤引发器官异常或损失,以及长期暴露引发的癌症风险等。

(资料来源:《一文读懂日本核污染水排海事件始末》,《广州日报》2023年8月22日。)

2.案例指向

本案例指向教材第十三章第三节中的"提高防范化解重大风险能力"。对于理解新形势下我国国家安全面临的威胁和挑战增多,要把维护政治安全放在维护国家安全的首要位置,统筹发展和安全具有重要意义。

3.案例解析

国家安全是人民安全、政治安全和国家利益至上的有机统一。我国总体国家安全观的落脚点是以人民安全为宗旨。作为国家安全的基石,也是国家安全的目的,人民安全始终是排在第一位的,也是掌握中国特色国家安全体系所必须强调的。要实现三者的有机统一,就要把统筹发展和安全作为我们党治国理政的一个重大原则,把维护政治安全放在维护国家安全的首要位置。本案例中,日本福岛核污染水处置是重大的核安全问题,不但影响日本民众,且具有跨国界影响,绝不是日本一家的私事。在国际社会强烈质疑和反对下,日本强排核污染水入海,将一己私利凌驾于全人类长远福祉之上,向全球转嫁核污染风险,是无视国际公共利益的极端自私和不负责任之举,也危害了全人类的人民安全。

(1)政治安全是维护人民安全和国家利益的根本保证,要把维护政治安全放在首要位置

政治安全与人民安全、国家利益至上是有机统一的。人民安全居于中心地位,政治安全归根到底是保障人民利益,国家利益至上是实现政治安全和人民安全的要求和原则。要把政治安全、人民安全、国家利益至上三者统一起来,确保实现党的长期执政、人民安居乐业、国家长治久安。保障人民安全,首先要维护人民的生命安全和身体健康。这是社会主义国家与资本主义国家的本质不同。日本从2011年福岛核电站泄漏事故以来到现在置世界人民安全和生态安全于不顾,置维护世界和平与安宁责任于不顾,向大海排放核污水,受到世界关注。核污水排放涉及的不仅是核安全这一未来重点安全领域,而且涉及公共卫生安全、生态安全、生物安全、资源安全、经济安全等多个安全领域,是对政治安全的严重破坏,影响到各国国家利益和世界人民的安全。通过案例,充分理解海洋命运共同体理念和人民安全至上宗旨。

(2)统筹发展与安全是中国共产党治国理政的一个重大原则,在重要领域防范化解重大风险所要警惕的"黑天鹅"事件及其对于国家安全的重大影响

在提高防范化解重大风险能力方面,要坚持底线思维和极限思维,从

最坏处着眼，做最充分的准备，朝好的方向努力，争取最好的结果。要警惕"黑天鹅"事件。天鹅通常是白天鹅，黑天鹅是非常少见的，"黑天鹅"事件我们可以把它理解为小概率事件。通常情况下，"黑天鹅"事件要满足几个特点：要有意外性、会产生重大的影响。最初的日本福岛核电站泄漏是由极端外部自然灾害导致的，却是全球自1986年切尔诺贝利核电站事故以来最严重的核能事故，也是第二起在国际核事件分级表中被评为第7级（最严重等级）的核电站事故。这起意外事件影响非常大，约1300人因为病情恶化或身体机能损坏而死去，同时也引发了民众对核电站的担忧，不少国家被迫暂停或放弃新建核电站项目。后续更是引发了今天的核污水排海的严重问题。这提醒我们面对国家安全要有防患于未然的警觉，推进国家安全体系和能力现代化。

下好先手棋、打好主动仗，力争把风险化解在源头。运用制度威力应对风险挑战的冲击，健全完善国家安全体系，加强国家安全制度建设，是保障国家安全的治本之策，是维护和塑造国家安全的重要支撑。要完善国家风险监测预警体系、国家应急管理体系等，完善重点领域安全保障体系和重要专项协调指挥体系，强化经济、重大基础设施、生物、资源、核、海洋等安全保障体系建设。要完善国家安全力量布局，加快补短板、堵漏洞、强弱项，构建全域联动、立体高效的国家安全防护体系。建设更高水平的平安中国。全面提高平安中国建设科学化、社会化、法治化、智能化水平，努力建设治理效能更强、安全稳定局面更巩固、人民更满意的平安中国。

本案例也有利于树立人类命运共同体意识和建设社会主义生态文明思想。

四、延伸阅读

1.习近平：《习近平著作选读》第1卷，人民出版社2023年版。

2.中共中央党史和文献研究院：《习近平关于总体国家安全观论述摘编》，中央文献出版社2018年版。

3.习近平：《坚持总体国家安全观 走中国特色国家安全道路》，《人民日报》2014年4月16日第1版。

4.《大中小学国家安全教育指导纲要》，北京师范大学出版社2020年版。

5.高祖贵:《深刻理解和把握总体国家安全观》,《人民日报》2020年4月15日第9版。

五、拓展研学

1.如何理解"当前我国国家安全内涵和外延比历史上任何时候都要丰富,时空领域比历史上任何时候都要宽广,内外因素比历史上任何时候都要复杂"?组织学生就此问题展开讨论,并就网络安全、生物安全、经济安全等组成相应的调研小组开展调研。比如调查网络安全小组可以去美亚柏科等高新技术企业调研网络空间安全。

2.什么是"灰犀牛"和"黑天鹅"事件?它们对国家安全的影响怎么样?如何防范?由学生充分讨论列举"灰犀牛"和"黑天鹅"事件,并展开调研。

3.可以请国家安全部门相关人员给学生进行国家安全相关案例讲解。

第十四章　建设巩固国防和强大人民军队

一、教学主要目标

本章教学以"为什么要建设巩固国防和强大人民军队—建设什么样的巩固国防和强大人民军队—怎样建设巩固国防和强大人民军队"为逻辑主线,分别从理论与现实、实践的维度深度剖析强军的历史逻辑与现实逻辑,以及强军的实现路径。本章将实现如下目标:(1)在知识层面,使学生更好地理解"为什么要建设巩固国防和强大人民军队""建设什么样的巩固国防和强大人民军队""怎样建设巩固国防和强大人民军队"三个国防和军队建设的基本问题。(2)在能力层面,让学生在更深层次上理解和把握以上三者间的内在逻辑关系,更好地理解"强国必须强军,军强方能国安"的思想。(3)在价值层面,进一步增强国防观念,增强建设巩固国防和强大人民军队的紧迫感、责任感和使命感。

二、教学重难点

本章教学重点:首先要让学生更好地理解"强国必须强军,军强才能国安"即"为什么要建设巩固国防和强大人民军队"的思想内涵,并在此基础上把握"建设什么样的巩固国防和强大人民军队,怎样建设巩固国防和强大人民军队"的问题。

本章教学难点:一是让学生深入理解新时代人民军队的使命任务;二是让学生深入理解国防和军队现代化的基本内涵;三是让学生理解坚持党对人民军队的绝对领导的重要性;四是新时代如何实现巩固提高一体化国家战略体系和能力。

三、教学案例

（一）也门撤侨

1.案例呈现

材料一：2015 年 3 月 26 日凌晨至 29 日，沙特阿拉伯、卡塔尔、埃及等 10 国突然出动大批战机，连续对据守也门首都萨那、亚丁等城市的胡塞反政府武装发动大规模空袭。首都萨那机场被炸，许多民房成为废墟与瓦砾，人员伤亡惨重。面对急剧恶化的也门局势，党中央、国务院、中央军委运筹帷幄，果断决策。中央军委主席习近平下令亚丁湾护航编队执行撤侨任务，李克强总理也作出重要批示，要求采取行动确保在也门中国公民生命财产安全。

3 月 26 日，外交部启动应急机制，尽快安全有序撤出中国公民。我国驻也门大使馆迅速与分散在全国十几个地区的 20 多家中资单位取得了联系，立即统计在也中国公民信息，确保不漏一人。海军根据中央军委命令，要求第十九批护航编队全力做好赴也门撤侨的任务准备。当日深夜，接到上级命令后，海军立即组织临沂舰、潍坊舰、微山湖舰向也门亚丁港海域机动。同时，编队连夜部署各舰迅速由护航状态转入撤离任务准备状态，在最短时间内完成了一切准备。

27 日，中国驻亚丁领馆窗户的防护铁板被子弹击穿，弹头散落一地。28 日中午，距离领馆 1 公里的一处军火库遭哄抢，引发爆炸，领馆的天花板和玻璃被震碎。

此时的亚丁，就如同坐在一个火药桶上。与首都萨那的战斗以空袭为主不同，亚丁的每一条巷子都在鏖战，各派武装在城市里反复争夺、拉锯，平民根本无法走出家门逃离城市，国际红十字会驻亚丁主管古什当时曾对媒体这样描述——"亚丁港已变成一座'鬼城'"。

第十九批护航编队临危受命，报请海军同意后决定派临沂舰前往执行首批接护被撤人员任务。

3 月 29 日 12：00，临沂舰驶入也门领海。雷达屏幕上显示，距离临沂舰西北方向 50 公里处，数架沙特飞机如鹰隼般在上空盘旋。海面上十来艘胡塞武装部队的小艇正四处快速游弋，前方的亚丁港，弥漫着刺鼻的硝烟味。

3月29日13:01,临沂舰驶抵亚丁港。靠码头、撇缆绳、系缆绳、搭舷梯。10名特战队员和10名全副武装的舰员,进行持枪警戒。3名特战队员就位舰艇制高点狙击部位和重机枪部位。直升机进入战斗值班,随时准备应对各种突发情况。码头上安检、警戒工作井然有序、忙而不乱地展开!

撤离行动的时间非常紧迫。根据对也门内战各方情报和交火规律的分析,"停火窗口期"十分短暂,且瞬息万变,我们的撤侨行动必须在这个"窗口期"完成,这就要求人与舰要配合一致。时间在一分一秒地飞逝,分分秒秒都意味着生死!

临沂舰驾驶室外的警戒哨位清楚地看到码头外正有一群武装分子压过来,坦克装甲车的声音渐渐响起,两架不明国籍的战机在上空长时间盘旋,海面上七八艘小艇四处游弋。

14:21,码头上边收尾、舰上边准备离开码头,尽量缩短码头停靠时间,利用最佳时机迅速撤离。从港口引水员上舰、靠码头部署直到检查核对130名被撤人员证件并陆续登舰仅用了1个小时。

当地时间29日晚,经过近8个小时的高速航渡后,临沂舰横跨亚丁湾,顺利抵达位于非洲东部的吉布提共和国吉布提港,中外公民得到了我国驻吉布提大使馆的妥善安置。首次撤离行动中,临沂舰共撤离我国被困也门的124名中国公民,其中包括7名妇女和1名儿童。2名来自埃及和罗马尼亚的中国企业聘用的外籍专家一同随舰撤离。

(资料来源:《"红海行动"背后的那些真实故事》,《世纪风采》2018年第4期。)

材料二:新时代军队使命任务是提供"四个战略支撑"

国务院新闻办公室24日发表的《新时代的中国国防》白皮书指出,进入新时代,中国军队依据国家安全和发展战略要求,坚决履行党和人民赋予的使命任务,为巩固中国共产党领导和社会主义制度提供战略支撑,为捍卫国家主权、统一、领土完整提供战略支撑,为维护国家海外利益提供战略支撑,为促进世界和平与发展提供战略支撑。

白皮书在第三章介绍了履行新时代军队使命任务的基本情况,主要包括:维护国家领土主权和海洋权益;保持常备不懈的战备状态;开展实战化军事训练;维护重大安全领域利益;遂行反恐维稳;维护海外利益;参加抢险救灾。

(资料来源:《新时代军队使命任务是提供"四个战略支撑"》,https://www.gov.cn/xinwen/2019-07/24/content_5414277.htm,访问日期:2024年7月24日。)

2.案例指向

本案例指向教材第十四章第一节第二目，重点阐释新时代人民军队的使命任务及其具体内涵。

3.案例解析

自第二次世界大战后，中东地区是全球局部战争爆发次数最多的地区。也门也多次深陷战火之中。战争使也门生灵涂炭，人员伤亡数以万计，无数财产毁于战火。位于也门南面的索马里自1991年以来一直战乱不断，沿海地区海盗活动猖獗，被国际海事局列为世界上最危险的海域之一。2014年以来，也门国内局势再次紧张起来，美国、英国、法国和德国等10多个国家关闭了使馆，要求本国公民撤离。2015年3月，沙特阿拉伯、卡塔尔、埃及等10国介入也门内战，并出动大批战机对胡塞武装进行轰炸。面对也门的危急局势，中国海军在中国中央军委的授权下采取了撤侨行动。本案例呈现的是中国海军也门撤侨行动的基本情况与新时代人民军队使命任务的来源。

人民军队是执行党的政治任务的武装集团，党和人民所需就是军队使命任务所系。人民军队自成立起，就始终为争取民族独立、人民解放和实现国家富强、人民幸福而英勇奋斗。进入新时代，以习近平同志为核心的党中央着眼实现中华民族伟大复兴这个国家和民族最高利益，对人民军队使命作出新定位、提出新要求，概括起来就是本案例材料二中提到的"四个战略支撑"，也就是人民军队的使命任务。

（1）为巩固中国共产党的领导和我国社会主义制度提供战略支撑

实现中华民族伟大复兴，是海内外中华儿女的共同心愿。回顾历史，广大海外侨胞在各个历史时期胸怀爱国之情，心守报国之志，与中国共产党共同奋斗，与祖国人民共同奋斗，为中国革命、建设、改革事业作出了重要贡献。本案例的撤侨行动呈现了人民军队对侨胞利益的维护，起到了凝聚侨心侨力的作用，也对广大的海外侨胞更加团结在党的周围起到了重要的作用。因此本案例的撤侨行动体现了为巩固中国共产党领导和我国社会主义制度提供了战略支撑。

（2）为捍卫国家主权、统一和领土完整提供战略支撑

一个主权国家的基本要素有永久的人口、固定的领土、有效的政府、与他国交往的能力。居民是国家这一组织的基本构成要素，是国家范围内社会构成的细胞，因此，一定数量的居民，是国家存在和组成的必要条件。随着我国全方位开放的深入，中国公民越来越多地走出国门，参与其

他国家建设,而其中有的国家并不安全,时有战乱发生,影响海外中国公民的生命安全,此时人民军队有责任有义务撤离中国公民前往安全地带,本案例的撤侨行动就是维护中国公民人身安全的一次行动,保护这些中国公民安全,是国家主权的一部分,因此本案例的撤侨行动也支撑了捍卫国家主权的战略。

（3）为维护我国海外利益提供战略支撑

海外利益是我国国家利益的重要组成部分,是国家发展利益的延伸。海外利益安全是国家安全的重要组成部分。主要包括海外能源资源安全、海上战略通道安全以及海外公民、法人的安全。军队作为国家安全的重要保障,当然也要承担保障海外利益安全的任务。随着我国全方位对外开放的不断扩大,我国与世界各国的贸易往来、文化科技交流日趋频繁,越来越多的企业、机构和人员走出国门,使我国的国家利益快速向海外延伸。

与此同时,当前世界并不太平,政局动荡、恐怖袭击、自然灾害、意外事故等的各种风险和威胁迅速增多,中国海外利益亦面临多样化安全威胁,特别是因当地战争或内乱而遭受威胁和损失的情况不断发生,维护海外利益安全已凸显为关系国计民生的重大战略议题。国家利益发展到哪里,安全保障就必须跟进到哪里。有效维护海外中国公民、组织和机构的安全和正当权益,是人民军队担负的重要任务。在我国海外利益、公民安全遭受威胁时,人民军队必须肩负起提供强有力军事保障的责任。中国军队积极推动国际安全和军事合作,完善海外利益保护机制。着眼弥补海外行动和保障能力差距,发展远洋力量,建设海外补给点,增强遂行多样化军事任务能力。实施海上护航,维护海上战略通道安全,遂行海上维权、撤离海外中国公民等行动。本案例中国海军在也门的撤侨行动正是人民军队担负起安全保障使命的表现,体现了人民军队为维护我国海外利益提供了战略支撑。中国还积极参与各项涉及侨民保护的国际公约和双边协议的签署,致力于更好地维护海外华人的合法权益。中国海军在撤侨行动中展现出非凡的勇气与专业素养,彰显了我国政府对海外同胞无微不至的关怀及我国作为负责任大国的风采。本次行动不仅关乎千万海外国民生命财产安全,亦将积极影响全球社会。

（4）为促进世界和平与发展提供战略支撑

也门撤侨是一次恢宏壮阔的国家行动,也是一次彰显国家力量的行动。中国的强大有助于世界和平,中国是世界和平的维护者,也是推动人类命运共同体建设的坚定力量。本案例也门撤侨的行动中,中国海军不仅撤出中国自己的受困公民,也帮助其他国家撤出被困公民,增进了国与国之间的友谊,体现出中国海军实实在在为世界和平作出自己的贡献。中国海军在也门撤侨任务中显露出的出色能力及丰富经验,在国际上产生了深远的影响。这次行动警示我们在各种困境面前应保持沉着冷静与果敢坚毅,积极寻求有效的解决之道。同时,这次行动也为世界各国展示了可供参考学习的经验,助其更妥善地保障本国人民权益。中国军队加快走出国门、走向世界,积极参与国际维和、国际人道主义救援等行动,与各方携手应对各类国际和地区安全挑战,符合合作共赢的时代特征,体现了中国军队的大国担当。

(二)中国第三艘航空母舰——福建舰

1.案例呈现

2022年6月17日上午,我国第三艘航空母舰在中国船舶集团有限公司江南造船厂举行下水命名仪式。经中央军委批准,中国第三艘航空母舰命名为"中国人民解放军海军福建舰"(以下简称"福建舰"),舷号为"18"。福建舰是中国完全自主设计建造的首艘弹射型航空母舰,采用平直通长飞行甲板,配置电磁弹射和阻拦装置,满载排水量8万余吨。

福建舰就纵向发展而言,是中国海军建设一个非凡的原创性成就。辽宁舰与山东舰都脱胎自苏联时代的1143.5型舰载机巡洋舰设计,采用的是苏联独创的短距起飞—拦阻降落构型(short take off and barrier as-sisted recovery,简称STOBAR)。STOBAR航母的思路很简单,短滑跑对航母要求很低,加装滑跃甲板可以进一步增加起飞重量。前两艘航母主要解决有无的问题,可以迅速形成战斗力。但战斗机发动机推力总是有限,短跑道的滑跑加速时间也有限,只能轻载起飞,不利于发挥最大起飞重量和最大战斗力。福建舰与辽宁舰、山东舰最大的不同当然在于采用弹射起飞、拦阻降落的CATOBAR构型。CATOBAR构型使福建舰不但可以高效率放飞重载的战斗机,更可独立提供完整的舰队防空、攻势制空、反舰攻击、对地攻击、航空反潜、海空预警、空中指挥与控制以及电磁攻击的能力。

从横向看,福建舰在吨位上追平了美国的"小鹰"级航母,在一系列关键技术上则达成了对美国"尼米兹"级航母的超越。事实上,除了核动力外,"福特"级相比"尼米兹"级具有跨代特征的一切新技术在福建舰上均有体现,比如综合射频集成桅杆和双波段相控阵雷达、电磁弹射器和拦阻系统。

福建舰的下水引发了全世界范围内的高度关注。美媒报道美国海军对这艘 003 型航母首舰作出了很高的评价,认为此航母是中国远洋海军雄心的一个重要组成部分,是世界上第一艘非美国的超级航母。报道还认为,这艘新航母的意义不仅在于相对中国早期航母的改进,拥有 3 艘航母将使中国海军拥有更强大的力量投射能力;作为一支蓝水舰队,中国海军将能更频繁地部署其航母战斗群,或将多个航母战斗群投入作战,这将同时具有战术和战略意义。

(资料来源:《福建舰为什么是超级航母》,《坦克装甲车辆·新军事》2022 年第 7 期。)

2.案例指向

本案例指向教材第十四章第二节第三目"全面推进国防和军队现代化的战略安排",以说明建设一支什么样的强大人民军队。

3.案例解析

本案例呈现了我国第三艘航空母舰福建舰的下水情况和福建舰的基本性能参数,以及战术技术性能的情况与外媒对福建舰的评价。一个强大的国家必然是海洋强国,而海洋强国必然要在海洋的控制上赢得主动权。要赢得主动权,就必须建设一支强大的海军。为此习近平提出"努力建设一支强大的现代化海军"。强大的现代化海军是建设世界一流军队的重要标志,而航空母舰是强大的现代化海军的重要标志之一。

(1)到 2027 年实现建军 100 年奋斗目标

2027 年是人民军队建军 100 周年。综合考虑国家安全和发展全局需要、人民军队现代化进程有序衔接等方面因素,提出实现建军 100 年奋斗目标,根本指向是提高捍卫国家主权、安全、发展利益的战略能力,为实现国防和军队现代化阶段性目标任务提供了战略引领。本案例中福建舰的下水不仅意味着我军航母数量的增加,而且意味着我国国防和军队现代化建设取得了重大成就,也会促进与之相配套的武器装备的发展,从而起到引领国防和军队现代化的作用。按照山东舰以及辽宁舰从海试到服役需要一年半时间来看,福建舰大概率需要一年半左右的时间服役。服役之后,福建舰还需要开展各种训练工作,待全训考核结束后才能最终形成初始战斗能力,而福建舰形成战斗力的时间恰好就在 2027 年,福建舰在形成战斗能力之后必将提高我军的战略能力,为实现建军一百年奋斗目标作出贡献。

（2）到 2035 年基本实现国防和军队现代化

这一步的关键是要实现四个维度的现代化，即军事理论现代化、军队组织形态现代化、军事人员现代化、武器装备现代化。这四方面是一个综合体，哪一个方面滞后都会产生短板效应。福建舰的出现，代表着我国正式进入"三航母时代"。

一是武器装备现代化。福建舰的下水，不仅是中国海军实力发展的一个重要里程碑，也是中国海军武器装备现代化的一个重要标志，而且会促进其他三个方面的发展。福建舰下水不仅是航母数量的简单增加，更重要的是福建舰的整体技术水平也有很大的提升。如案例中提到的采用的平直通长甲板设计和先进的电磁弹射系统以及拦阻技术，先进技术的采用大幅提升了航母的综合作战能力。福建舰下水说明我国在聚力国防科技自主创新、原始创新，加速战略性前沿性颠覆性技术发展，加速武器装备升级换代和智能化武器装备发展上取得了长足的进步。

二是军事理论现代化。恩格斯曾指出："一旦技术上的进步可以用于军事目的并且已经用于军事目的，它们便立刻几乎强制地，而且往往是违反指挥官的意志而引起作战方式上的改变甚至变革。"[①]而航母综合作战能力的提升，将促使海上作战方式发生变化，正如历史上火器导致了阵式战术的瓦解和线式战术的产生，坦克催生了闪击战理论，飞机催生了空中制胜论。福建舰这个新质作战力量必然会促使军事理论发生重大变化，特别是海军作战理论的变化。海军作战理论的变化，必然会使海军战术发生变化，而海军战术的变化，也必然会引起海军组织形态的变化。

三是军队组织形态现代化。军队组织形态是军队体制编制、规模结构、运行机理、政策制度的表现形式和运行状态，深刻影响和制约着军队整体作战效能发挥。现代战争是体系和体系的对抗，一体化联合作战是未来战争的基本形态。本案例福建舰的下水使我军一体化联合作战的能力得到进一步提高。一方面，福建舰的兵种专业种类多，如何协调舰上各专业兵种形成一体化联合作战的能力；另一方面，对于航母来讲，航母从来不是单独作战，而是整个航母编队体系作战，如何协调整个编队的作战行动，使之与航母自身作战体系相耦合，就给海军的组织形态提出了新的挑战。没有组织形态的优势，即便技术、武器再先进，也难以获得制胜的优势。为此，必须转变原来单个兵种单独作战的思维模式以及改变兵种

---

① 《马克思恩格斯文集》第 9 卷，人民出版社 2009 年版，第 179 页。

之间互不隶属、条块分割无法形成作战合力的弊端,改变逐级配属、层层强化的"有形组合"模式,在海军的组织形态上探索适合于一体化联合作战的组织形态,要运用系统集成方法创新海军的组织形态,实现跨区域、跨网络、跨单位、跨层级、跨兵种、跨舰队的"无形组合",实现集战略、战役、战术于一体,集预警探测、情报侦察、指挥控制、通信与电子对抗、打击于一体,使各级指挥员能够快速全面地共享战场信息,各种作战兵种兵器能够做到实时联动,作战人员对战场态势做到一致化理解,从而形成一体化的联合作战能力,形成"1+1>2"的效果。而这必将推动海军组织形态的现代化。

四是军事人员现代化。航母作为一个典型的复杂"巨系统",包括大大小小的一级系统、二级子系统以及三级子系统,任何一个子系统出现故障都会影响整个系统的效能,因而从对舰上人员的要求上看,要保证各个子系统正常运行,就需要有高素质的人员,这就要求在舰人员具备现代化素质。福建舰必然促进海军航母编队舰上人员的现代化。

要实现中华民族伟大复兴必须有巩固国防和强大军队作保障,而巩固国防和强大军队离不开现代化的武器装备。维护国家主权、统一、领土完整、安全和海外利益需要强大的现代化海军,福建舰是海军现代化的一个重要标志。福建舰正式入列必将推动着海军的组织结构、编制体制、作战编成、作战方式变化,推动海军武器装备现代化、海军作战理论现代化、海军组织形态现代化和海军人员现代化。福建舰的下水海试,说明我们做到了居安思危,始终保持忧患意识,不断提升武器装备现代化水平,不断提高军队战斗力,不断提高打胜仗的能力,展现了我国在实现2035年国防和军队现代化目标上的所做出的切实努力与行动。

(3)到本世纪中叶把人民军队全面建成世界一流军队

世界一流军队的标志,一是要同我国强国地位相称。国富兵不强,只是一只待宰的肥羊,只有拥有世界一流的军队,才能称得上真正的世界强国。二是要能够全面有效维护国家安全。三是要具备强大的国际影响力。本案例中福建舰的下水,代表着中国军队又向世界一流军队向前迈进了一大步。福建舰进一步提升了中国海军的整体作战能力和国际地位,使得中国成为继美国之后,第二个能够建造超过8万吨的弹射型航空母舰的国家。在短短10年时间里,中国海军相继服役了辽宁舰、山东舰,下水福建舰,这在世界海军发展史上是难得一见的。至此,中国海军一共拥有了3艘航母,成为全球拥有航空母舰数量第二的国家。正如本案例中美媒认为的那样,福建舰的战力生成之后,中国海军将能更频繁地部署其航母战斗群,或将多个航母战斗群投入作战,这将同时具有战术和战略意义,必将提高中国在国际上的影响力,必将推动中国军队继续朝着世界一流军队的目标迈进!

(三)苏联军队"非党化"的历史悲剧

1.案例呈现

材料一:1917年十月革命时期,近20万布尔什维克党员领导不足3万人的工人赤卫队和革命士兵,夺取政权,建立了社会主义国家;第二次世界大战时期,拥有200多万党员的苏共领导人民及其军队,战胜了德国法西斯;70多年后,拥有近2000万党员和530万军队(其中军官130万)的苏共却自我否定、自我缴械,放弃对军队的领导,致使国家危急关头军队袖手旁观,最后瞬间苏联分崩离析,苏共土崩瓦解,教训极其深刻!

(1)苏共丢弃列宁建军原则,取消了党对军队领导的组织与制度保证。对于"无产阶级军队究竟由谁来领导"这个问题,列宁及斯大林一贯坚持"无产阶级政党必须独立地行使对红军的领导权和指挥权"。1918年11月,苏俄中央执行委员会决定,成立专门领导红军及一切武装力量的工农国防委员会。苏共在红军中建立了坚实的组织系统,各级党组织、政治部和军队政治委员列入红军组织编制,政治部成为苏共在军队中的组织核心。苏联建国初期就击败了14个资本主义国家的武装干涉。卫国战争初期,苏共重新在团以上部队实行政治委员制,在党的领导下,苏军在莫斯科、列宁格勒、斯大林格勒城下粉碎了德军不可战胜的神话。

20世纪80年代,戈尔巴乔夫开始推行改革,削减军费,调整苏军使命任务和体制编制,主动放弃对军队的领导。在军队体制编制调整中,削减了各级政治机关和政治工作军官,撤销了总政治部。这一做法,取消了党对军队领导的组织保证。苏共还在《苏共组织在武装部队中的工作条例》中规定,"苏共组织及其机构不得干预行政人员和军事指挥机关的工作"。特别是全苏第三次人代会通过的《关于设立苏联总统和苏联宪法修改补充法》,从法律上剥夺了苏共领导和指挥军队的最高权力。这一做法直接取消党领导军队的法律与制度保证。

(2)苏共推行的"改革与新思维",瓦解了党对军队领导的思想基础。在苏共的行政结构中,"总政治部是苏共中央书记处下设的一个部,具有单独的指挥链"。依靠这种独特的组织系统和指挥链,列宁的战争观、党的意识形态和爱国主义、英雄主义传统曾经是苏军建设发展的核心价值观,是苏共统一军队意志的政治思想基石。二战后,在维持雅尔塔国际格局中,苏共关于战争的理论和意识形态主张,更是苏军军事学说、军事战略和在东欧保持庞大军事力量的政治战略依据。

戈尔巴乔夫推行"改革与新思维",使军队的政治思想基础被釜底抽薪。"政治新思维",使苏共失去了在军队意识形态领域上的主导权,军队中"非政治化""国家化"思潮泛滥。苏联各种舆论媒体对国家政治制度的攻击和对历史的自我否定、自我丑化,一方面从根本上动摇了广大官兵的理想信念,另一方面在军队内部造成了深度的思想和组织分裂,赞成改革与反对改革、积极参加与消极厌恶政治活动的将校级军官之间形如冰火、严重对立。与苏共主动放弃军队意识形态领导权形成鲜明对比的是,国内各种反对派、民主派则加紧拉拢与扶持军中亲己势力。

(资料来源:《苏联军队"非党化"的历史悲剧》,《红旗文稿》2013 年第 13 期。)

材料二:2012 年 11 月,习近平在中央军委扩大会议上的重要讲话中指出:"必须毫不动摇坚持党对军队的绝对领导。保证党对军队的绝对领导,关系我军性质和宗旨、关系社会主义前途命运、关系党和国家长治久安,是我军的立军之本和建军之魂。"

(资料来源:《把国防和军队建设不断推向前进》,《习近平谈治国理政》第 1 卷,外文出版社 2018 年版,第 215~216 页。)

2.案例指向

本案例指向教材第十四章第三节第一目"坚持党对人民军队的绝对领导",从正反两方面深刻阐释了为什么要保证党对军队的绝对领导。

3.案例解析

本案例材料一呈现了苏共放弃对苏军的领导的两个方面的做法以及苏军在失去了党的领导之后没有挺身而出捍卫国家统一而导致国家分裂的严重后果。坚持党对人民军队的绝对领导,是马克思主义建党建军的一条基本原则。习近平总书记指出:"坚持党指挥枪、建设自己的人民军队,是党在血与火的斗争中得出的颠扑不破的真理。"[①]本案例中苏联军队"非党化"造成的严重后果的关键就在于苏共自己取消了对军队的领导权。历史是最好的教科书,反面的警示往往更加深刻。

————————————

① 习近平:《在庆祝中国共产党成立 100 周年大会上的讲话》,《人民日报》2021 年 7 月 2 日第 2 版。

（1）党对人民军队的绝对领导，是建军之本、强军之魂

本案例警示我们，社会主义国家必须坚持党对人民军队的绝对领导。坚持党对人民军队的绝对领导，是国家长治久安的重要保证。习近平指出，我们这支部队之所以是一支拖不垮、打不垮的钢铁部队，占领思想、铸牢军魂，这是我们的根本力量所在。一支武器装备远远落后于敌人的部队为什么能所向披靡、战无不胜？秘诀就是党的绝对领导。党的绝对领导，造就了人民军队对党的赤胆忠心，造就了人民军队和人民的鱼水情谊，造就了人民军队为党为人民冲锋陷阵的坚定意志，演出了一幕幕威武雄壮的战争活剧，创造了一个个惊天地、泣鬼神的英雄壮举，使我们党的政治优势转化成了军事上的胜势。在党的领导下，我军取得了一系列战争的胜利，是威武之师、文明之师、胜利之师。本案例中，在苏共的领导下，苏军是一支有灵魂的军队；在苏共的领导下，苏军是一支钢铁之师；在苏共的领导下，苏军取得了国内战争的胜利和卫国战争的胜利，铸就了辉煌的历史。而当苏共放弃对军队意识形态的领导之后，苏军中各种各样"非政治化""国家化"思潮泛滥，使苏军失去了政治思想基础，失掉了灵魂；没有了苏共的领导，苏军在国家面临解体的危急关头没有能挺身而出捍卫国家的统一，造成了苏联国家解体的历史悲剧。本案例印证了我们坚持党对军队绝对领导的正确性，印证了党对人民军队的绝对领导，是建军之本、强军之魂。

（2）坚持党对人民军队的绝对领导必须有一整套制度作保证

本案例苏共自己取消对军队的领导权是从瓦解党对军队的领导制度开始的。其一，第三次全苏人代会通过的《关于设立苏联总统和苏联宪法修改补充法》的法律，从法律上取消了苏共对军队的领导权，使苏共对苏军的领导失去了法律上的保证。其二，苏共自己制定的《苏共组织在武装部队中的工作条例》，从组织制度上取消了苏共对苏军的领导权，使苏共对苏军的领导失去了组织制度上的保证。其三，取消了政治部这一落实党对军队领导的组织机构，从组织机构上取消了苏共对苏军的领导，使苏共对苏军的领导失去了组织机构上的保证，最终造成了苏军无法制止苏联解体的历史悲剧。本案例还警示我们要坚持党对人民军队的绝对领导，就必须坚持党对人民军队绝对领导一系列制度。这些制度有：军队最高领导权和指挥权属于党中央、中央军委，中央军委实行主席负责制；实行党委制、政治委员制、政治机关制；实行党委（支部）统一的集体领导下的首长分工负责制；实行支部建在连上。这些制度是人民军队完全区别

于一切旧军队的政治特质和根本优势。党的十八大以来，以习近平同志为核心的党中央把坚持党对人民军队的绝对领导上升为新时代坚持和发展中国特色社会主义的一条基本方略，把坚持完善党对人民军队的绝对领导制度纳入新时代坚持和完善中国特色社会主义制度、推进国家治理体系和治理能力现代化一体部署，通过一系列体制设计和制度安排，把党对人民军队绝对领导的根本原则和制度进一步固化并加以完善，保证了党对人民军队绝对领导的有效落实。

本案例启示我们，坚持党对军队的绝对领导，关系社会主义的前途命运、关系党和国家的长治久安。

四、延伸阅读

1.《习近平强军思想学习问答》，解放军出版社、人民出版社 2022 年版。

2.黄传会：《大国行动——中国海军也门撤侨》，解放军出版社 2019 年版。

3.威廉·奥多姆：《苏联军队是怎样崩溃的》，王振西等译，新华出版社 2000 年版。

五、拓展研学

1.为什么说"强国必须强军，军强才能国安"？

2.如何理解党在新时代的强军目标？

3.怎样坚持党对人民军队的绝对领导？

4.如何巩固提高一体化国家战略体系和能力？

第十五章　坚持"一国两制"和推进 祖国完全统一

一、教学主要目标

本章教学以"如何全面准确理解'一国两制'—'一国两制'在香港、澳门的成功实践—推进祖国完全统一"为逻辑主线。本章将实现如下教学目标:(1)在知识层面,通过全面阐释"一国两制"的深刻内涵,介绍新时代"一国两制"在香港、澳门的成功实践,学生充分认识到"一国两制"是完全行得通、办得到、得人心的,进一步坚定制度自信。(2)在能力层面,让学生坚信,当前我们比历史上任何时期都更接近、更有信心和能力实现祖国完全统一的目标。(3)在价值层面,引导学生共担民族大义、顺应历史大势,坚定共创祖国统一、民族复兴伟业的信心和决心。

二、教学重难点

本章教学重点:一是讲清楚"一国两制"的科学内涵,要充分认识坚持和完善"一国两制"制度体系的重要性,确保"一国两制"行稳致远。二是通过"一国两制"实践在香港和澳门取得的举世公认的成功,阐明"一国两制"的强大生命力和优越性。三是讲清楚祖国必须统一,也必然统一。这是历史发展的定论,是大势所趋、大义所在、民心所向,是任何人任何势力都无法阻挡的。无论台海形势如何风云变幻,解决台湾问题的时与势始终在主张国家统一的力量这一边,主导权主动权始终掌握在祖国大陆这一边。

本章教学难点:一是在全面准确阐释"一国两制"深刻内涵的过程中,帮助学生准确把握"一国"和"两制"的关系,深刻理解"一国两制"必须坚持中央全国管治权和保障特别行政区高度自治权相统一,必须坚定落实"爱国者治港""爱国者治澳"原则,必须坚持依法治港治澳。二是帮助学生准确把握新时代党解决台湾问题的总体方略划时代的重大历史意义、理论意义、实践意义。

三、教学案例

（一）推动香港进入由乱到治走向由治及兴的新阶段

1.案例呈现

材料一：律师陈子迁没有想到，自己会成为"黑暴"的最新受害者。

被雨伞、路牌及拳脚汪殴，头部、下巴、手、腿等多处受伤……2020 年 5 月底的一个周末，暴徒光天化日之下差点要了他的命。

陈子迁只是无数受"黑暴"折磨和伤害的香港市民之一。2019 年 6 月至 2020 年 6 月，香港共发生超过 1400 场示威、游行和公众集会，不少都演变成严重违法行为和暴力事件。

暴徒焚烧警车、攻击警员、围殴残害无辜市民、破坏地铁和公共设施、瘫痪机场、堵塞交通、毁坏商场商铺、"占领"大学校园，对香港公众安全和公共秩序构成了长期且严重的威胁。……

近年来，反中乱港分子与外部势力频频联系，不但向这些势力"取经"，还与"台独"等组织勾连，在反华势力支持下妄图发动"颜色革命"，颠覆特区政府、实现"港独"的政治目的昭然若揭。而在没有法律规管的情况下，这无异于向外部势力敞开大门，将香港变成了分裂和颠覆国家的一枚棋子。

（资料来源：《斩黑暴、御外扰——国家安全基石护佑"东方之珠"光明未来》，https://baijiahao.baidu.com/s? id=16696597425205996978wfr=spider&for=pc，访问日期：2024 年 6 月 16 日。）

材料二："近些年（主要指 2019 年修例风波之后至 2021 年）香港的政治乱象，大多源于选举。"香港法学交流基金会秘书长、青年评论员组织"就是敢言"执行主席陈晓锋指出，比如戴耀廷等反中乱港分子，制造种种事端，伺机窃取区议会主导权，进而谋划操控立法会、操控行政长官选举管理委员会、操控行政长官选举，实施"夺权三部曲"和"揽炒十步曲"，最终企图夺取特区管治权，进而把香港变成针对国家的"颜色革命"和渗透颠覆活动基地。"这是非常危险的，对国家主权、安全和发展利益造成了严重的危害。"

（资料来源：《港人港语：不想见到"揽炒""黑暴"重来》，http://www.xinhuanet.com/2021-03/03/c_1127159588.htm，访问日期：2024 年 4 月 22 日。）

　　材料三：一法安香江，香港国安法成为维护香港繁荣稳定的"守护神"。国家安全是安邦定国的重要基石，国安才能民安，国安才能港安。中央以雷霆之势出台香港国安法，香港维护国家安全"不设防"的历史得以终结。今日之香港，告别动荡不安的局面，社会逐步安定，市民期盼已久的安宁生活得以恢复，爱国爱港旗帜高高飘扬。正如有香港市民所说，"国安法就像阳光驱散了黑暗"，这一"定海神针"让香港迎来朗朗晴空。

　　选规护远航，新选举制度成为开启良政善治的"里程碑"。习近平主席强调，"爱国者治港"是事关国家主权、安全、发展利益，事关香港长期繁荣稳定的根本原则。新选举制度落地后，选举委员会选举、第七届立法会选举、第六任行政长官选举相继顺利举行。跳出政治操弄泥淖，回归选贤与能、为民做事初心，今日之香港，"爱国者治港"原则得到落实，一支爱国爱港、担当作为、精诚团结、为民服务的爱国者治港队伍初步形成。

　　（资料来源：任仲平：《白云过山峰　明珠焕新彩——写在香港回归祖国 25 周年之际》，《人民日报》2022 年 6 月 30 日第 4 版。）

　　2.案例指向

　　本案例指向教材第十五章第一节"全面准确理解和贯彻'一国两制'方针"。

　　3.案例解析

　　本案例通过展现香港由乱到治走向由治及兴新阶段，从而引发全面准确理解和贯彻"一国两制"方针的启示。案例中律师陈子迁的遭遇，是发生在 2019 年香港"修例风波"之后。当时，香港反对派和激进势力动用各种手段造谣生事、危言耸听，制造社会恐慌。他们借和平游行集会之名，进行各种激进抗争活动，甚至肆无忌惮地实施暴力犯罪。正如案例所描述的，那个时期的香港被"黑暴""外扰"笼罩，社会动荡。所有这一切早已与修例无关，而是带有明显的"颜色革命"特征。其背后真正的险恶政治用意，就是摧毁"一国两制"中"一国"这个根本，企图搞乱香港、瘫痪特区政府进而夺取香港的管治权，把香港从祖国分离出去，从而颠覆中国共产党的领导和中国特色社会主义制度，阻挠中华民族伟大复兴的进程。危急时刻，中央及时出手，打出一套拨乱反正的"组合拳"。案例中提到的制定实施香港国安法和完善香港选举制度，是这套"组合拳"的重要拳法。这套拳法打下来，确保"爱国者治港"原则得到贯彻落实，使"一国两制"制度体系更加完善，使香港拥有了比历史上任何时候都更加安全稳定的发展环境，"一国两制"在香港的实践焕发出新的生机和活力。

（1）必须准确把握"一国"和"两制"的关系

本章的重点和难点之一，是全面准确阐释"一国两制"深刻内涵。准确把握"一国"和"两制"的关系，是准确把握"一国两制"科学内涵的关键。"一国两制"方针是一个完整的体系。"一国"是指在中华人民共和国内，香港特别行政区是国家不可分离的部分，是直辖于中央人民政府的地方行政区域。"两制"是指在"一国"之内，国家主体实行社会主义制度，香港等某些区域实行资本主义制度。"一国"是实行"两制"的前提和基础，"两制"从属于"一国"并统一于"一国"，"一国"是不可挑战、不可动摇的，"两制"必须在"一国"之内运行。"一国"是根，根深才能叶茂；"一国"是本，本固才能枝荣。要把坚持"一国"原则和尊重"两制"差异、维护中央对特别行政区全面管治权和保障香港特别行政区高度自治权、发挥祖国内地坚强后盾作用和提高香港自身竞争力有机结合起来，任何时候都不能偏废。如案例所示，反中乱港分子的险恶政治意图就是摧毁"一国"之根本，企图把香港从祖国分离出去，香港经济因此遭受严重破坏，香港市民苦不堪言。幸而党中央及时出手，严守"一国"底线，从而维护了香港的繁荣稳定。

（2）健全中央行使全面管治权的制度

全面准确贯彻"一国两制"方针，必须健全依照宪法和基本法对特别行政区行使全面管治权的制度。国家安全是国家生存与发展的基本前提，是一个国家的头等大事。香港基本法第 23 条授权香港特区就维护国家安全自行立法，但香港回归 20 多年来，由于反中乱港势力勾连阻挠，相关立法迟迟未能完成，香港在维护国家安全方面的法律制度出现漏洞，执行机制存在短板，长期处于世所罕见的"不设防"状态。香港国安法列明，将重点打击分裂国家、颠覆国家政权、组织实施恐怖主义活动、外国和境外势力干预香港事务这四类罪行，可谓一剑封喉。立法完成后，香港补齐了国家安全上的"短板"，绝大多数香港居民的合法权益和切身利益得以保障，香港的长治久安和繁荣稳定得以延续，西方反华势力搞乱香港事务的图谋丧钟鸣响。正如案例中所说的那样，香港国安法是香港繁荣稳定发展的"定海神针"，是"一国两制"行稳致远的根基和保障。

（3）为爱国者治理提供制度保障

"爱国者治港"是"一国两制"方针的应有之义和核心要义。所谓"爱国者治港"，就是香港回归祖国后，要由爱国者来治理，香港特别行政区的政权要牢牢掌握在爱国者手中。何谓爱国者？邓小平同志在香港回归之前曾指出："爱国者的标准是，尊重自己民族，诚心诚意拥护祖国恢复行使对香港的主权,不损害香港的繁荣和稳定。"①由此可见,"一国两制"方针从形成之初就包含了"爱国者治港"这一核心要义。当诸如案例中提到的戴耀廷等这类反中乱港分子利用各类选举制度的漏洞进入香港特区政权机关和其他治理架构,包括立法会、行政长官选举管理委员会、区议会等机构,操控香港管治权,香港将难有安宁之日,"一国两制"也将不能顺利实施。因此,在"爱国者治港"这一大是大非问题上正本清源乃当务之急,完善相关制度特别是选举制度刻不容缓。随着香港选举制度作出系统性修改完善,"爱国者治港"原则在香港落地生根。新选制设立候选人资格审查委员会,对选委会委员、立法会议员、行政长官参选人进行资格审查。这套选举机制有效地把反中乱港分子排除在特区治理架构之外,使特区管治权牢牢掌握在爱国者手中。

(二)"数"读香港、澳门发展成就

1.案例呈现

材料一:本地生产总值增长。截至 2021 年,香港本地生产总值名义计算为 2.86 万亿港元。1997 年香港本地生产总值为 1.37 万亿港元。1997 年至 2021 年,香港本地生产总值年均实质增长 2.7%。人均 GDP 逐步提高。回归前香港人均 GDP(以名义计算)为 19.20 万港元,2021 年香港人均 GDP(以名义计算)为 38.71 万港元。

世界最自由经济体。菲沙研究所《世界经济自由度 2021 年度报告》中,香港的"监管"与"国际贸易自由"排第一位,全球最自由经济体综合排名第一。世界银行《2020 营商环境报告》中,香港位列全球最便利营商地第三位。国际航运中心地位巩固提升。商品贸易总额,从 1997 年的 30710 亿港元增长至 2021 年的 102684 亿港元,增长 234.4%。其中,出口从 1997 年的 14559 亿港元增长至 2021 年的 49606 亿港元,增长240.7%。港口货物吞吐量从 1997 年的 1438 万 TEU(标准箱)增长至 2021 年的 1780 万 TEU(标准箱),增长约 23.8%。

股票交易市场发展壮大。香港交易所现货股票市场 1997 年日均成交金额为 150 亿港元,2021 年日均成交金额为 1667 亿港元。2021 年沪港通和深港通下的港股通平均每日成交金额分别为 200.79 亿港元、216.3 亿港元。香港交易所 2021 年 IPO 集资总额 422.97 亿美元,居全球第四

---

①　《邓小平文选》第 3 卷,人民出版社 1993 年版,第 61 页。

位。……对海内外人才的吸引力不断增加。香港对海内外人才的吸引力不断增加。特区政府 2006 年 6 月推出"优秀人才入境计划",2021 年增加配额至 4000 个。截至 2021 年年底,香港共接到来自近 100 个国家或地区的 36689 宗申请,其中 9131 名申请人获分配名额。

（资料来源：《回归祖国 25 周年，"数"读香港这些成就》,https://m.thepaper.cn/baijiahao_18820873,访问日期：2024 年 6 月 28 日。）

材料二：2024 年,《粤港澳大湾区发展规划纲要》发布实施五周年。

2023 年,粤港澳大湾区 GDP 总量迈上 14 万亿元人民币的新台阶,以不到全国 0.6% 的国土面积、6% 的人口总量,创造出全国 1/9 的经济总量。

据测算,如果保持现在的增速,到 2026 年,大湾区的 GDP 将超越东京湾区,成为全球经济总量最大的湾区。

据香港特别行政区政府统计数据,2023 年香港本地生产总值同比增长 3.2%,总量达 2.99 万亿港元。澳门特别行政区统计暨普查局披露数据显示,2023 年澳门本地生产总值达 3695 亿澳门元,同比增长 80.5%。

五年来,在粤港澳三地的共同推动下,大湾区建设热潮翻涌,11 座城市互联互通、资源共享、优势互补,高质量发展动能持续提升,综合实力显著增强。

（资料来源：周亮：《经济总量突破 14 万亿元 粤港澳大湾区竞逐世界一流》,《上海证券报》2024 年 4 月 8 日第 2 版。）

2. 案例指向

本案例指向教材第十五章第二节"保持香港、澳门长期繁荣稳定"。

3. 案例解析

本案例一系列数据表明,香港和澳门回归祖国以来,依托祖国、面向世界,在各方面各领域取得巨大发展成就。同时本案例也反映出,在中央政府的大力支持下,香港和澳门积极融入粤港澳大湾区建设,抓住国家发展带来的历史机遇,保持蓬勃发展的生机活力。港澳长期稳定发展充分证明,"一国两制"是经得起实践反复检验的好制度,具有强大生命力和巨大优越性。

（1）"一国两制"是保持香港、澳门长期繁荣稳定的好制度

20 世纪 80 年代,为解决历史遗留问题,邓小平同志等中国共产党人从国家民族整体利益和港澳同胞切身利益出发,创造性地提出了"一国两制"伟大构想。香港和澳门的顺利回归,改变了历史上但凡收复失地都要

大动干戈的所谓定势。这是中国为国际社会解决类似问题提供的一个新思路新方案,是中华民族为世界和平与发展作出的新贡献。香港和澳门回归之后,原有资本主义制度和生活方式保持不变,法律基本不变。经济平稳增长,各项事业取得长足进步。"一国两制"方针,立足中国国情,顺应时代潮流,观照人民福祉,把原则性和灵活性、现实性和长远性、一致性和差异性统一起来,凝结了海纳百川、有容乃大的中国智慧。案例的一系列数据表明,"一国两制"这一伟大创举在实践中取得了举世公认的成功。

（2）中央的有力支持,为香港、澳门保持长期繁荣稳定提供了坚强后盾

祖国的坚实保障是港澳始终保持长期繁荣稳定的充足底气。案例列举的香港回归25年取得的巨大成就,并非在风平浪静中取得的。每当香港和澳门遭遇困难,祖国总是第一时间鼎力援助。无论是经历亚洲金融危机、国际金融危机的冲击,还是面对"非典"疫情、新冠肺炎疫情的侵袭,或者是遭遇严重自然灾害,祖国始终是港澳的坚强后盾和港澳同胞的守护者。正是祖国的强力支持,香港和澳门才能经受住一次次严峻考验,战胜一个个风险挑战。历经风雨,却始终展现强大韧性,进而迸发蓬勃发展的生机活力。

（3）支持香港、澳门融入国家发展大局

在全球经济格局深度调整、国际竞争日趋激烈的背景下,香港、澳门要保持繁荣发展,增添发展新动力,必须突破狭小空间局限,进一步融入国家发展大局。案例提到的粤港澳大湾区建设,是国家层面作出的重大决策。自2017年3月5日,李克强总理在政府工作报告中指出要推动粤港澳大湾区发展开始,首次将大湾区建设提升到了国家层面。2019年2月18日,《粤港澳大湾区发展规划纲要》的正式发布,为大湾区建设指明了发展方向。2020年10月29日,在党的十九届五中全会上通过的《中共中央关于制定国民经济和社会发展第十四个五年规划和二〇三五年远景目标的建议》中又进一步提出要高质量建设粤港澳大湾区。2021年9月,陆续印发了有关深圳《前海方案》、香港《北部都会区规划》和珠海《横琴方案》,都在政策上有了进一步的扩展和规划。除了推进粤港澳大湾区建设,中央还全力支持香港、澳门主动对接"十四五"规划、"一带一路"高质量发展等国家战略。这些都为港澳发展提供了难得机遇、广阔空间和强劲动能,港澳以前所未有的广度、深度积极融入国家发展大局。这对于香港、澳门探索发展新路向、开拓发展新空间、增添发展新动力具有十分

重要的作用。

（4）香港、澳门具有特殊地位和独特优势，发挥着不可替代的作用

在助力港澳积极融入国家发展大局的过程中，国家对港澳角色的战略谋划只会加强，不会减弱。香港、澳门可以把自身开放的市场、优越的区位、联通世界的信息和交通网络、发达的专业服务等优势，与内地广阔的市场、较完整的产业体系、较强的科技实力等结合起来，以"港澳所长"对接"国家所需"。如案例所示，当前粤港澳大湾区建设已取得重要阶段性成果。今后还将进一步发挥香港、澳门优势和特点，强化大湾区城市群之间的合作，实现优势互补，共同发展。在融入中华民族伟大复兴的壮阔征程中，香港、澳门在保持自身传统优势的同时，必将实现更好的发展，为全面建设社会主义现代化国家发挥更大作用、作出更大贡献。

（三）福建建设两岸融合发展示范区，迈向两岸和平统一又一大步

1.案例呈现

材料一：2024 年 1 月 23 日，在福建省十四届人大二次会议上，福建省省长赵龙强调，2024 年要加快建设两岸融合发展示范区。他在政府工作报告中用"四个融合"勾勒了具体路径：共建共享促进社会融合，互惠互利促进经济融合，常来常往促进情感融合，先行先试促进全域融合。

2023 年，福建支持基层民众交流交往，引进台湾乡建乡创团队 132 支，海峡两岸交流基地增至 26 个，居大陆首位。接下来，福建拟推出更多便于台胞参与的社会融合项目、基层治理岗位，鼓励更多台胞投身生态环保、乡村振兴、社会公益、司法服务等各项事业，设立一批两岸青少年研学基地，推动台胞在闽就医、购房、养老服务、社会救助等享受当地居民待遇。通过建设台胞社会参与实践地、台胞求学研习集聚地、台胞宜居宜业首选地、涉台司法服务优选地，打造两岸社会融合示范样板。

在经济融合方面，福建 2023 年加快基础设施应通尽通，向金门供水累计超 3000 万吨，"小三通"客运、榕台空中客运、平潭对台货运航线复航；新设台资企业户数和实际利用台资金额继续位列大陆首位，闽台贸易额累计突破 1.5 万亿元人民币。

展望新的一年，福建省政府工作报告提出，拓展对台连接通道，加快推进闽台与长三角、粤港澳大湾区和中西部运输通道建设，推动共建两岸物流集散中心；优化涉台营商环境，依法依规放宽台资台企市场准入限制；深化闽台产业融合，高质量建设海峡两岸集成电路产业合作试验区、

生技和医疗健康产业合作区等涉台园区,加快布局建设古雷石化基地重大石化项目。

作为台湾同胞的主要祖籍地,福建多年来持续增进血脉相连、血浓于水的两岸骨肉亲情,"两岸一家亲,闽台亲上亲"。着眼于两岸同胞情感融合,福建今年将办好第十六届海峡论坛、第十二届海峡青年节,深入开展"迁台记忆"档案文献征集、保护、开发利用和数字化工作,拓展闽台同名同宗村交流,加强闽台历史文化、南岛语族文化等研究,深入实施涉台文物保护工程,推进两岸妈祖文化史迹、关圣文化史迹、开漳圣王信俗、闽南红砖建筑申遗,开展民间艺术、地方戏曲、体育文艺等双向交流,促进民间互动、青少年交流和文化交流更活跃。

就全域融合而言,福建坚持因地制宜、以点带面,厦金、福马的打造和平潭的加快开放发展,尤为引人瞩目。

与此同时,福建"多点开花",加快建设泉州和漳州世界闽南文化交流中心、三明海峡两岸乡村融合发展试验区、莆田妈祖文化中心,发展龙岩和三明客家文化对台交流项目,支持南平打造生态文旅产业对台合作品牌、宁德打造闽台新能源汽车智造基地。

(资料来源:《"四个融合"发力 福建加快建设两岸融合发展示范区》,http://www.fj.chinanews.com.cn/news/2024/2024-01-24/541521.html,访问日期:2024 年 2 月 23 日。)

材料二:2023 年 9 月 12 日,《中共中央 国务院关于支持福建探索海峡两岸融合发展新路 建设两岸融合发展示范区的意见》发布后,引起了在福建厦门创业就业的台湾青年群体的强烈反响。2014 年来到福建创业发展的范姜锋,近十年的光阴,从"追梦人"蜕变成梦想"摆渡人",他携手同伴建立厦门启达海峡双创基地,至今已协助 2 万多名台湾青年来大陆交流,帮助数百个台湾青年创业项目落地。范姜锋在接受中新社记者采访时表示,此次《中共中央 国务院关于支持福建探索海峡两岸融合发展新路 建设两岸融合发展示范区的意见》的出台很接地气,将有助于台湾青年在福建的创业"飞"得更高更远。

(资料来源:《台湾青年入闽追梦 盼融合发展"亲上加亲"》,http://www.fj.chinanews.com.cn/news/2023/2023-09-15/532722.html,访问日期:2024 年 9 月 15 日。)

2.案例指向

本案例指向教材第十五章第三节第二目"坚持贯彻新时代党解决台湾问题的总体方略"。

3.案例解析

党的二十大报告强调"两岸同胞血脉相连,是血浓于水的一家人。我们始终尊重、关爱、造福台湾同胞,继续致力于促进两岸经济文化交流合作,深化两岸各领域融合发展",为新征程上加强两岸融合发展提供根本遵循和行动指南。2023年9月,《中共中央 国务院关于支持福建探索海峡两岸融合发展新路 建设两岸融合发展示范区的意见》发布后,惠台政策措施持续叠加,推动福建加快建设两岸融合发展示范区。这是深入贯彻党的二十大精神、坚持贯彻新时代党解决台湾问题的总体方略的重大举措,是新时代全面落实习近平总书记两岸融合发展政策主张、探索深化两岸融合发展新机制新路径新模式的重大实践,具有全局性的示范和引领意义。福建省赵龙省长在政府工作报告中勾勒出的"四个融合"的具体路径,是新时代党解决台湾问题的总体方略的贯彻落实,尤其体现了"以心灵契合为目标""以同胞亲情为纽带""以融合发展为手段"等具体方略,同时也勾画出福建加快建设两岸融合发展示范区的路线图。坚持推动两岸关系和平发展、融合发展,这是统一的实践途径。

习近平总书记指出:"两岸关系和平发展是维护两岸和平、促进共同发展、造福两岸同胞的正确道路,也是通向和平统一的光明大道。"[①]如案例所示,福建加快建设两岸融合发展示范区,是推动两岸关系和平发展、融合发展的实践路径。

(1)建设两岸融合示范区具有其现实意义

以和平方式实现祖国统一,最符合包括台湾同胞在内的中华民族整体利益,最有利于中国的长期稳定发展,是解决台湾问题的第一选择。但岛内"台独"势力和民进党当局为一己之私,在国际上上蹿下跳,不断散布"台独"言论,炒作"中国威胁"。由于长期受到"台独"思想毒害,也由于两岸政治分歧问题尚未得到解决,一些台湾同胞对两岸关系性质和国家认同问题认识出现偏差,对祖国统一心存疑惧。通过加快推进两岸融合示范区建设,创造条件加强两岸交流交往,不断加深广大台湾同胞对祖国大陆的了解,能够逐步减少他们的误解和疑虑,进而走出受"台独"煽惑的历史误区。例如案例里提到的福建在2023年引进上百个台湾乡建乡创团队,建立数十个海峡两岸交流基地,2024年将推出越来越多社会融合项目、基层治理岗位,设立一批两岸青少年研学基地……这不仅为推动两岸

---

① 习近平:《在庆祝中国共产党成立95周年大会上的讲话》,《求是》2021年第8期。

交流合作提供良好平台和全新机遇,而且对当前复杂形势下持续推进两岸交流具有重要意义。

(2)建设两岸融合示范区具备其人文基础

两岸同胞同祖同根,血脉相连,同文同种,文化相通,中华文化是两岸同胞心灵的根脉和归属。作为台湾同胞的主要祖籍地,福建省多年来持续增进血脉相连、血浓于水的两岸骨肉亲情,"两岸一家亲,闽台亲上亲"。如案例所示,福建省积极调动包括闽台历史文化、南岛语族文化等在内的闽台特色文化要素的积极作用,并在闽台乡创乡建系列政策中加强两岸乡村文化和宗族文化的互动与建设。与此同时,福建省亦充分重视中华传统文化在促进两岸民众心灵共通方面的作用,推动两岸同胞共同传承和创新发展中华优秀传统文化,加强两岸基层民众和青少年交流,使两岸同胞加深相互理解,增进互信认同,逐步实现心灵契合。

(3)建设两岸融合示范区能实现合作互利

在经济融合方面,两岸经济同属中华民族经济,开展经济交流合作具有得天独厚的基础和条件。随着祖国大陆全面建成小康社会、全面建设社会主义现代化国家征程的推进,两岸经济互利合作的格局将更加牢不可破。福建省高度重视闽台经贸合作畅通,着力打造闽台共同市场。案例提及,2023年福建闽台贸易额累计突破1.5万亿元人民币,两岸同胞、企业都能从中获利受益。除了提升经贸合作畅通,福建省也积极推进两岸基础设施联通、能源资源互通等方面应通尽通,率先实现金门、马祖同福建沿海地区通水、通电、通气、通桥。案例提及,2023年福建向金门供水累计超3000万吨,"小三通"客运、榕台空中客运、平潭对台货运航线复航。与此同时,随着祖国大陆经济快速发展、社会长期稳定,台湾同胞来大陆发展的意愿进一步增强。越来越多的台湾同胞特别是台湾青年选择来大陆实现自我价值和人生追求。祖国大陆成为范姜锋这样的广大台湾青年尽情追梦、筑梦、圆梦的广阔天地。

四、延伸阅读

1.习近平:《在庆祝香港回归祖国二十五周年大会暨香港特别行政区第六届政府就职典礼上的讲话》,《人民日报》2022年7月2日第2版。

2.中央台办理论学习中心组:《在中国式现代化新征程上推进祖国统一大业》,《旗帜》2023年第6期。

3.任平:《"爱国者治港",香港才有美好未来》,《人民日报》2021年3月13日第2版。

4.《国务院新闻办就香港特别行政区维护国家安全法有关情况举行发布会》,https://www.gov.cn/xinwen/2020-07/01/content_5523217.htm,访问日期:2024年8月10日。

五、拓展研学

1.如何准确把握"一国"和"两制"的关系?

2.为什么说祖国完全统一一定要实现,也一定能够实现?

3.组织学生前往厦门市启达海峡双创基地参观调研,了解台湾青年如何在大陆逐梦筑梦。调研结束以小组为单位撰写调研报告。

4.组织学生前往厦门思明区"两岸青年心家园"参观调研,了解"两岸青年心家园"作为思明区涉台综合服务体和两岸青年融合发展共同体,如何立足"两岸融合发展新路"的发展建设,成为"两岸青年创业发展展示平台"和"两岸青年交流融合平台"。调研结束以小组为单位撰写调研报告。

第十六章　中国特色大国外交与推动构建人类命运共同体

一、教学主要目标

习近平外交思想是马克思主义基本原理同中国特色大国外交实践相结合的重大理论成果,是新时代中国特色大国外交的根本遵循和行动指南。本章将实现如下目标:

(一)知识层面:(1)引导学生了解习近平外交思想提出的时代背景、原则、策略和一系列原创性理论成果;(2)了解世界正处于大发展大变革大调整时期,维护世界和平、促进共同发展是中国外交政策的宗旨;(3)中国将坚定不移奉行独立自主的和平外交政策,同国际社会一道致力于推动建立以相互尊重、公平正义、合作共赢为核心的新型国际关系;(4)了解人类命运共同体思想作为全球治理体系深刻变革的建构方案和价值理念。

(二)能力层面:(1)增强学生对国际事务的认知能力、提高全球视野和战略思维能力,使他们能够运用马克思主义基本原理分析中国特色大国外交在构建公平正义国际秩序和维护世界和平方面的作用;(2)能够阐释人类命运共同体理念对于解决全球性问题、促进全球治理、构建人类命运共同体的重要意义。

(三)价值层面:增强学生对我国外交政策和国际战略的认同;对建设持久和平、共同繁荣的和谐世界充满信心,自觉担当中华民族伟大复兴的历史使命,用饱满的热情投入新时代中国特色社会主义事业中。

二、教学重难点

本章教学重点:理解当今世界正经历百年未有之大变局,表现为第四次新技术革命深刻改变世界、在新的动荡变革期全球经济治理体系加速变革、美国全球霸权历史性衰落的背景之下,新兴大国与守成大国的权力博弈加剧；深刻认知全面推进中国特色大国外交的原则和布局，中国坚持独立自主和平外交政策，建立相互尊重、公平正义、合作共赢的新型国际关系以及推进"一带一路"倡议开辟全球治理新篇章；把握构建人类命运共同体的丰富内涵和实践成果。

本章教学难点是如何理解世界正处于大发展大变革大调整时期，如何理解吃透"一带一路"倡议是构建人类命运共同体的实践路径和国际合作平台。

三、教学案例

（一）《未来国际经济格局变化和中国战略选择》——2018 年国务院发展研究中心报告

1.案例呈现

在"东升西降"的国际权力重心转移、百年未有之大变局背景之下，技术变革、人口、粮食、资源与能源、金融和区域经济合作、全球经济治理等都是影响国际经济格局变化的因素。在这些影响因素中，以信息技术为代表的新技术革命、全球经济治理变革、大国博弈，将是影响国际经济格局变化的重要变量。

其一，以信息技术为代表的新技术革命将深刻改变世界发展格局。当前，全球新一轮科技革命和产业变革呈加速趋势，并呈现出"一主多翼"的演进格局。所谓"一主"，就是以信息技术深度和全面应用为特征的技术革命迅猛发展，带动应用领域的创新突破以及新业态的不断出现，数字化、网络化、智能化加速推进。所谓"多翼"，就是新能源技术、材料技术和生物技术等新技术创新发展。未来，在新一轮技术革命中，信息技术的深入发展将推动数字技术创新，源于数字技术的颠覆性新兴技术将不断涌现，而且数字技术革命将引发"关键生产要素"的变迁，并进一步推动生产方式变革和国际经济格局变化。当前，数字技术的深度应用催生了海量数据资源，与新材料技术和先进制造技术等技术融合应用，从而使数据成为新的关键生产要素。新的生产要素及其新的组合应用将引发生产方式的重大变革，推动研发设计向开放合作、国际化和专业化方向发展，制造业加速向数字化、智能化、个性化发展；数字技术的"连接""融合"功能引发产业形态平台化、网络化和深度服务化。数字技术等新技术的深入发展,将深刻改变国家的比较优势和竞争优势,从而对全球格局产生深刻影响。

其二,全球经济治理体系进入加速变革期。对国际经济格局和我国外部环境而言,全球经济治理体系是至关重要的制度性影响因素。近年来,经济全球化促进全球经贸格局的深刻变化,全球经济治理进入快速变革期,呈现出新的特点:治理主体呈现多元化、多极化趋势;全球性议题和挑战持续增加;治理机制与平台日益丰富;全球经贸规则制定权之争日益凸显,高标准趋势显著增强。随着国际经济和贸易投资格局的变化,全球治理在推进政策措施落实的有效性和适应形势变化的创新性等方面的不足更为凸显,各方推进全球经济治理体系改革的呼声日益高涨。全球竞争将进一步加剧,各种利益诉求相互交织、博弈,全球经济治理面临新形势与新挑战,将给全球经济格局带来长期而深远的影响。比如,经济全球化深入发展的趋势未发生根本性改变,但逆全球化思潮和贸易保护主义抬头,将导致国际环境中不确定因素提升;现有全球治理的有效性面临挑战,全球经济治理体系不适应国际经济格局的变化;绿色发展理念正在转化为行动,在为各国经济带来新动力的同时,绿色壁垒和环境约束逐步增强,解决全球环境问题的国际制度构建和各国合作行动,推动形成新的全球治理机制;多种治理平台与路径选择共存,面临加强治理的有效性与灵活治理的包容性中的取舍。

其三,新兴大国与守成大国的博弈将进一步加剧。以中国为代表的新兴大国崛起,既是影响未来国际经济格局变化的重要因素,又是国际经济格局变化的重要组成部分。一个人口规模与现有发达经济体人口总和相当的新兴大国进入高收入社会,必将促进全球经济格局加速变革。以美国为代表的守成大国与新兴大国之间既有合作又有竞争,相互之间的博弈将加剧,使得形势更趋复杂多变。一方面,守成大国希望分享新兴经济体的发展机遇,期待中国等新兴大国在解决全球性议题、应对全球危机、促进世界经济复苏中分担更多国际责任;另一方面,守成大国为保持领导地位,会采取打压、遏制等措施,加剧与新兴大国的博弈。大国之间持续的互动,导致未来前景具有巨大不确定性。可以确定的是,大国博弈将令中国所处的国际环境变得异常复杂,而且将对全球经济格局与竞合关系产生极为深刻的影响。

（资料来源:国务院发展研究中心课题组:《未来国际经济格局变化和中国战略选择》,《经济日报》2018年12月20日第13版。）

2.案例指向

本案例指向教材第十六章第一节第一目"当今世界正经历百年未有之大变局"和第二目"中国必须有自己特色的大国外交",即习近平总书记提出大国特色外交思想的时代背景和原因。

3.案例解析

党的十八大以来,面对百年未有之大变局背景下复杂严峻的国际形势和前所未有的外部风险挑战,作为中国特色大国外交的总设计师,习近平总书记洞察国际风云、把握时代脉搏,对中国特色大国外交作出战略谋划,提出一系列原创性外交战略策略和重大理念倡议,例如,推动建设新型国际关系,构建人类命运共同体,弘扬和平、发展、公平、正义、民主、自由的全人类共同价值,引领人类进步潮流,创立了习近平外交思想。它是马克思主义基本原理同中国特色大国外交实践相结合的重大理论成果,是新时代中国特色大国外交的根本遵循和行动指南。

本案例使学生深入地认识到世界正处于大发展大变革大调整时期的主要特征、表现形式及其产生的深层次根源——在这些影响因素中,包括以信息技术为代表的新技术革命、全球经济治理变革、大国国际政治权力博弈,都是影响国际政治经济格局演变的重要变量,由此使学生深入了解习近平总书记提出中国特色大国外交理论的时代背景、原因。

(1)"百年未有之大变局"标志着世界进入大发展大变革大调整时期

其主要时代特征表现在进入21世纪后,我们看到和平与发展的时代主题没有变,和平、发展、合作、共赢的时代潮流更加强劲,世界多极化、经济全球化、文化多样化、社会信息化深入发展持续推进,世界经济在深度调整中曲折复苏,新一轮科技革命和产业变革蓄势待发,正在孕育成长,全球治理体系深刻变革,新兴市场国家和发展中国家群体力量继续增强、快速崛起,国际力量对比逐步趋向平衡。与此同时,国际金融危机深层次影响在相当长时期依然存在,全球经济贸易增长乏力,单边主义、保护主义抬头,霸权主义和强权政治有新的表现,这是由于21世纪以来美欧新帝国主义的全球统治秩序呈现出裂解趋势,这导致新老法西斯倾向迅速增长,从而引发日益激烈的地缘政治冲突,冷战、热战爆发频次加剧。总之,当前国际环境传统安全威胁和非传统安全威胁交织,恐怖主义、难民危机、重大传染性疾病、气候变化等非传统安全威胁持续蔓延,外部环境不稳定不确定因素增多。在复杂多变的世界形势面前,各国综合国力的竞争日趋激烈,一个国家能否赢得主动,取决于执政力量作出的战略抉择和政策选择。这就是习近平外交思想形成的时代背景和原因。

（2）习近平总书记提出中国特色、中国风格、中国气派的大国特色外交思想

世界多极化在曲折中发展、经济全球化深入发展、文化多样性持续推进、社会信息化快速发展、第四次新科技革命孕育新突破,世界面临的不稳定性、不确定性突出,人类面临共同的风险和挑战,推进人类和平与发展的事业任重道远。在此百年未有之大变局背景下,以习近平同志为核心的党中央准确把握时代发展大势和国内国际两个大局,以高瞻远瞩的视野和总揽全局的魄力,创造性提出中国特色大国外交思想,坚持独立自主和平外交政策,积极推动建立新型国际关系,提出"一带一路"倡议全球经济治理新平台、新机制,呼吁世界各国打破资本逻辑主导的"文明冲突论""修昔底德陷阱"零和权力博弈,构建人类命运共同体,以建设持久和平、普遍安全、共同繁荣、开放包容、清洁美丽的新世界。

（二）中俄新时代全面战略协作伙伴关系

1.案例呈现

2017 年 7 月,习近平主席访问俄罗斯,与普京总统签署《中华人民共和国和俄罗斯联邦关于进一步深化全面战略协作伙伴关系的联合声明》,重申两国致力于进一步发展和巩固平等信任、相互支持、共同繁荣、世代友好的中俄全面战略协作伙伴关系,推动深化政治互信、务实合作、安全合作、人文交流、国际协作;普京总统先后参加在北京举行的"一带一路"国际合作高峰论坛和在厦门召开的"金砖国家"领导人会晤,习近平主席还在上海合作组织阿斯塔纳峰会和亚太经合组织岘港峰会期间与普京总统会谈,就中俄关系以及两国共同关心的国际和地区问题达成诸多重要共识。中俄元首共同引领两国在政治、经济、外交、安全、人文等领域的合作向更高水平发展。

经贸合作快速发展。国际石油价格上涨、俄罗斯经济形势好转、中俄两国政府积极推动等有利因素,促进了中俄经贸合作的发展。中俄贸易额稳步增长,贸易结构持续改善。据中国海关总署数据,2017 年两国贸易额为 840.7 亿美元,同比增长 20.8%。其中,中国对俄出口 428.8 亿美元,同比增长 14.8%;从俄进口 411.9 亿美元,同比增长 27.7%。中国稳居俄罗斯第一大贸易伙伴国,中俄贸易额占俄罗斯对外贸易总额的 14.8%,俄罗斯也是中国重要贸易伙伴。

中俄能源战略协作伙伴关系更加巩固。2017年,俄罗斯保持了中国最大原油和电力进口来源国地位,全年对华出口原油5980万吨,同比增长13.9%。2018年1月1日,随着中俄原油管道第二条支线漠河—大庆管道投入商业运营,中国每年经由中俄原油管道进口原油规模将从1500万吨提高到3000万吨。中俄东线天然气管道项目顺利推进,阿穆尔天然气加工厂开工建设。12月,中俄合作的亚马尔液化天然气项目首条生产线投产。这一项目是世界上最大的液化气项目之一,中国石油天然气集团公司和丝路基金分别占其20%和9.9%的股份。

金融合作扩大。3月,中国工商银行在莫斯科宣布正式启动人民币清算行业务,将进一步便利人民币在中俄经贸与投资中的使用,促进中俄贸易、投资与金融等领域的合作。目前,中国工商银行、中国农业银行、中国银行、中国建设银行、国家开发银行、中国进出口银行都已在俄罗斯设立子行和代表处,与俄银行之间的合作日益密切。俄罗斯铝业联合公司在中国发行两期共15亿元熊猫债券。

军事安全与军事技术合作深入发展。6月,两国的国防部部长签署《2017—2020年中俄军事领域合作发展"路线图"》,该"路线图"对这四年内的中俄军事合作做了总体规划。中俄海军举行代号为"海上联合-2017"的联合军事演习,演习分为两个阶段进行:7月在波罗的海海域、9月在日本海和鄂霍次克海海域。联合演习以联合救援与联合保护海上经济活动安全为主题,以反潜、防空和反舰训练等为科目,提高了中俄两国海军遂行海上防御作战的能力。12月,两军在北京举行"空天安全-2017"中俄第二次首长司令部计算机模拟导弹防御联合演习,演习目标是协同应对弹道导弹和巡航导弹对两国领土的攻击。2017年年底,俄罗斯向中国交付第二批10架苏-35战机,这是根据2015年签署的24架苏-35战机供应协议进行的。

外交协作密切。习近平主席访俄时,与普京总统签署《中俄关于当前世界形势和重大国际问题的联合声明》。该文件阐述了中俄两国对国际关系、国际法的共同主张和对当前国际形势、重大问题的一致立场,强调双方将继续开展外交合作,以应对当前国际与地区形势中的威胁和挑战。中俄两国一如既往在推进世界多极化、加强联合国在国际事务中的核心作用等方面保持协调与合作。两国都反对某些国家以所谓的导弹威胁为借口,单方面在欧洲和亚太地区部署反导系统,从而严重损害区域内国家战略安全利益,对国际和地区战略平衡造成消极影响。中国与俄罗斯共同推动上海合作组织扩员进程,该组织阿斯塔纳峰会正式接纳印度和巴基斯坦为成员国。两国还在反恐、叙利亚、阿富汗、互联网安全等国际问题上,以及在"金砖国家"、二十国集团、亚太经合组织等多边机制中,进行了富有成效的外交合作。

(资料来源:《俄罗斯黄皮书:中俄全面战略协作伙伴关系将深入发展》,https://news.cctv.com/2018/06/01/ARTIbX6aW4XyoGePmqJrukX9180601.shtml,访问日期:2024年6月1日。)

2.案例指向

本案例重点指向教材第十六章第二节第二目"推动构建新型国家关系"的内容,解析习近平外交思想关于中俄新时代全面战略协作伙伴关系的理论与实践。

3.案例解析

2017年10月召开的中国共产党第十九次全国代表大会,向国际社会宣示了中国特色大国外交旨在推动建立新型国际关系、推动构建人类命运共同体。中国共产党第十八次全国代表大会以来,中国外交政策有所调整,具体表现在以下六个方面:第一,中国政府认为大国是影响世界和平的决定性力量,要积极运筹中俄、中美、中欧等主要大国关系,与美国建立新型大国伙伴关系,与俄罗斯推进全面战略协作伙伴关系,与欧盟奉行全面战略伙伴关系。第二,中国更加重视与周边国家发展关系,与邻为伴,与邻为善,提出"亲、诚、惠、容"的理念,将开展周边外交视为中国重要的外交方向。第三,提出海洋强国战略,增强海洋意识。第四,与国际社会构筑利益共同体和命运共同体。第五,着力建立公正、平等、和平的国际政治经济新秩序,推动建立以合作共赢为核心的新型国际关系。[①]

本案例以中俄大国关系为切入点来反映习近平总书记提出的新型国际关系的主要内容和鲜明特征。俄罗斯是中国周边最大邻国和世界大国,两国拥有广泛共同利益。2008年国际金融危机后,新自由主义全球化陷入困境,美国和欧盟国家全球霸权地位出现颓势,守成大国对新兴大国的国际政治权力博弈加剧,冷战思维死灰复燃,对中国和俄罗斯采取越来越严峻的经济脱钩、政治打压和军事遏制战略。中国和俄罗斯在大国关系上有着维护世界和平与稳定的共同利益,中俄关系建立在不结盟、

---

① 《中国外交政策》,https://www.gov.cn/guoqing/2023-03/12/content_5745875.htm,访问日期:2024年1月10日。

不对抗、不针对第三方基础之上,双方在经济、能源供应、政治、军事、外交方面的全面战略合作伙伴关系越来越紧密。

(三)中国菌草是我们的"幸福草"

1.案例呈现

中非菌草交流合作已有近30年时间,探索出多种合作形式。例如,举办菌草技术培训,为非洲国家培养菌草专业本土化人才;建设菌草技术示范基地和示范中心,长期派遣专家开展技术本土化推广工作;与联合国有关部门合作召开系列研讨会,为非洲各国交流菌草产业发展经验打造平台……

尼依巴·伯瑟德是卢旺达一家菌草公司的创始人,也是从中国援助卢旺达农业技术示范中心走出来的企业家。她不仅种植菌菇,还尝试生产干菌菇、菌菇粉等加工产品,同时积极推广菌草技术,为5000多名当地农民尤其是妇女举办培训课程,鼓励他们成立菌菇生产合作社,扩大生产经营规模。

尼日利亚农业和农村发展部部长穆罕默德·艾哈迈德·阿布巴卡尔表示,希望与中国开展合作,利用菌草技术为畜牧业生产菌草饲料、栽培(食)药用菌、开发菌草生物质能源等。"我们希望通过这些项目,为尼日利亚青年创造更多工作机会。"

南非黑尔堡大学教授奥鲁斯根·奥耶巴德·艾库斯卡表示,中国的菌草技术如今已经在非洲大陆开花结果,成为非洲人民走向富裕的钥匙之一。中国为非洲摆脱贫困、实现可持续发展提供了有力支持。

南非《外交》杂志主编克里坦·巴哈纳表示:"中国菌草技术是中国智慧贡献全球的又一案例。双方通过农业示范项目、技术培训等合作,为非洲培养了成千上万菌草人才,在减贫的同时促进生产性就业,惠及广大非洲民众。"

联合国经济与社会事务部在菌草技术应用非洲区域研讨会文件中指出了菌草独具的生态意义:"这项技术通过'以草代木'种植蘑菇,不会砍伐树木和破坏环境。""种植菌草有助于非洲遏制荒漠化。""向发展中国家转让环境友好型的菌草技术并开展能力建设,有助于实现联合国2030年可持续发展目标。"

(资料来源:《"中国菌草是我们的'幸福草'"》,《人民日报》2023年3月26日第3版。)

2.案例指向

本案例重点指向教材第十六章第三节第二目"推动构建人类命运共同体的价值基础和重要依托"的内容,解析习近平外交思想中关于人类命运共同体的理论与具体实践。

3.案例解析

本案例是"构建人类命运共同体"全球治理理念的一个生动典型案例。在百年未有之大变局下国际形势风云诡谲、地缘政治冲突日益错综复杂的背景下,习近平外交思想的和平性、包容性和建设性,为世界发展繁荣作出重要贡献。其中,人类命运共同体作为一种推动全球治理体系发生深刻变革的价值理念和建构方案,正是针对新自由主义全球化过程中产生的贫富两极分化、全球矛盾、失灵的多边主义以及国际政治格局激烈动荡等问题,提出的具体解决对策和中国智慧。"一带一路"倡议为谋求普惠式共享型全球发展提供了平台,为沿线发展中国家走向共同富裕的新型现代化道路提供了替代选择,是构建人类命运共同体的重要国际实践路径。

共建"一带一路",为沿线各国塑造有利发展环境、提振全球发展伙伴关系,推动沿线各国科技同经济深度融合,共同维护全球产业链供应链稳定,实现世界经济共同繁荣发展。中国以自身现代化取得的技术和经验帮助泛欧亚非大陆的沿线发展中国家,进行基础设施投资建设,提供中国现代化的经验和技术,帮助不发达国家融入国际生产分工合作的产业链、价值链和供应链,创造需求和就业,使发展中国家分享全球化红利,改善民生福祉,提升共建国家人民幸福感、获得感,推动构建人类命运共同体。

发展是解决一切问题的总钥匙,而发展合作则是中非命运共同体建构的根基。中国和非洲各国同属发展中国家,相似的历史遭遇、共同的奋斗历程和一致的发展任务让中国与非洲的命运紧紧连在一起。从根本上说,非洲问题的本质就是发展问题。2021年9月21日,习近平主席在第七十六届联合国大会一般性辩论上提出全球发展倡议,旨在重振2030年可持续发展议程,推动全球发展迈向平衡协调包容新阶段。全球发展倡议提出后,得到了53个非洲国家和非盟广泛支持,为中非携手共同发展注入新动力。基于此,中非共同推动共建"一带一路"倡议与非盟《2063年议程》、非洲发展新伙伴计划以及支持非洲发展伙伴倡议的对接,是携手落实全球发展倡议的必由之路。

中非合作的一个重要项目"菌草技术",英文名字就是汉语拼音"Juncao",因为菌草技术是我国拥有完全自主知识产权的原创技术。在我国与世界各国应用的实践证明,应用菌草技术发展菌草业,能高效利用太阳能、土地和水三大农业资源,形成植物、菌物与动物对资源的高效循环综合利用,实现经济、社会和生态三大效益相统一,有利于生态安全、有利于食品安全、有利于能源安全,是高产、优质、高效、安全、生态的新兴产业。今天,菌草技术已经从我国传播到全球 100 多个国家,为我国脱贫攻坚和国际减贫事业作出了积极贡献。2017 年 5 月,菌草技术被列为"中国—联合国和平与发展基金"重点推进项目向全球推广,为构建人类命运共同体和落实 2030 年可持续发展议程贡献中国智慧、中国方案。本案例通过中非合作的一个重要项目"菌草技术"展现了中国坚持同非洲国家密切合作,促进非洲人民生活幸福美好,走上共同致富的现代化道路,通过共建"一带一路"共同推动全球发展倡议落地生根,推动构建更加公平合理、包容普惠的发展格局,不断开创中非合作的新局面、新篇章。

(四)泉州:联通古今,书写"海丝"新篇章

1.案例呈现

福建泉州,这座位于我国东南沿海的城市,在宋元时期被誉为"东方第一大港",无数东西方商船日夜往来,留下了引人向往的繁华图景。如今,"文化拾遗 魅力泉州"网络主题宣传活动即将在这里开展,带领网友一起感受海上丝路传来的不息涛声。

作为联合国认定的"古代海上丝绸之路起点",泉州以其独特的人文风貌和深厚的文化底蕴,入选我国首批 24 个国家历史文化名城。这里是世遗之城、奋斗之城、国潮之城、烟火之城,世遗文化、海洋文化、华侨文化在海洋文明的激荡中一脉共生、多元交融。

海洋文明浸润,见证了二年古城的历史印记。泉州素有"海滨邹鲁""文献之邦"的美誉,自唐代于始,泉州即为中国南方四大对外通商口岸之一,宋元时还是中国的世界海洋商贸中心。贸易的繁盛,不仅给泉州带来多元文化的空前融合,而且促进地方教育的蓬勃发展,使其成为东南文教之典范。同时,泉州还发展出多项世界级非遗项目、国家级非遗项目以及省市级非遗项目,成为国内唯一拥有联合国教科文组织三大类别非遗项目的城市。

海洋文化滋养,积蓄着城市发展的未来力量。2023 年是共建"一带一路"倡议提出 10 周年。据泉州海关统计,2023 年 1—9 月,泉州对"一

带一路"共建国家进出口 1206.5 亿元,占泉州外贸进出口总值的 66.5%。泉州与"一带一路"共建国家贸易往来日益紧密,成为泉州开放型经济新亮点。

"苍官影里三洲路,涨海声中万国商"。这是宋代李邴笔下,泉州向海而生的商业全球化盛景。改革开放以来,泉州以海为路,借力全球资源,不断海纳百川、飞速发展,大步迈向"海丝名城、智造强市、品质泉州",这也是生发于海洋文化和海洋精神的奋进力量。

历史长河奔流千年,海上丝绸之路回响不绝。近年来,福建不断加强对海上丝路文化、文物的传承与保护,2021 年 7 月,泉州市以"泉州:宋元中国的世界海洋商贸中心"被列入世界文化遗产名录。通过海洋与世界深度连接,泉州不断赓续着"海丝"情缘,商贸交流与文化旅游日益热络,古老的海上丝路焕发出新的生机与活力。

今天,构建人类命运共同体的理念日益深入人心,人类交往的世界性、开放性比过去任何时候都更深入、更广泛,各国文化上的相互联系和彼此依存比过去任何时候都更频繁、更紧密。作为"21 世纪海上丝绸之路先行区",海洋文明既是泉州的资源优势,亦是泉州的历史使命。更加深入地拓展海洋文明发展路径,挖掘海洋文化、发展海洋经济、讲好海洋故事,共享"海丝"建设成果,定将为泉州进一步擦亮"海丝"文化品牌、赋能高质量发展提供更为主动、更为强大的精神力量和定力信心。

"何以中国,向海泉州",在新的起点上,让我们一同感受"一带一路"背景下千年古城的丝路记忆,探寻文化遗产里的泉州故事、中国故事,一起书写千年古港的"海丝"新篇章。

(资料来源:章建威:《泉州:联通古今,书写"海丝"新篇章》,https://baijiahao.baidu.com/s? id=17892508673349 87996&wfr=spider&for=pc,访问日期:2024 年 1 月27 日。)

2.案例指向

本案例重点指向教材第十六章第三节第四目"高质量共建'一带一路'"的内容,解析"一带一路"倡议中"21 世纪海上丝绸之路"的主要内容及中国建设性地参与全球治理体系深刻变革的重要意义。

3.案例解析

本案例以"21 世纪海上丝绸之路"的枢纽中心城市泉州为经典案例,引导学生更好了解"一带一路"倡议的内涵和意义。在 2008 年国际金融危机爆发和新自由主义全球化陷入困境的背景下,2013 年 9 月和 10 月,国家主席习近平在哈萨克斯坦和印度尼西亚国会分别提出建设"丝绸之路经济带"和"21世纪海上丝绸之路"的重大倡议,统称"一带一路"倡议。"一带一路"倡议是中国推动构建人类命运共同体和构建周边命运共同体的重要实践载体与国际平台,推动着全球经济治理和发展模式进步。"一带一路"倡议也是造福沿线各国人民的大事业。"一带一路"倡议在理念、举措、目标等方面与联合国2030年可持续发展议程高度契合,既是中国扩大开放的重大举措,以更高水平开放促进国内经济高质量发展,也是旨在推动沿线各国加入国际分工合作的产业链、商品链和价值链,共享经济全球化红利,改善本国民生福利和创造就业机会,实现共同富裕和走上现代化道路,推进更有活力、更加包容、更可持续的经济全球化进程,从而成为破解新自由主义全球化发展难题的"中国方案"和东方智慧。

习近平总书记提出"21世纪海上丝绸之路"有着深厚的历史和文化底蕴。作为沟通东西方经贸文化交流的"陆上丝绸之路"的另一条重要桥梁,海上丝绸之路早在汉武帝时期就出现了。汉武帝当时派遣使者从海路到达今天的斯里兰卡,双方的合作由此开始,也是海上丝绸之路的最初形态。在中国宋元时期,中国商船远航能力得到巨大的提高,加上指南针的发明,海上私人贸易迅速发展起来。至明代永乐大帝年间,郑和七下西洋联通中国东南海域到印度洋的海上通道,古代海上丝绸之路发展到了鼎盛时期。海上丝绸之路起源于中国,穿越南海诸岛、印度洋,再穿越红海抵达东非和欧洲地中海,形成了中国与西方世界经贸文化交流的海上大通道,促进沿线各国的经济贸易往来与繁荣发展。地处我国东南沿海的福建泉州是古代"海上丝绸之路"的起点,也是宋元时期的"东方第一大港",曾接纳了来自东南亚、波斯、阿拉伯、印度、锡兰乃至地中海地区的使者、商贩,不同肤色、信仰和语言的族群,在泉州城内和谐共处。泉州人的血液里流淌着航海的基因,也将在新时代书写着21世纪海上丝绸之路的新篇章。

积极推动高质量共建"一带一路",把泉州建设成"21世纪海上丝绸之路"的先行区。泉州在古代海上丝绸之路上具有重要的交通枢纽地位和做出过重要的历史贡献。自"一带一路"倡议提出后,国家发展改革委国际合作中心编制的《泉州建设21世纪海上丝绸之路先行区发展规划》,旨在将泉州打造成为我国连接海陆丝绸之路的新枢纽和建设21世纪海上丝绸之路的先行区。泉州以打造国内国际双循环重要节点、推动民营企业抱团拓展国内外市场、建设高品质世遗海丝新城为抓手,不断深化推动新时代"海丝"先行区建设。从具体措施上看,泉州作为"海丝"战略支点城市和先行区,始终秉承"共商""共建""共享"原则,坚持以"晋江经验"为指引,在推动民营经济国际化上先行先试,以"世遗城市"为"IP",在推动"海丝"文化国际交流合作上先行先试,以"千年侨乡"为纽带,在推动侨港澳台参与"一带一路"建设上先行先试。当前,泉州市正在积极建设"海丝"先行区,推进福建"海丝"核心区建设,主动融入和服务"一带一路"建设,在 21 世纪海上丝绸之路建设中发挥先行示范作用,为国家"一带一路"建设探索可行性路径、积累丰富经验。

四、延伸阅读

1.中共中央宣传部、中华人民共和国外交部:《习近平外交思想学习纲要》,人民出版社、学习出版社 2021 年版。

2.习近平:《习近平谈"一带一路"》,中央文献出版社 2022 年版。

3.习近平:《论坚持推动共建人类命运共同体》,中央文献出版社 2018 年版。

4.习近平:《加强国际抗疫合作,推动构建人类卫生健康共同体》,《习近平关于统筹疫情防控和经济社会发展重要论述选编》,中央文献出版社 2020 年版。

5.《习近平谈治国理政》第 4 卷,外文出版社 2022 年版。

五、拓展研学

1.如何把握习近平外交思想的核心要义?

2.如何推动建设以相互尊重、公平正义、合作共赢为核心的新型国际关系?

3.如何理解构建人类命运共同体思想的科学内涵?

4.如何理解习近平总书记所说的全球发展倡议、全球安全倡议、全球文明倡议?

5.为了推进全球经济治理体系深刻变革和引领国际合作竞争新优势,中国政府提出要将"一带一路"特别是 21 世纪海上丝绸之路节点城市建设成新型国际开放合作平台的排头兵和主力军。2015 年 3 月,经国务院授权发布的《推动共建丝绸之路经济带和 21 世纪海上丝绸之路的愿景与行动》，提出利用长三角、珠三角、海峡西岸、环渤海等经济区开放程度高、经济实力强、辐射带动作用大的优势，加快推进上海自由贸易试验区建设，支持福建建设 21 世纪海上丝绸之路核心区，推进浙江海洋经济发展示范区、福建海峡蓝色经济试验区和舟山群岛新区建设，加大海南国际旅游岛开发开放的力度。建议学生组成学习小组，结合以上 21 世纪海上丝绸之路新枢纽示范区的建设，通过搜集文献、展示案例、展开辩论等形式，进行社会调研活动，并形成研学报告。

第十七章　全面从严治党

一、教学主要目标

在新时代"两个大局"背景下,全面从严治党的重要性愈发凸显。本章使学生深刻理解全面从严治党的重要性、党的政治建设的根本性、反腐败斗争的压倒性胜利与巩固以及党的自我革命对跳出历史周期率的关键作用。本章将实现如下目标:(1)在知识层面,让学生掌握全面从严治党的基本要求和具体措施,正确理解党的政治建设的根本性,深刻认识反腐败斗争的压倒性胜利。(2)在能力层面,使学生客观把握当前全面从严治党的形势和任务,提高对党风廉政建设和反腐败工作的认识与重视。(3)在价值层面,激发学生勇于以彻底自我革命精神检视自身、直面矛盾问题,始终毫不动摇地坚持中国共产党的领导。

二、教学重难点

本章教学重点:使学生通过生活中的典型事例,并结合自身的实际情况,掌握全面从严治党的基本要求和具体措施,了解党风廉政建设和反腐败工作,客观认识当前全面从严治党的形势和任务,提高对党风廉政建设和反腐败工作的认识与重视,传承好党自我革命的勇气与决心,养成优良的学习工作作风和廉洁自律的好习惯,树立好社会责任感和遵纪守法意识。

本章教学难点:使学生通过学习和实践,明白全面从严治党的重要性和意义,强调政治建设在党的建设中的根本地位,展示反腐败斗争取得的压倒性胜利以及全面巩固成果,指出党的自我革命在跳出历史周期率中的关键作用,为实现中华民族伟大复兴的中国梦提供坚强的党的领导和组织保证。

三、教学案例

（一）"中央八项规定"——新时代中国共产党人作风建设的"金色名片"

1.案例呈现

2022年12月4日，中央八项规定迎来出台十周年。

十年徙木立信。以习近平同志为核心的党中央从制定出台八项规定破题，以上率下推进全党作风建设不松劲、不停步、再出发，刹住了一些长期没有刹住的歪风，纠治了一些多年未除的顽瘴痼疾。……十年来，习近平总书记深入地方考察调研百余次。每次考察调研，总书记都对安排方案亲自把关，不搞刻意设计，尽量安排紧凑，确保调研深入群众、务实高效。……

从东南沿海到西北内陆，从雪域高原到草原林区，十年来，习近平总书记听民声、察民情、问民意，用脚步丈量祖国大地，用真心倾听人民心声，用实干履行庄严承诺。

"4个热菜：红烧鸡块、阜平烩菜、五花肉炒蒜薹、拍蒜茼蒿；一个猪肉丸子冬瓜汤；主食水饺、花卷、米饭和杂粮粥。特别交代不上酒水。"在中国国家博物馆的网上展厅，一张习近平总书记2012年年底在河北阜平考察时的晚餐菜单格外引人注目。一份菜单里看作风。朴素的家常便饭，严格的"四菜一汤"，折射出共产党人艰苦朴素的政治本色和优良传统。

党的十八大以来，无论是国内考察调研还是国外出访活动，习近平总书记始终以身作则、以上率下，带头严格执行中央八项规定，以行动作无声的号令、以身教作执行的榜样，为全党改进作风提供了强大动力。出行上，一向轻车简从。党的十八大后首次出京赴广东考察，不腾道、不封路、不铺红毯，与群众直接接触、亲切交流；住宿上，尽量简化安排。赴河北阜平考察，住的是16平方米房间。在四川芦山地震灾区，住的是临时板房；用餐上，吃的都是家常便饭。在福建古田，同基层代表共进午餐，吃的是红米饭、南瓜汤。到陕北梁家河，和乡亲们一起吃的是荞麦饸饹、油馍馍、麻汤饭；出访上，多次指示要精算代表团饭店入住天数，能省则省，不要浪费，住地不要豪华，干净舒适即可……

一言一行，体现带头贯彻执行中央八项规定的鲜明态度；点滴之间，彰显人民领袖亲近人民的深厚情怀。……

"八项规定改变中国！"这是人民群众发自内心的赞誉。

十年来，以习近平同志为核心的党中央以八项规定为切入点和动员令，动真碰硬、标本兼治，一场激浊扬清的作风之变涤荡神州大地。

"四风"问题得到有效纠治，清正廉洁的政治生态日益巩固。浙江省建德市大洋镇位于三江口兰江段，当地土特产大洋螃蟹颇有名气。"您好，今年蟹卡蟹券销售情况如何？请把销售记录给我们看一下……"今年国庆节，当地纪检监察机关联合职能部门组成专项检查小组，深入辖区各养殖场和大闸蟹专卖店，仔细询问"蟹卡蟹券"的面额、实际售价和销售情况，深挖细查党员干部违规收送"蟹卡蟹券"等"四风"问题。"节点"就是"考点"。十年来，各地纪检监察机关紧盯违规吃喝、收送礼品礼金等"节日病"，开展明察暗访，对典型案例通报曝光，推动作风建设常态化、长效化。"查处违反中央八项规定精神问题 7561 起，批评教育帮助和处理 10943人……"2022 年 10 月 27 日，中央纪委国家监委公布了今年 9 月全国查处违反中央八项规定精神问题月报数据。这已经是中央纪委国家监委连续公布月报数据的第 109 个月。抓早抓小、防微杜渐。从遏制"舌尖上的浪费"，到刹住"车轮上的腐败"、整治"会所里的歪风"，再到持续解决形式主义突出问题，深化拓展为基层减负工作……以钉钉子精神纠治"四风"，刹住了一些长期没有刹住的歪风，纠治了一些多年未除的顽瘴痼疾。……

与此同时，深入治理民生领域的"微腐败"、妨碍惠民政策落实的"绊脚石"，专项整治漠视侵害群众利益问题，切实提升了人民群众的获得感、幸福感、安全感。数据显示，党的十九大以来，全国纪检监察机关共查处民生领域腐败和作风问题 53.2 万个，给予党纪政务处分 48.9 万人。党风政风引领社风民风向善向上，全社会新风正气不断充盈。在位于贵州黔东南苗族侗族自治州天柱县坌处镇的三门塘村，"三门塘合约食堂"远近闻名。……"有了'合约食堂'，大家不攀比了。"今年 4 月，村民彭泽伟为母亲办丧事，向村委会申请后在"合约食堂"办了 15 桌酒席，"八人一桌、八菜一火锅，够吃不浪费。"风气之变，正是"厉行节约、反对浪费"理念深入人心的最好见证。十年来，党风政风焕然一新，社风民风持续向好，勤俭节约、不尚浮华，社会主义核心价值观日益深入人心。"小份菜更适合""剩菜剩饭可以打包带走"，餐馆里的对话折射风气之变；粽子、月饼、大闸蟹等一度被"天价"异化的食品，又走回了"亲民"路线，重新成为老百姓欢度佳节的应景美味；不少人感叹"过去比谁的车好、排量大，现在都在微信上比谁步数多"……作风之力量,是人的力量,是精神的力量。培养社会心态、塑造公共精神,八项规定带来的作风之变,正具体而深刻地影响着中国人的生活。作风建设没有休止符,自我革命永远在路上。实践证明,中央八项规定不是五年、十年的规定,而是长期有效的铁规矩、硬杠杠。

惕厉自省、慎终如始。在以习近平同志为核心的党中央坚强领导下,全党上下团结一心,坚持以严的基调强化正风肃纪,我们党必将以优良作风凝聚起更加磅礴的力量,带领全体人民在实现中华民族伟大复兴中国梦的伟大征程上不断迈向新的胜利!

(资料来源:孙少龙、范思翔、张研:《激荡清风正气 凝聚党心民心——以习近平同志为核心的党中央贯彻执行中央八项规定、推进作风建设纪实》,《人民日报》2022 年 12 月 9 日第 7 版。)

2.案例指向

本案例指向为本章第一节内容,即阐释"全面从严治党是新时代党的建设的鲜明主题"的科学内涵。

3.案例解析

全面从严治党是党永葆生机活力、走好新的赶考之路的必由之路。党的十八大以来,以习近平同志为核心的党中央把全面从严治党纳入"四个全面"战略布局,坚持严的主基调不动摇,党性、党风、党纪一起抓,不敢腐、不能腐、不想腐一体推进,以理想信念凝心铸魂,以严明纪律整饬作风,以雷霆之势反腐惩恶,党风政风为之一新,党心民心为之一振。

本案例中中国共产党通过制定和实施中央八项规定开局破题,使作风建设成为全面从严治党的"金色名片",映照着"党的作风就是党的形象,关系人心向背,关系党的生死存亡"的政治清醒。中国共产党也在践行中央八项规定的过程中,以一个个作风建设"小微题材"的突破,书写了共产党人作风转变的"宏大叙事",改变了党风政风,引领着社情民意,改变了中国,也塑造着新时代。新的历史条件下,我们要更好进行具有许多新的历史特点的伟大斗争、推进中国特色社会主义伟大事业,就必须以更大力度推进党的建设新的伟大工程,坚定不移推进全面从严治党。全面从严治党是党永葆生机活力、走好新的赶考之路的必由之路,是新时代党的建设的鲜明主题。

(1)加强党的自身建设是新形势下推进伟大事业、进行伟大斗争、实现伟大梦想的必然要求

伟大斗争、伟大工程、伟大事业、伟大梦想是一个紧密联系、相互贯

通、相互作用、有机统一的整体,统一于新时代坚持和发展中国特色社会主义伟大实践。在"四个伟大"的相互关系中,党的建设新的伟大工程是起决定性作用的。中国特色社会主义进入新时代,党面临实现第一个百年奋斗目标、开启实现第二个百年奋斗目标新征程、朝着实现中华民族伟大复兴的宏伟目标继续前进的主要任务,同时国际形势波谲云诡、周边环境复杂敏感,面对这样的国内外形势,完成这样光荣伟大的任务,必须把党建设得更加坚强有力,不断细化部署中央八项规定,一以贯之地贯彻落实好中央八项规定,将作风建设进行到底,使党在世界形势深刻变化的历史进程中始终走在时代前列,在应对国内外各种风险和考验的历史进程中始终成为全国人民的主心骨,在坚持和发展中国特色社会主义的历史进程中始终成为坚强领导核心。2012 年 12 月 4 日,习近平总书记主持召开中央政治局会议,审议通过了《中央政治局关于改进工作作风密切联系群众的八项规定》,即改进调查研究、精简会议活动、精简文件简报、规范出访活动、改进警卫工作、改进新闻报道、严格文稿发表、厉行勤俭节约。以行动作号令,以身教作榜样,这些看似细微的"小事"成为一个大党作风建设的切入口,从此,一场激浊扬清的作风之变在全党上下涤荡,在神州大地回响。

(2)加强党的自身建设是把党锻造成为坚强有力的马克思主义执政党的迫切需要

中国共产党是世界上最大的马克思主义执政党,管党治党任务繁重,面临的最大风险是内部变质、变色、变味,丧失马克思主义政党的政治本色,失去最广大人民的支持和拥护。习近平总书记指出:"从石库门到天安门,从兴业路到复兴路,我们党近百年来所付出的一切努力、进行的一切斗争、作出的一切牺牲,都是为了人民幸福和民族复兴。正是由于始终坚守这个初心和使命,我们党才能在极端困境中发展壮大,才能在濒临绝境中突出重围,才能在困顿逆境中毅然奋起。忘记初心和使命,我们党就会改变性质、改变颜色,就会失去人民、失去未来。"[①]案例中改进作风,从中央政治局做起,从总书记做起。一个个作风建设"小微题材"的突破,书写了共产党人作风转变的"宏大叙事",改变了党风政风,引领着社情民意,改变了中国,也塑造着新时代。因此,全面加强党的自身建设,落实党

---

① 习近平:《在"不忘初心、牢记使命"主题教育总结大会上的讲话》,《人民日报》2020 年 1 月 9 日第 2 版。

要管党、全面从严治党,以行动作号令,以身教作榜样,以看似细微的"小事"成为作风建设的切入口,以自我革命的精神解决党内存在的突出问题,是新时代对中国共产党提出的要求。

(3)全面从严治党,核心是加强党的领导,基础在全面,关键在严,要害在治

党要管党、全面从严治党,是党的建设的一贯要求和根本方针。党的十八大召开后,历史的接力棒交到以习近平同志为核心的党中央手中。当时,中国刚刚成为世界第二大经济体,党正面临来自内部的挑战。习近平总书记对此有着清醒的认识和判断,他曾在一次会议中严肃说道:"如果管党不力、治党不严,人民群众反映强烈的党内突出问题得不到解决,那我们党迟早会失去执政资格,不可避免被历史淘汰。这决不是危言耸听。"①"全面"就是管全党、治全党,面向全体党员和全部党组织,覆盖党的建设各个领域、各个方面、各个部门,重点是抓住"关键少数"。"严"就是真管真严、敢管敢严、长管长严。"治"就是从党中央到省市县党委,从中央部委、国家机关部门党组(党委)到基层党支部,都要肩负起主体责任,党委书记要把抓好党建当作分内之事、必须担当的职责;各级纪委要担负起监督责任,敢于瞪眼黑脸,勇于执纪问责。以习近平同志为核心的党中央认真贯彻执行中央八项规定及其实施细则,带头贯彻执行中央八项规定,不打折扣、不做变通,以实际行动为全党立起标杆、做好榜样,引领新时代作风建设形成层层传导、深入人心、广泛参与的生动局面。全面从严治党,就是要克服党的组织软弱涣散特别是腐败问题,中央八项规定将行为准则和规范固化为制度,有利于从源头上遏制腐败,始终保持党的先进性纯洁性,以良好党风带动政风民风,真正赢得群众信任和拥护,不断提高党的领导水平和执政能力。通过中央八项规定,中国共产党向中国社会宣告,中国共产党真正把自己的初心,体现在治国理政实践中,释放出的正是一以贯之贯彻落实中央八项规定,将作风建设进行到底的鲜明信号。

(4)全面从严治党是一项管党治党的系统工程,客观上需要一个布局合理、内容科学、要素齐备、统一高效的全面从严治党体系

健全全面从严治党体系是管党治党全面系统布局、协同高效推进的必然要求,是党的二十大提出的加强新时代党的建设伟大工程的重大举

---

① 《十八大以来重要文献选编》(上),中共文献出版社 2014 年版,第 350 页。

措。习近平总书记深刻指出："全面从严治党体系应是一个内涵丰富、功能完备、科学规范、运行高效的动态系统。"①我们必须坚决贯彻落实党关于全面从严治党的战略部署，贯彻落实习近平新时代中国特色社会主义思想，健全全面从严治党体系，推动新时代党的建设新的伟大工程向纵深发展，为党和国家事业健康发展提供坚强保证。以习近平同志为核心的党中央认真贯彻执行中央八项规定及其实施细则，带头贯彻执行中央八项规定，不打折扣、不做变通，以实际行动为全党立起标杆、做好榜样，引领新时代作风建设形成层层传导、深入人心、广泛参与的生动局面。党的十八大以来，党中央通过开展党的群众路线教育实践活动、"三严三实"专题教育、"两学一做"学习教育、"不忘初心、牢记使命"主题教育、党史学习教育等，弘扬党的优良传统，拧紧"总开关"，不断提升党员干部思想认识，增强党性观念和宗旨意识，落实新时代党的建设总要求，把全的要求、严的基调、治的理念落实到全面从严治党全过程，为中央八项规定精神落地筑牢思想基础。

（二）党的政治建设是党的根本性建设

1.案例呈现

2019 年中共中央印发了《中共中央关于加强党的政治建设的意见》，这是党和国家政治生活中的一件大事。党的政治建设是党的根本性建设，决定党的建设方向和效果。《中共中央关于加强党的政治建设的意见》贯彻习近平新时代中国特色社会主义思想和党的十九大精神，落实新时代党的建设总要求，坚持和加强党的全面领导，坚持党要管党、全面从严治党，对新形势下党的政治建设各方面工作进行了部署，对于更好地以党的政治建设为统领全面推进党的各项建设，确保我们党始终成为中国特色社会主义事业的坚强领导核心，具有重要而深远的意义。

旗帜鲜明讲政治是我们党作为马克思主义政党的根本要求。在革命、建设、改革各个时期，我们党都高度重视政治建设，形成了讲政治的优良传统。党的十八大以来，以习近平同志为核心的党中央把党的政治建设摆在更加突出位置，加大力度抓，形成了鲜明的政治导向，消除了党内严重政治隐患，推动党的政治建设取得重大历史性成就。同时，必须清醒

---

① 习近平：《健全全面从严治党体系 推动新时代党的建设新的伟大工程向纵深发展》，《求是》2023 年第 12 期。

看到,我们党面临的"四大考验"、"四种危险"是长期的、尖锐的,影响党的先进性、弱化党的纯洁性的因素是复杂的,党内存在的政治问题还没有得到根本解决,切实有效解决这些问题,必须进一步加强党的政治建设。

加强党的政治建设,必须把坚决做到"两个维护"作为首要任务。"两个维护"是党的十八大以来我们党的重大政治成果和宝贵经验,是我们党最重要的政治纪律和政治规矩。党的十八大以来党和国家事业之所以能够取得历史性成就、发生历史性变革,最根本的就是形成和确立了习近平总书记党中央的核心、全党的核心地位,坚持了党中央权威和集中统一领导。中国特色社会主义进入新时代,国际国内形势更加复杂多变,来自各方面的风险挑战比以往任何时候都多,我们党要以新气象新作为统揽推进伟大斗争、伟大工程、伟大事业、伟大梦想,必须在全党激发高度的政治自觉、坚决做到"两个维护",确保统一意志、统一行动、步调一致向前进。要坚持用习近平新时代中国特色社会主义思想武装全党、教育人民,增强"四个意识",坚定"四个自信",从历史和现实、理论和实践、国内和国际的结合上深刻把握"两个维护"的极端重要性,真正做到政治认同、思想认同、情感认同。要保持政治清醒和政治定力,注重从领导制度机制的健全完善上保障"两个维护",从对党中央决策部署的坚决贯彻上体现"两个维护",从防止和纠正各种"低级红"、"高级黑"现象的具体实践中做到"两个维护",始终在政治立场、政治方向、政治原则、政治道路上同以习近平同志为核心的党中央保持高度一致。

加强党的政治建设必须注重系统谋划、整体推进,充分发挥党的政治建设对整个党的建设的统领作用。秉纲而目张。党的政治建设抓好了,政治方向、政治立场、政治大局把握住了,党的建设就立了标、铸了魂;如果没有政治建设这个"灵魂",党的各项建设就容易迷失方向、效果不彰。党的政治建设涉及方方面面,包含许多要素,要强化系统思维,从整体上来推进,防止头痛医头、脚痛医脚,防止碎片化、形不成合力。要坚定政治信仰,坚持党的领导,提高政治能力,净化政治生态,全面推进党的政治建设各方面工作。要把政治标准和政治要求贯穿于党的各项建设之中,带动党的建设质量全面提高。党的思想建设、组织建设、作风建设、纪律建设、制度建设和反腐败斗争等,要自始至终自觉贯彻和体现讲政治的根本要求,确保政治目标不偏,使我们党始终不忘初心、牢记使命、永远奋斗。

加强党的政治建设是一项重大艰巨的政治任务。各级党委(党组)要按照党中央要求,进一步增强推进党的政治建设的自觉性坚定性,加强组织领导,强化责任担当,确保《中共中央关于加强党的政治建设的意见》提出的各项任务举措落到实处,把我们党建设得更加坚强有力,为实现"两个一百年"奋斗目标和中华民族伟大复兴中国梦提供坚强政治保证。

（资料来源:《把党的政治建设摆在首位》,《人民日报》2019年2月28日 第1版。)

2.案例指向

本案例重点指向教材第十七章第二节第一目内容,即以党的政治建设为统领深入推进党的建设。

3.案例解析

习近平总书记在党的十九大报告中首次提出"党的政治建设是党的根本性建设"的重大论断,要求"以党的政治建设为统领","把党的政治建设摆在首位",凸显了新时代加强党的政治建设的极端重要性和紧迫性。《中共中央关于加强党的政治建设的意见》连同党的十八大以来习近平总书记关于加强党的政治建设提出的一系列新思想新观点新论断,深刻回答了新时代为什么要加强党的政治建设、怎样加强党的政治建设等重大理论和实践问题,把我们党对自身建设规律的认识提到了新高度,为发展马克思主义党建理论作出了原创性、时代性贡献,是新征程上以党的政治建设为统领、继续推进新时代党的建设新的伟大工程和全面从严治党向纵深发展的科学指导和行动指南。本案例详细介绍了《中共中央关于加强党的政治建设的意见》的主要内容及中国共产党人对党的政治建设的相关论断,为学生提供了一个深入了解国家关于加强党的政治建设相关政策的机会。《中共中央关于加强党的政治建设的意见》是贯彻习近平新时代中国特色社会主义思想和党的十九大精神的重大举措,是党中央在深刻总结历史经验和新鲜经验基础上,对新时代加强党的政治建设作出的重大决策部署,必须加以深刻领会和切实执行。

新形势下加强党的政治建设有其重大意义。旗帜鲜明讲政治是我们党作为马克思主义政党的根本要求,是我们党不断发展壮大、从胜利走向胜利的重要保证。党的十八大以来,以习近平同志为核心的党中央把党的政治建设摆在更加突出位置,在坚定政治信仰、增强"四个意识"、维护党中央权威和集中统一领导、严明党的政治纪律和政治规矩、加强和规范新形势下党内政治生活、净化党内政治生态、正风肃纪、反腐惩恶等方面取得明显成效。实践证明,党的政治建设决定党的建设方向和效果,不抓党的政治建设或偏离党的政治建设指引的方向,党的其他建设就难以取得预期成效。中国特色社会主义进入新时代,我们党要以新气象新作为统揽推进伟大斗争、伟大工程、伟大事业、伟大梦想,就必须加强党的政治建设。

(1)旗帜鲜明讲政治是我们党作为马克思主义政党的根本要求

任何政党都有政治属性,都有自己的政治使命、政治目标、政治追求。政治属性是政党的第一属性,体现着政党的本质区别,决定着政党的前途命运。马克思主义政党从不讳言自己的政治属性和政治使命。中国共产党作为马克思主义政党,必须旗帜鲜明讲政治。中国共产党是中国工人阶级的先锋队,同时是中国人民和中华民族的先锋队。我们党自诞生之日起,就把实现共产主义远大理想书写在自己的旗帜上,把为中国人民谋幸福、为中华民族谋复兴确立为自己的初心使命,凝结在伟大建党精神之中。党的性质宗旨、初心使命决定了中国共产党必须旗帜鲜明讲政治。注重从政治上建设党是中国共产党的一贯作风和根本要求,并始终贯穿于党的建设伟大实践中。党的十八大以来,习近平总书记着眼于新时代党和国家事业发展全局,把讲政治提到一个新的历史高度。深入贯彻习近平新时代中国特色社会主义思想特别是习近平总书记关于加强党的政治建设重要指示精神,鲜明体现了坚持和加强党的全面领导,坚持党要管党、全面从严治党,坚决维护以习近平同志为核心的党中央权威和集中统一领导的要求。因此,要牢牢把握党的政治建设对党的各项建设的统领作用,注重统分结合、纲举目张,把政治标准和政治要求贯穿于党的各项建设之中,以政治上的加强推动全面从严治党向纵深发展。

(2)加强党的政治建设任重道远,必须常抓不懈

党的政治建设是一个永恒课题,没有休止符。经过不懈奋斗,中国共产党团结带领人民实现了第一个百年奋斗目标,踏上了全面建设社会主义现代化国家新征程,迎来了实现中华民族伟大复兴的光明前景。但我们也要清醒看到,中华民族伟大复兴,绝不是轻轻松松、敲锣打鼓就能实现的。当前,百年未有之大变局下,国际形势和国际格局加速向纵深演变,中华民族伟大复兴面临的风险和挑战会越来越多。同时,党内存在的政治问题还没有得到根本解决,腐败这个党执政的最大风险仍然存在,全面从严治党形势依然严峻复杂。中国共产党作为一个拥有 9900 多万名党员、领导着 14 亿多人口大国的世界第一大执政党,要永葆先进性和纯洁性,始终成为全国人民应对国内外各种风险挑战的主心骨,必须牢记打铁必须自身硬的道理,增强全面从严治党永远在路上的政治自觉,以党的政治建设为统领,继续推进新时代党的建设新的伟大工程。党的十八大

以来,习近平总书记从指出"政治问题,任何时候都是根本性的大问题",到要求"增强政治意识,善于从政治上看问题,善于把握政治大局,不断提高政治判断力、政治领悟力、政治执行力";从提出"必须把党的思想政治建设摆在首位,营造风清气正的政治生态",到强调"党的政治建设是党的根本性建设,要把党的政治建设摆在首位,以党的政治建设为统领"……这些重要论述深刻阐明了旗帜鲜明讲政治、坚持不懈推进党的政治建设的核心要义和实践要求,指引中国共产党从政治上考量全局、引领发展、凝聚力量,开辟了治国理政和管党治党的新境界。一方面,要遵循党的政治建设规律和内在逻辑,整合党章、准则等党内法规制度有关规定,明确加强党的政治建设的总体要求和主要任务,对加强党的政治建设各方面任务进行系统设计、统筹推进,实现各要素衔接联动、同频共振,全面提高党的政治建设水平。另一方面,立足新时代党的政治建设新要求,聚焦当前存在的突出问题和薄弱环节,有针对性地作出制度安排,有的放矢、务求实效。同时,注重强调原则要求、明确标准底线,不过多涉及党的建设其他方面的具体问题。

(三)履新一个月便"落马"——山西最大煤企原党委书记、董事长郭金刚受贿上亿被查

1.案例呈现

在中国反腐败斗争的漫漫征程中,每一个案件都是一幕生动而戏剧性的表演,揭开了权力背后的不为人知的黑幕。而今,我们的舞台焦点聚焦在山西省晋能控股集团原党委书记、董事长郭金刚身上。晋能控股集团于 2020 年 9 月成立,是一家资产总额超万亿、职工总数 50 余万人、煤炭产能 4 亿多吨的特大型省属国有企业,占山西全省国企的半壁江山,是全国规模最大的地方能源国企,在保障能源安全中起着举足轻重的作用。然而,在原党委书记、董事长郭金刚的错误带领下,晋能控股落实党中央及省委决策部署一度跑偏走样,不正之风泛滥,圈子文化盛行,权钱交易肆虐,政治生态恶化,华丽的外表下危机四伏。

郭金刚将企业当作"独立王国""专属领地",在工作中刚愎自用、独断专横,"一把手"变成了"一霸手",把个人意志凌驾于组织之上,把集团数千名中层干部使用调整权掌握在自己手中。他任人唯亲、任人唯钱,先后将自己的 30 名亲属安排在原同煤集团和晋能控股集团,仅在谋取人事利益方面,受贿就高达 2000 余万元。郭金刚的身边有一个特殊的"圈子",

就是长期围着他转的河南老乡施工队供应商,郭金刚走到哪里,他们就跟到哪里,工程就做到哪里,成为一个稳固的腐败利益共同体,河南老乡张氏兄弟俩,就是郭金刚贪腐路上的"老朋友"。从潞安集团王庄煤矿到同煤集团,再到晋能控股集团,兄弟俩一路追随,他们从一开始干一些职工宿舍土建类的小活,到井口工程、电力项目等这样的大工程,郭金刚在背后"大力支持",通过打招呼插手干预招投标,帮兄弟俩承揽各种工程数亿元,兄弟俩则为其在北京买别墅,送给其 1000 万元干股,合计 4000 余万元的财物,在长达 20 多年的时间里,郭金刚一共收受了 7 个这样的"老朋友"巨额贿赂上亿元。

不仅如此,郭金刚的特权思想和享乐奢靡的作风问题极其严重。特别讲究吃穿用度,最大爱好就是逛街购买奢侈品,他在北京、太原、大同等多地的家里存放的奢侈品牌男装就达数百件。他长期配备专职"保镖",下基层调研更是大讲排场、前呼后拥。有的基层单位为迎接郭金刚调研,竟花几十万元全面清扫,紧急装修临时休息室,并更换全新餐具灶具,午餐菜单特别标注:郭金刚爱吃不带皮的银鳕鱼等"三厌两好 11 道菜"。在郭金刚的影响下,原同煤集团各级干部上行下效,逢年过节请客送礼,请托办事收受红包成风,喝酒只喝"一茅五"(1573、茅台、五粮液),政治生态一度遭到严重破坏。2014 年至 2022 年,郭金刚借逢年过节、女儿结婚、出差开会之机,多次违规收受多名管理服务对象赠送的高档玉石、衣服等礼品和礼金,折合共计 130 万余元。2019 年至 2022 年,郭金刚在单位已为其配备公务用车的情况下,违规长期占用 6 辆公务用车供其个人使用;在单位已为其配备办公用房的情况下,长期占用某宾馆 1 间套间供其个人使用。

在山西煤炭领域,郭金刚履历丰富。根据公开资料,他出生于 1964 年 7 月,历任大同煤矿集团党委副书记、副董事长、总经理等职。2018 年升任大同煤矿集团党委书记、董事长,成为这家山西煤炭巨擘的"一把手"。晋能控股集团成立后,郭金刚成为最大赢家,顺利执掌这家更大的超级"巨无霸"。不过,郭金刚还是在 2022 年 6 月 18 日被官宣"落马"。据简历,他在 2022 年 5 月,曾任山西省国有资本运营有限公司党委委员、副总经理。也就是说,郭金刚此次被查时,刚刚调任新岗位一个月。

(资料来源:《〈护航〉第二集〈凤腐同治〉》,http://www.sxdi.gov.cn/ttxw/art/2024/art_e4485f32c162480da367fb2d80fc2b0a.html,访问日期:2024 年 5 月 16 日。)

2.案例指向

本案例重点指向教材第十七章第三节的内容,即坚定不移推进反腐败斗争。

3.案例解析

山西省晋能控股集团原党委书记、董事长郭金刚受贿、贪污、滥用职权一案例,凸显了国家对于反腐工作的高度重视和毫不妥协的原则。无论身份地位如何,任何人都无法逃脱党纪国法的制裁,中国共产党正风反腐的决心和力度不仅是对腐败现象的严厉打击,更是对社会公平正义的维护和国家形象的提升。对郭金刚案的查处,不仅是对其个人的惩罚,更是对整个体系的一次深刻的警醒。郭金刚的落马,标志着对其长期贪腐行为的终结,也象征着对公共权力滥用的一次有力打击。反腐败是最彻底的自我革命,持之以恒深化正风肃纪反腐,既需要坚定不移地刮骨疗毒,又需要驰而不息地培植土壤。在不断推进反腐败斗争的今天,郭金刚案提醒着我们,任何时候都不能放松对权力的监督,要始终保持对腐败的零容忍态度。通过这样的案例,我们可以清楚地看到,反腐败斗争是一场长期而艰巨的任务,需要我们每个人的共同努力和坚持。党中央坚持重遏制、强高压、长震慑,坚持"打虎""拍蝇""猎狐"多管齐下,坚持受贿行贿一起查,坚持有案必查、有腐必惩。以习近平同志为核心的党中央坚持反腐败无禁区、全覆盖、零容忍,先后修订并颁布实施《中国共产党党内监督条例》《中国共产党纪律处分条例》《中国共产党问责条例》等,形成一系列防范和惩治腐败的党内"铁规",增强制度刚性,防止"破窗效应",以雷霆之势、霹雳手段惩治腐败,对权力进行制约和监督。

(1)腐败是党长期执政面临的最大威胁,也是世界各国面临的共同问题

腐败是危害党的生命力和战斗力的最大毒瘤,反腐败是最彻底的自我革命。腐败问题损害党和群众的关系,损害党的肌体健康,侵蚀党的先进性和纯洁性。中国共产党与腐败水火不相容,这是党的性质宗旨决定的。旗帜鲜明反对腐败、坚定不移惩治腐败,是中国共产党一贯的坚定立场。山西省晋能控股集团原党委书记、董事长郭金刚受贿、贪污、滥用职权一案例,凸显了国家对于反腐工作的高度重视和毫不妥协的原则。对郭金刚案的查处,不仅是对其个人的惩罚,更是对整个体系的一次深刻的警醒。党的十八大以来,以习近平同志为核心的党中央深刻总结党的百年奋斗历史经验,创造性提出党的自我革命的重大命题,把反腐败斗争提

升到最彻底的自我革命新高度,开展了史无前例的反腐败斗争。经过坚持不懈的强力反腐,反腐败斗争取得压倒性胜利并全面巩固。反腐败斗争取得的成绩有目共睹,但形势依然严峻复杂。要清醒认识到反腐败斗争进入深水区,遏制增量、清除存量任务依然艰巨,对腐败的顽固性和危害性绝不能低估。新征程反腐败斗争,必须在铲除腐败问题产生的土壤和条件上持续发力、纵深推进。

（2）坚持标本兼治开展反腐败斗争

标本兼治是新时代推进反腐败斗争的鲜明特征,既以治标遏制腐败势头,更注重治本夯实防腐的基础。深化标本兼治、系统施治,推动从个案清除、重点惩治向系统整治、全域治理提升转变,是深入推进全面从严治党、打赢反腐败斗争攻坚战持久战的重要方法、重要抓手。郭金刚案提醒着我们,任何时候都要始终保持对腐败的零容忍态度。通过这样的案例,我们可以清楚地看到,反腐败斗争是一场长期而艰巨的任务。党中央坚持重遏制、强高压、长震慑,坚持"打虎""拍蝇""猎狐"多管齐下,坚持受贿行贿一起查,坚持有案必查、有腐必惩。党的十八大以来,以习近平同志为核心的党中央构建起党全面领导的反腐败工作格局,紧盯重点问题、重点领域、重点对象,集中大量开展专项整治,一项一项盯住抓、一个山头一个山头攻,以雷霆之势、霹雳手段惩治腐败,对权力进行制约和监督,持续形成强大威慑,坚持有案必查、有腐必惩,深化以案促改促治,在持续加大案件查处力度的同时,注重发现和纠治个案背后的深层次问题,把个案问题上升到面上施治,深入查找制度建设薄弱点、权力运行风险点、监督管理空白点,努力实现查处一案、警示一片、治理一域,推动防范和治理腐败问题常态化、长效化,成功走出一条依靠制度优势、法治优势反腐败之路。

（3）反腐败必须永远吹冲锋号

坚定不移惩治腐败,是我们党有力量的表现,也是全体党员和广大群众的共同愿望。在新的历史条件下坚持不敢腐、不能腐、不想腐一体推进,继续在不敢腐上持续加压,始终保持零容忍震慑不变、高压惩治力量常在;在不能腐上深化拓展,前移反腐关口,深化源头治理;在不想腐上巩固提升,更加注重正本清源、固本培元。案例中,以习近平同志为核心的党中央坚持反腐败无禁区、全覆盖、零容忍,先后修订并颁布实施《中国共产党党内监督条例》《中国共产党纪律处分条例》《中国共产党问责条例》等,形成一系列防范和惩治腐败的党内"铁规",增强制度刚性,防止"破窗效应",以雷霆之势、霹雳手段惩治腐败,对权力进行制约和监督,深刻体现了党中央始终坚持以零容忍态度反腐惩恶不动摇,有力遏制增量,有效清除存量,坚决打赢反腐败斗争攻坚战持久战。教育引导广大党员干部清清白白做人、干干净净做事,做到管党治党不放松、正风肃纪不停步、反腐惩恶不手软,努力实现干部清正、政府清廉、政治清明的生动局面。

(四)跳出历史周期率的"两个答案"

1.案例呈现

2012年11月30日,刚刚担任中央纪委书记半个月的王岐山主持召开专家学者座谈会,就党风廉政建设和反腐败斗争问计"高参"。专家学者们普遍感到,会议讨论热烈,互动频繁,稿子"可念可不念",让人耳目一新。王岐山说:"在党中央的坚强领导下,经过全党全社会的共同努力,党风廉政建设和反腐败工作取得了很大成绩。要清醒认识党风廉政建设和反腐败斗争的长期性、复杂性、艰巨性,坚持标本兼治、综合治理、惩防并举、注重预防的方针,坚决查处违纪违法案件,研究并实施制度创新,全面推进惩治和预防腐败体系建设。"为何要高度重视党风廉政建设和反腐败斗争呢? 因为党风廉政建设和反腐败斗争事关党和国家的兴亡。习近平总书记在《紧紧围绕坚持和发展中国特色社会主义学习宣传贯彻党的十八大精神》中就强调:"反对腐败、建设廉洁政治,保持党的肌体健康,始终是中国共产党一贯坚持的鲜明政治立场。党风廉政建设,是广大干部群众始终关注的重大政治问题。'物必先腐,而后虫生。'近年来,一些国家因长期积累的矛盾导致民怨载道、社会动荡、政权垮台,其中贪污腐败就是一个很重要的原因。大量事实告诉我们,腐败问题越演越烈,最终必然会亡党亡国! 我们要警醒啊!"

习近平总书记在党的二十大开幕会上所作的报告中指出:"经过不懈努力,党找到了自我革命这一跳出治乱兴衰历史周期率的第二个答案。"什么是"历史周期率"? "历史周期率",是指世界上任何一个国家的政权都会经历兴衰治乱,往复循环呈现出的周期性现象。70多年前,面对黄炎培的殷切期盼,毛泽东在"窑洞对"中给出了第一个答案:"我们已经找到新路,我们能跳出这周期率。这条新路,就是民主。只有让人民来监督政府,政府才不敢松懈。只有人人起来负责,才不会人亡政息。"历史以无可辩驳的事实证明:人民民主是应对治乱兴衰周期率的一条行之有效的新路。中国共产党用民主政治对抗国民党的独裁统治,让人民获得了民主,人民把信任交给了共产党,最终党和人民赢得了新民主主义革命的伟大胜利。

随着从成立之初只有50多名党员,发展到如今拥有9800多万名党员、在14亿多人口的大国长期执政的世界最大政党;随着中国特色社会主义进入新时代,面对尖锐复杂的执政考验、改革开放考验、市场经济考验、外部环境考验"四大考验"和精神懈怠的危险、能力不足的危险、脱离群众的危险、消极腐败的危险"四种危险",能不能跳出治乱兴衰历史周期率的支配?这个问题又一次尖锐地摆到了中国共产党人面前。"能胜强敌者,先自胜者也。"勇于自我革命,是中国共产党最鲜明的品格,也是中国共产党最大的优势。党的十八大以来,以习近平同志为核心的党中央深入推进全面从严治党,坚持打铁必须自身硬,提出和落实新时代党的建设总要求,以党的政治建设统领党的建设各项工作。以钉钉子精神纠治"四风",反对特权思想和特权现象,刹住了一些长期没有刹住的歪风,纠治了一些多年未除的顽瘤痼疾。开展了史无前例的反腐败斗争,以"得罪千百人、不负十四亿"的使命担当祛疴治乱,"打虎""拍蝇""猎狐"多管齐下,反腐败斗争取得压倒性胜利并全面巩固,消除了党、国家、军队内部存在的严重隐患。新时代党的全面从严治党的伟大实践,开辟了百年大党自我革命的新境界。作为世界上最大的马克思主义执政党,面向第二个百年奋斗目标,站在新的历史起点,党必须永葆自我革命精神,敢于刀刃向内,才能跳出"其兴也勃焉,其亡也忽焉"的历史周期率。

(资料来源:《党的二十大精神专题十二讲》,人民出版社2023年版,第110页。)

2.案例指向

本案例重点指向教材第十七章第四节内容,即党的自我革命是跳出历史周期率的第二个答案。

3.案例解析

本案例详细介绍了跳出历史周期率的"两个答案",使学生对"两个答案"的提出有了初步了解。自我革命和人民监督是中国共产党对如何跳出历史周期率给出的两个答案,但为进一步深化了中国共产党对马克思主义执政党建设规律的认识,揭示百年大党长盛不衰、风华正茂的奥秘所在,我们要深刻理解和正确把握两个答案之间的辩证关系。习近平总书记在十九届中央纪委六次全会上深刻揭示了两个答案之间的关系,指出:"一百年来,党外靠发展人民民主、接受人民监督,内靠全面从严治党、推进自我革命,勇于坚持真理、修正错误,勇于刀刃向内、刮骨疗毒,保证了党长盛不衰、不断发展壮大。"①2024年1月8日上午,习近平总书记在二十届中央纪委三次全会上发表重要讲话,总结了全面从严治党的新进展、新成效,深刻阐述党的自我革命的重要思想,深刻回答了中国共产党"为什么要自我革命"的重大问题,指明了确保全党永葆初心、担当使命的根本任务;深刻回答了中国共产党"为什么能自我革命"的重大问题,坚定了全党用好"第二个答案"、解决大党独有难题的信心决心;深刻回答了中国共产党"怎样推进自我革命"的重大问题,展现了党永葆生机活力、走好新的赶考之路的光明前景。

（1）中国共产党为什么要自我革命

伟大自我革命使中国共产党人在改造客观世界的同时自觉改造主观世界,能够始终掌握历史主动,准确识变、科学应变、主动求变,始终代表人民根本利益,始终走在时代前列,因而使中国共产党能够跳出历史周期率。案例中,刚刚担任中央纪委书记半个月的王岐山主持召开专家学者座谈会,就党风廉政建设和反腐败斗争问计"高参",明确回答了这一问题,即党风廉政建设和反腐败斗争事关党和国家的兴亡。习近平总书记在省部级主要领导干部学习贯彻党的十九届六中全会精神专题研讨班开班式上的重要讲话中强调:"在百年奋斗历程中,党领导人民取得一个又一个伟大成就、战胜一个又一个艰难险阻,历经千锤百炼仍朝气蓬勃,得到人民群众支持和拥护,原因就在于党敢于直面自身存在的问题,勇于自我革命,始终保持先进性和纯洁性,不断增强创造力、凝聚力、战斗力,永葆马克思主义政党本色。"在案例中,习近平总书记指出随着中国特色社会主义进入新时代,面对"四大考验"和"四种危险",要"能胜强敌者,先自胜者也"。伟大自我革命能够保证党始终走在正确的发展道路上,不断增强党的政治领导力;伟大自我革命能够保持党的思想理论的先进性,不断增强党的思想引领力;伟大自我革命能够保持党的价值追求的人民性,不断增强党的社会感召力;伟大自我革命能够保持党健康肌体的纯洁性,不断增强党的自身免疫力。中国共产党的伟大不在于不犯错误,而在于从不讳疾忌医,积极开展批评和自我批评,敢于直面问题,勇于自我革命。

（2）中国共产党为什么能自我革命

马克思主义政党的自我革命勇气和自觉是与生俱来的,中国共产党

---

① 习近平:《全面从严治党探索出依靠党的自我革命跳出历史周期率的成功路径》,《求是》2023年第3期。

能够持久推进自我革命是由其性质宗旨所决定的。中国共产党是中国历史上第一个领导"绝大多数人的,为绝大多数人谋利益的独立的运动"的政党,一经诞生,就把为中国人民谋幸福、为中华民族谋复兴确立为自己的初心使命,全心全意为人民服务,"完全是为着解放人民的,是彻底地为人民的利益工作的"。党没有任何自己特殊的利益,从来不代表任何利益集团、任何权势团体、任何特权阶层的利益,这是党勇于自我革命的勇气之源、底气所在。习近平总书记在《紧紧围绕坚持和发展中国特色社会主义学习宣传贯彻党的十八大精神》中就强调:"反对腐败、建设廉洁政治,保持党的肌体健康,始终是我们党一贯坚持的鲜明政治立场。"党风廉政建设,是广大干部群众始终关注的重大政治问题。一百年来,中国共产党之所以能够坚持真理、修正错误,不断发展壮大,不断取得胜利,就是因为始终秉持初心使命,把人民利益放在最高位置,因而赢得人民的拥护和支持。可见,勇于自我革命,是中国共产党最鲜明的品格,也是中国共产党最大的优势。

(3)中国共产党怎样推进自我革命

全面从严治党是中国共产党推进自我革命的一场伟大实践,是新时代中国共产党治国理政最鲜明的特征。案例中讲到,党的十八大以来,以习近平同志为核心的党中央深入推进全面从严治党,坚持打铁必须自身硬,提出和落实新时代党的建设总要求,以党的政治建设统领党的建设各项工作。以钉钉子精神纠治"四风",反对特权思想和特权现象,刹住了一些长期没有刹住的歪风,纠治了一些多年未除的顽瘴痼疾。这些具体举措消除了党、国家、军队内部存在的严重隐患。习近平总书记在十九届中央纪委六次全会上指出:"全面从严治党是新时代党的自我革命的伟大实践,开辟了百年大党自我革命的新境界。"全面从严治党,本质在于净化党的肌体和政治生态,解决复杂执政环境下党的自身建设问题。党的十八大以来,我们党创造性地提出了"党的自我革命"新概念,以自我净化、自我完善、自我革新、自我提高的高度自觉,充分发挥全面从严治党的政治引领和政治保障作用,坚持严的主基调,坚持抓早抓小,使"严"贯通党的生活、工作和日常活动的各方面,贯通管党治党全过程,着力解决党自身存在的突出问题,实现全面从严治党同增强"四个自我"能力的有机结合,推动全面从严治党取得显著成效,打破了只有"西方多党轮替、三权鼎立"才能解决执政党自身问题的迷思,是新时代中国共产党管党治党的新模式,开辟了百年大党自我革命的新境界。习近平总书记强调:"越是长期执政,越不能忘记党的初心使命,越不能丧失自我革命精神。""有没有强烈的自我革命精神,有没有自我净化的过硬特质,能不能坚持不懈同自身存在的问题和错误作斗争,就成为决定党兴衰成败的关键因素。"历史和现实、理论和实践证明:以自我革命的政治自觉、以全面从严治党永远在路上的坚定执着,继续推进新时代党的建设新的伟大工程,是确保我们党始终走在时代前列,跳出治乱兴衰的历史周期率的重要法宝和成功之道。

四、延伸阅读

1.习近平:《论党的自我革命》,中央文献出版社、党建读物出版社2023年版。

2.《习近平关于全面从严治党论述摘编》,中央文献出版社2021年版。

3.习近平:《做焦裕禄式的县委书记》,中央文献出版社2015年版。

4.《习近平关于严明党的纪律和规矩论述摘编》,中央文献出版社、中国方正出版社2016年版。

五、拓展研学

1.组织学生课前观看由中央纪委宣传部、中央电视台联合制作的大型电视专题片《永远在路上》,进一步理解党的十八大以来,以习近平同志为核心的党中央把全面从严治党提升到"四个全面"战略布局高度,正风肃纪,锲而不舍纠"四风",赢得党心民心的举措,并撰写观后感。

2.尝试梳理中国共产党百余年来开展自我革命的历史进程,并阐释总结中国共产党自我革命的成就与经验。

3.讨论党的自我革命与社会革命二者之间的关系,并尝试梳理总结党的自我革命引领社会革命的成就、经验与启示。

后　记

　　"习近平新时代中国特色社会主义思想概论"是目前全国高等学校本科生必修的思想政治理论课之一。2019年，厦门大学作为试点学校之一，面向本科生开设选修课；根据教育部文件要求，自2022年秋季学期开始，面向全校二年级本科生开设必修课。

　　时值全国上下全面学习宣传贯彻党的二十大精神，本课程作为思政课矩阵的"排头兵"，理应发挥系统宣传、阐释、传播马克思主义理论及马克思主义中国化时代化理论创新成果的主渠道作用。深化"习近平新时代中国特色社会主义思想概论"课程教学改革，促进教学实效性提升，是一项严肃的政治任务、政治责任。秉持这一指导思想，课程组立足课堂教学，在"三位一体"教学模式基础上，力求将课程打造成为兼具内部协同性与外部开放性，立意高、格局大的思政"金课"。

　　本书凝聚了厦门大学马克思主义学院习近平新时代中国特色社会主义思想概论教研部和课程组全体教师的汗水和智慧，是课程教学改革和课程建设的一项成果。自2023年秋到2024年夏，老师们笔耕不辍，频繁交流，即使春节期间分处大江南北也不例外。各章执笔人如下：导论和第一章黄佳佳，第二章肖盈，第三章聂鑫，第四章原宗丽，第五章庄三红，第六章朱东波，第七章和第十一章王小军，第八章刘玲，第九章赵颖，第十章晏振宇，第十二章杨玲，第十三章谢素蓉，第十四章邵贵文，第十五章吴文琦，第十六章吴茜，第十七章李建。初稿完成后，又多次开会讨论，反复修改完善。最后由原宗丽、黄佳佳统稿。

　　本书从写作的酝酿、撰写的过程和案例的选择等都受到中共福建省委宣传部、中共福建省委教育工作委员会、福建省教育厅有关领导的关心和指导，在此表示诚挚的感谢。本书写作过程中，厦门大学校领导、党委宣传部、教务处等有关领导给予悉心指导和帮助支持，学校党委书记张荣院士亲自为丛书作序，这些关怀都是这本书能够出版的重要保障和强大动力。本书的写作还得到福建师范大学郑传芳教授以及厦门大学马克思主义学院党委书记石红梅教授、常务副院长张有奎教授悉心指导。当然，本书的出版也离不开厦门大学出版社的大力支持,在此一并致谢。

课程本身强大的号召力以及青年学生对党的创新理论的渴望与追求是我们课程建设热情的源泉。在高等教育阶段,主题突出、旗帜鲜明地开好"习近平新时代中国特色社会主义思想概论"课程是高校思政课建设的重要使命。提升课程质量,落实立德树人,我们必定笃行不怠,勇毅前行。

原宗丽

2025 年 3 月 1 日